推进义务教育高质量发展的乡村教师补充机制研究

樊香兰 著

中国纺织出版社有限公司

图书在版编目（CIP）数据

推进义务教育高质量发展的乡村教师补充机制研究/樊香兰著. -- 北京：中国纺织出版社有限公司，2024.2
ISBN 978-7-5229-1503-6

Ⅰ.①推… Ⅱ.①樊… Ⅲ.①农村学校—师资培养—教育政策—研究—中国 Ⅳ.①G451.2

中国国家版本馆 CIP 数据核字（2024）第 055653 号

责任编辑：张　宏　　责任校对：高　涵　　责任印制：储志伟

中国纺织出版社有限公司出版发行
地址：北京市朝阳区百子湾东里 A407 号楼　邮政编码：100124
销售电话：010—67004422　　传真：010—87155801
http://www.c-textilep.com
中国纺织出版社天猫旗舰店
官方微博 http://weibo.com/2119887771
天津千鹤文化传播有限公司印刷　各地新华书店经销
2024 年 2 月第 1 版第 1 次印刷
开本：710×1000　1/16　印张：14
字数：200 千字　定价：98.00 元

凡购本书，如有缺页、倒页、脱页，由本社图书营销中心调换

前　言

　　习近平总书记在党的二十大报告中阐述了"教育、科技、人才"是全面建设社会主义现代化国家的基础性、战略性支撑的重要思想，教育事业得到了党中央前所未有的重视。"建设高质量教育体系""发展更加公平更高质量的教育"是我国"十四五"时期教育发展目标，是新时代党和国家办好人民满意教育事业的关键链环。高质量的教师队伍是保证更加公平更高质量教育的关键。习近平总书记在2021年3月6日看望参加政协教育界委员时强调"有高质量的教师才会有高质量的教育"。乡村义务教育的高质量发展是实现乡村振兴战略的重要支点，乡村教师是乡村教育发展的第一资源，是发展更加公平更有质量乡村义务教育的基础支撑，是实现乡村振兴战略、建设教育强国、推进中华民族伟大复兴的重要力量。因此，要实现乡村义务教育高质量发展，关键在于能否建设一支稳定的、高质量的乡村教师队伍，要从根本上解决乡村教师不足问题，提高乡村教师队伍的整体素质，这就需要有更多的优秀教师补充到乡村义务教育的队伍中去。如何补充乡村教师、吸引优秀人才到乡村学校任教、提高乡村教育质量是一个国际社会共同关注的问题。从世界范围来看，乡村教师补充问题的研究始于20世纪70年代，美国、英国和法国都有弥补乡村优秀教师流失和退休所造成的乡村教师不足的自愿和强制补充办法和措施。美国通过各种教师资格认定以及从其他领域中筛选有志于从事乡村教育的工作者，法国通过各种考试培训选拔优秀人才补充到乡村教师队伍当中去。

　　改革开放以来，我国的乡村教育得到了迅速的发展，已经基本普及了九年制义务教育，但是由于城乡二元结构体制导致的城乡社会经济文化的巨大差异和城乡义务教育的不均衡发展仍然是我们建设更加公平、更高质量教育的严重障碍。要真正实现城乡义务教育的均衡发展，就必须完善和创新乡村教师的补充机制。

本书旨在完善和创新义务教育高质量发展的乡村教师补充机制，为提高乡村教师队伍的整体素质和教学水平，促进乡村义务教育高质量发展作出努力。

首先，我们论述了完善和创新义务教育高质量发展的乡村教师补充机制的重要意义，梳理了我国乡村教师补充机制的历史，综述了我国乡村教师补充机制研究的状况，揭示了新时代对完善和创新乡村教师补充机制的迫切需求。借助调查数据和已有相关研究成果，深入审视了乡村教师职业角色定位，重新探究了乡村教师补充机制的价值取向、质量评价、激励制度等问题，形成了完善和创新乡村教师补充机制的理论基础，确立了乡村教师补充机制的要素及其相互关系。

其次，我们通过调查研究，找出了当前我国乡村教师补充机制存在的问题。一是乡村教师生存环境有待改善。目前乡村教师的生活条件和工作环境存在严重短板，大部分乡村的交通条件不方便，信息较为闭塞，住宿与生活环境条件也相对较差；职业发展空间有限，晋升机会少；工作压力大，精神负担重；使得很多乡村教师不愿意安心留任在当前岗位。二是缺乏有效的政策支持。政府在制定相关政策时往往忽视了乡村地区经济文化相对滞后和教育资源相对匮乏的现状，导致乡村教师补充机制建设缺乏有效的政策支持。三是培训体系和机制不够完善。尽管我国已经建立了较为完善的教师培训体系，但是在乡村地区这一体系仍然存在一些不足之处。例如，培训内容不够贴近乡村实际教学需求、培训时间不够充足等。四是乡村教师的待遇和福利水平低。由于乡村地区经济相对落后，因此乡村教师的待遇和福利水平相对较低，这也成为了吸引优秀人才进入乡村教育行业的重要障碍。

最后，我们针对乡村教师补充机制存在的问题提出了解决的方案。一是引进来：为形成一支数量足、质量优的乡村教师队伍，必须重视源头培养，为乡村教师补充提供优质生源，积极推行"县管校聘"，增"流动"

之效，强乡村之师，实施倾斜乡村的"定向培养"制度，为乡村补充稳定之师引入"代课教师转正"机制，实现乡村教师"在地化"补充。二是培养好：打造一支质量过硬的乡村教师队伍，"攻心"为上，提升现有乡村教师队伍的留任意愿与能力，"内生"为主，提升乡村教师个体的学习力，"助力"为基，形成满足乡村教师发展的服务型培训机制"发展"为要，创设提升乡村教师能力的多样培训模式。三是创条件：夯实补充之基，巧借共享之力加快优质均衡，为乡村教师补充创造优质环境，充分利用信息化社会的便利，充分共享优质教育资源，提升乡村教师的业务水平和教学质量。

本书是教育部人文社科"推进义务教育优质均衡发展的乡村教师补充机制"（编号：21YJA880010）项目的研究成果。

项目研究工作离不开课题组成员的共同努力。在此，特别感谢林钧、邱智德、蔚佼秧、姚瑶、秦娅璐、赵娜、齐姗、贺静霞老师在文献综述、实地调查、数据分析、书稿撰写过程中所付出的艰辛工作。

本书的写作参阅了国内外大量的文献资料，在此对相关作者表示真诚感谢。

在本课题研究过程中，省内外的一些教育局和学校提供了数据支持，在此表示衷心感谢。

由于笔者水平有限，书中难免存在疏漏与不足，敬请专家和读者批评指正。

樊香兰

2023年9月20日

目 录

第一章 绪 论 …………………………………………………… 1

    第一节 研究背景和意义 ……………………………………… 1

    第二节 中国式乡村教育现代化的价值取向、使命路向和实践挑战 … 4

    第三节 乡村教师队伍高质量发展的内涵和要求 …………… 10

    第四节 乡村教师补充机制的概念和研究视角 ……………… 15

    第五节 健全乡村教师补充机制的意义和作用 ……………… 20

    第六节 乡村教师退出机制的必要性 ………………………… 23

第二章 教育高质量发展的乡村教师补充机制理论基础 ……… 27

    第一节 公共物品理论 ………………………………………… 27

    第二节 资源配置理论 ………………………………………… 33

    第三节 教育机会均等理论 …………………………………… 41

第三章 乡村教师补充机制的历史沿革 ………………………… 47

    第一节 公办与民办教师并举的补充阶段（1949—1977 年）…… 47

    第二节 以中师生毕业分配为主、代课教师为辅的补充阶段

           （1978—2000 年）…………………………………… 56

    第三节 公开招考与专项项目并存的补充阶段（2001 年至今）…… 69

第四章 乡村教师补充机制的现状调查分析 …………………… 79

    第一节 调查对象与方法 ……………………………………… 79

第二节 数据收集与整理 …………………………………………… 89
第三节 调查结果分析 …………………………………………… 91
第四节 问题与对策 ……………………………………………… 108

第五章 乡村教师补充机制中工作环境对教师组织行为影响的实证研究 … 117
第一节 付出—回报失衡对乡村教师敬业度的影响 …………… 117
第二节 付出—回报失衡对特岗教师留任意愿的影响 ………… 128
第三节 组织支持感对交流轮岗教师敬业度的影响 …………… 140

第六章 乡村教师补充机制的典型案例 ………………………………… 155
第一节 东部地区乡村教师补充机制实践个案 ………………… 155
第二节 中部地区乡村教师补充机制实践个案 ………………… 164
第三节 西部地区乡村教师补充机制实践个案 ………………… 173

第七章 优化乡村教师补充机制的策略与建议 ……………………… 185
第一节 引进来：形成一支数量充沛的乡村教师队伍 ………… 185
第二节 培养好：打造一支质量过硬的乡村教师队伍 ………… 191
第三节 创条件：夯实补充之基，巧借共享之力 ……………… 201

参考文献 …………………………………………………………………… 207

第一章 绪 论

推进义务教育高质量发展乡村教师补充机制研究具有重要意义。目前，国家正在积极推进义务教育高质量发展，其中之一就是加强乡村教育队伍建设，特别是乡村教师队伍的建设。为了解决乡村教育中的教师短缺问题，提高乡村教育质量，国家制定了一系列政策和措施，如实施"特岗计划"，提高部属师范大学公费师范生生均拨款标准等。

第一节 研究背景和意义

高质量发展是兴国之道、强国之策，是全面建设社会主义现代化国家的首要任务。习近平总书记在主持中共中央政治局第五次集体学习时指出，要把服务高质量发展作为建设教育强国的重要任务。"高质量发展"在我国的政策话语中源于2017年党的十九大报告，彼时的指向更集中于经济发展领域，随之各领域的相关政策话语和研究主张将"高质量发展"作为其改革发展的新坐标和风向标。在教育领域长期的实践探索中始终贯穿着"促进公平"和"提高质量"两大主题，将"提高质量"作为核心发展观和任务是回应我国进入中国特色社会主义新时代经济高质量发展要求而产生的重要转变，直接体现在"发展公平而有质量的教育""推动教育从规模增长向质量提升转变"等政策话语的表达上。

党的十九届五中全会通过的《中共中央关于制定国民经济和社会发展第十四个五年规划和二〇三五年远景目标的建议》，明确了"十四五"时期教育事业的主要目标是"建设高质量教育体系"；随着改革定位的逐步明晰，2022年全国教育工作会议上提出的"教育高质量发展"表述更是进一步以政府话语形式加以确定，也是从此时起，教育领域改革发展的中心工作正式步入"高质量发展"阶段。

《中国教育现代化2035》指出，到2035年我国要总体实现教育现代化，迈入教育强国行列。建设教育强国，基点在基础教育。基础教育高质量发展，以"公平发展的质量更高"推动"均衡发展的质量更高"是应有之义。具体而言，体系是由普及有质量的学前教育、实现优质均衡的义务教育、全面普及高中阶段教育构成。换言之，要坚持牢牢把握教育的政治属性、社会属性、人民属性、育人属性、职业属性，始终把立德树人作为根本任务，始终把促进公平作为努力方向，始终把提高质量作为迫切要求，始终把素质教育作为核心任务，始终把关爱教师作为头等大事，在改革发展的目标、方式和动力等方面要具有推动构建新时代格局的实质转变。

教师教育是教育事业的工作母机，是提升教育质量的动力源泉。习近平总书记强调"有高质量的教师才会有高质量的教育""要把加强教师队伍建设作为建设教育强国最重要的基础工作来抓"。教育现代化的最大短板是乡村教育，关键在乡村教师的数量不足、质量不高、结构性缺员以及补充难与稳定难交织叠加形成的深层次问题。乡村教师的补充与稳定相辅相成，乡村教师补充对建设一支稳定的高素质乡村教师队伍更具有直接决定性。❶当前，随着"特岗计划""新时代基础教育强师计划"等国家政策的顺利实施，乡村教师队伍建设已由原来的总体数量短缺和学历达标的外延式发展逐步转向结构优化与专业提升的高质量发展。❷面向新时代，乡村教师面临着数量基本补充到位与结构性缺失、短期发展与长远规划、基本技能达标与数字素养不足等主要矛盾。❸因此，必须着眼于教师队伍，特别是乡村教师队伍建设的重点难点问题，以推进乡村教师队伍建设全链条协同创新为目标，以推进乡村教师培养发展、师德师风、综合管理、待遇保障等综合改革为着力点，加快探索深化乡村教师队伍建设改革的新思路和新举措，推动造就一支师德

---

❶ 陈飞，李贵仁. 乡村教师补充的时代坐标与政策走向[J]. 现代教育管理，2023（8）：99-110.
❷ 刘义兵，汪安冉. 乡村教师队伍建设高质量发展：逻辑理路、体系契机与发展路向——基于"输入—输出"一体化视角[J]. 现代教育管理，2022（4）：73-82.
❸ 任友群，杨晓哲. 新时代乡村教育的强师之路[J]. 中国电化教育，2022（7）：1-6，15.

高尚、业务精湛、结构合理、充满活力的高素质专业化乡村教师队伍,为建设教育强国提供有力支撑。

一、政策之势:教师要素均衡配置成为教育政策的重大议题

2016年,国务院出台《国务院关于统筹推进县域内城乡义务教育一体化改革发展的若干意见》,强调要努力办好乡村教育。党的二十大报告提出"加快义务教育优质均衡发展和城乡一体化,优化区域教育资源配置"。截止到2021年年底,全国2895个县全部实现义务教育基本均衡,我国义务教育普及程度达到世界高收入国家水平。❶ 基本均衡追求普通办学条件的达标,而优质均衡追求优质师资要素配置均衡,且比追求义务教育基本均衡阶段时对优质师资要素配置均衡的要求更高。这是因为,教师是决定教育教学质量的核心要素,在教育高质量发展目标下,通过研究揭示出乡村教师补充机制深刻内涵,梳理和总结我国乡村教师补充机制的历史、理论、现实依据,发现新时代对乡村教师补充机制提出的挑战。借助调查数据和已有相关研究成果,深入探求乡村教师职业角色定位,重新审视乡村教师补充的价值取向、质量、激励等问题,提出完善和创新乡村教师补充机制的理论基础,进而影响乡村教师补充质量的准入、过程、评价、改进等环节,确立乡村教师补充机制的要素及其相互关系,丰富乡村义务教育教师补充机制理论研究已成为教育政策的重大议题。在这样的政策背景之下,学术研究对乡村教师补充机制的政策和实践问题的关注成为重要的前端性环节。

二、应用之需:缓慢滞后的"新陈代谢"成为乡村教师队伍发展亟待突破的困境

随着义务教育"有学上"需求的满足,人民期待更加公平而有质量的义务教育。目前,我国城乡义务教育的师资不平衡状态依然存在,乡村教师补充问题由来已久,已成为制约高素质教师队伍建设和教育高质量发展的重要

---

❶ 何蕊.2895个县全部实现义务教育基本均衡[N].北京日报,2022-09-28.

症结。在表现形式上，乡村优质教师资源短缺，乡村教师队伍不稳定，流失严重、教师补充机制不健全、教师编制的政策性缺陷等问题比较突出，乡村补充教师数量、质量、结构都存在一定缺陷，没有彻底解决城乡教育二元结构问题。要走出这一困境，需要从理论入手分析原因，并从中探索出有关路径，为乡村教师补充机制有效性提供具体的解决策略。本研究从乡村教师补充机制现状、影响因素及存在的问题等方面进行深度分析，为提高乡村义务教育教师队伍整体素质、完善乡村义务教育教师补充机制提供一定的实践性建议，缓解乡村教师队伍呈现出缓慢的新陈代谢状态和相对滞后的发展局面。

立足新时代坐标，乡村教师补充需要进一步明确战略需求，直面客观弊病，找准价值定位，形成问题导向、目标导向、效果导向的发展思路，调整乡村教师供给结构、优化优质师资配置来适应教育高质量发展和教育强国建设的新征程。

第二节 中国式乡村教育现代化的价值取向、使命路向和实践挑战

没有发展就没有现代化，没有高质量发展就没有全面现代化。党的二十大报告指出，高质量发展是全面建设社会主义现代化国家的首要任务，明确提出实现高质量发展是中国式现代化的本质要求，凸显了高质量发展对中国式现代化的全局性和战略性意义。以高质量发展推进中国式现代化不是抽象的，而是具体的，必须落实到全面建成社会主义现代化强国"分两步走"的战略安排中。习近平总书记提出的中国式现代化理论指明了社会主义现代化建设的新阶段和新要求。在"实施科教兴国，强化现代化建设人才支撑"的战略部署下，中国式现代化建设的重心转向加速教育现代化建设，"全面建设社会主义现代化国家，最艰巨最繁重的任务仍然在农村"，乡村教育现代化是全面实现教育现代化建设的重点难点。[1] 因此，以教育高质量发展推动

---

[1] 蒋士会，孙杨. 数字化转型之下的乡村教育现代化：价值、蓝图和策略 [J]. 当代教育论坛，2023（15）：89-97.

中国式乡村教育现代化是中国式现代化的应有之义。

习近平总书记曾指出，要把实施乡村振兴战略、做好"三农"工作放在经济社会发展全局中统筹谋划和推进。2018年《中共中央国务院关于实施乡村振兴战略的意见》明确提出要优先发展农村教育事业。人才的培养、乡村教育事业的发展是实施乡村振兴战略的基础性紧要之处和关键支点。乡村教育，作为我国教育的重要组成部分，保障的是四千多万乡村学生的基本人权和发展权利，是阻止贫困代际传递的最有效途径。如果乡村教育发展不好，底层群体就无法获得向上流动的机会，这也将直接影响我国教育现代化和全面小康社会目标的实现。❶ 中华人民共和国成立以来，特别是党的十八大以来，我国各级各类教育发展取得了举世瞩目的历史性成就，广大农村地区的教育普及水平和教学水平实现了长足的进步，这为新时代乡村教育由"高速"迈入"高质量"、有效衔接现代化内在要求提供了基础和可能空间。但由于长期处于城乡二元社会，城乡间教育发展不均衡的问题仍然突出，"离农""为农"本然的纠缠，都对审视乡村教育面临的问题和挑战提出强化性的要求。

一、中国式乡村教育现代化的价值取向

党的二十大报告中明确了"全面推进乡村振兴"，强调要实现乡村教育的中国式现代化。中国式乡村教育现代化不仅仅是传统教育向现代教育的转变，更是中国特色社会主义乡村振兴战略的重要组成部分。在中国特色社会主义视域下，中国式乡村教育现代化应是乡村事业发展和乡村教育改革的整体融合，强调本土性、乡土性、协调性、统一性，既有国际视野下知识化、数字化等共有特性，还具有中国特色的路径选择，也就是基于中国本土特色和文化底色，坚定社会主义办学方向，以助推乡村振兴、最终实现共同富裕。❷ 因此，中国式乡村教育现代化的发展在顶层设计和实践探索中必须处

---

❶ 范先佐.乡村教育发展的根本问题［J］.华中师范大学学报（人文社会科学版），2015，54（5）：146-154.

❷ 邱利见.中国式乡村教育现代化的内涵、价值与路径［J］.教育理论与实践，2023，43（22）：3-9.

理好公平与效率相统一、优质与均衡相结合这两组关系。

公平与效率相统一。习近平总书记在《推进中国式现代化需要处理好若干重大关系》中指出，"中国式现代化既要创造比资本主义更高的效率，又要更有效地维护社会公平，更好实现效率与公平相兼顾、相促进、相统一。""破除阶层固化的体制机制障碍，畅通社会上升通道。健全基本公共服务体系，提高公共服务水平，增强均衡性和可及性，扎实推进共同富裕取得更为明显的实质性进展。"❶ 公平是社会主义教育的基本属性和核心价值追求，办好人民满意的乡村教育，必须坚持公平取向。乡村地区在各种资源的现实分配体系中，往往处于劣势地位，特别是优质资源的分配不均，教育发展水平不均衡、学生受教育和上升流动的机会不公平的问题长期存在和突出，首当其冲的问题是乡村优秀教师流失率高，引发贫困地区人民对教育公共服务强烈的不公平感，"城乡一体化"的提出正是基于这一难点。坚持公平取向是缩小城乡差距、保障学生接受优质教育机会的重要基础。追求效率是追求高质量发展的组成部分，从显性表达上，也是重要标志和必然要求，必须摒弃升学、数据等方面的"唯一论"，必须以公平为基础，注重速度下、质量下的效率，才能在优质资源配置体系中保障好乡村教育的高质量发展。

优质与均衡相结合。我国的义务教育发展具有起步晚、人口基数大、学龄人口分布结构不均衡等突出特征。因此，要在经历了近百年的战争创伤、百废待兴的社会主义新中国实行义务教育，可谓困难重重。这种特殊国情决定了我国的义务教育要逐个解决快速普及、基本均衡和优质均衡的发展矛盾，由此我国义务教育发展也呈现出逐步走向优质均衡的阶段性特征。如果从局部均衡到整体均衡的宏观方向上看，实现县域义务教育基本均衡发展只是义务教育均衡发展的阶段性成就，并不是义务教育均衡发展的终点；从范围上看，县域局部之后还有省域局部和全国的均衡；从指标数据上看，还存在县域局部内的高位均衡和优质均衡。因此，义务教育发展在实现了快速普及和基本均衡之后，将进入一个新的发展阶段，即追求优质均衡、实现高质量发展的新阶段。但是如何推进义务教育实现优质均衡发展，在理论和实践上都

---

❶ 《推进中国式现代化需要处理好若干重大关系》是 2023 年 10 月 1 日《求是》杂志发表的文章。

不太明朗。在实践上，中央和地方都以县域为核心，率先探索县域义务教育的优质均衡发展。❶2019年启动的优质均衡督导评估认定工作明确了"只有指标和人民群众满意度双合格，才是真正的优质均衡"的立场，督导评估认定的内容包括"资源配置、政府保障程度、教育质量、社会认可度"4个方面。相比于基本均衡，优质均衡更加关注社会认可度；明确要求认可度必须达到85%以上，否则不予通过；社会认可度的内容要求贴近人民群众所关心的教育需求；在形式上，除问卷调查外，要在实地调查中随机访谈学生、学生的家长、一线教师和校长，切实听取群众的心声。❷因此，办好人民满意的乡村教育，实现中国式乡村教育现代化，要坚持优质与均衡相统一理念，才能有效解决当前教育发展不平衡不充分的难点问题。

二、中国式乡村教育现代化的使命路向

中国教育通过较长时间的高速增长，初步完成了外延发展任务。随着人们教育质量认知更新、教育主要矛盾转变和教育发展战略转型，以高质量发展为时代特征的教育内涵发展主题进一步凸显。无论是服务新时代经济高质量发展的战略需求，还是体现新时代教育发展的战略要求，中国教育都需要从高速增长迈向高质量发展，努力实现以高质量发展为时代特征的教育内涵发展战略转型。❸

（一）质量认知更新：促进乡村青少年的全面发展

无论是中国式高质量发展的基本内涵还是社会主义教育的精神属性，无外乎都离不开以人民为中心的理念。中国式乡村教育现代化内核是高质量发展，根本尺度是人的全面发展，最终指向是将广大乡村青少年培养为合格的社会主义建设者和接班人。刘铁芳教授在2022年11月召开的"乡村振兴中

---

❶ 杨清溪，柳海民．优质均衡：中国义务教育高质量发展的时代路向［J］．东北师大学报（哲学社会科学版），2020（6）：89-96.
❷ 樊香兰，蔚佼秧．义务教育优质均衡发展的社会公众认可度研究—基于S省的实证研究［J］．内蒙古师范大学学报（教育科学版），2023，36（2）：7-15.
❸ 秦玉友．从高速增长迈向高质量发展——新时代教育内涵发展战略转型［J］．南京师大学报（社会科学版），2019（6）：15-24.

的乡村教育高质量发展"高端论坛中指出,乡村教育高质量发展应当探明乡村教育的基本精神,也就是要立足乡村生活与乡村文明的打开,创造爱与美的多样交往,开启乡村少年的"爱"与"丰富的心灵生活",描绘出他们"心中有爱意、眼里有希望、成长有方向、生命有力量"的群体画像。乡村少年健康成长的关键质素是基于人性的友爱与关怀、基于天性的审美与趣味、基于承认的信任与激励、基于团队的陪伴与关怀、基于潜能的发掘与引导。乡村教育高质量发展的背景是要重新发现并且将乡村作为一种文明形态去对待,当乡村教育可以真正做到基于人性的爱与关怀让乡村少年得以敞开自我、基于儿童天性的美与趣味让乡村少年获得内心的丰富、基于承认的信任与激励唤起儿童的自我肯定与认同、基于团队的陪伴与关怀增进儿童的生命归宿、基于生命潜能的发掘让乡村少年找到生命向前发展的现实道路时,乡村教育高质量发展才能够得以实现。❶

(二)特殊性的转化:乡村文化和乡村教育的融合统一

梁漱溟在《乡村建设理论》中指出:"乡村建设,实非建设乡村,而意在整个中国社会之建设。"乡村振兴包含了产业、人才、文化、生态、组织的振兴,其中,文化可以为乡村振兴提供更基本、更深沉和更持久的力量。乡村文化不仅是中华文化之根,在现代化阶段也有着重要的现实意义。习近平总书记指出:"我国农耕文明源远流长、博大精深,是中华优秀传统文化的根。"乡村既是中华文化的发源地,也为后来中华文化的流变和兼收并蓄提供了源源不断的给养,最终形成了今日中华文化的体系和独特的精神气质。虽然对乡村文化的未来走向尚存歧见,但有一点认识是共同的,那就是乡村文化是一种迥异于现代性的文化形态。

千百年来,农耕文明以及建基其上的乡村生活为华夏儿女提供了生产生活的知识、为人处世的规范以及社会运行的制度,形成了乡村文化元素中的"熟人社会"特质。现实中的乡村文化并不会因为其在乡村社会的原生性、长期性就能够免受现代性的冲击。随着人口流动的加剧、市场力量的浸入,

---

❶ 徐好好.乡村振兴的教育支持:乡村教育高质量发展[J].当代教育与文化,2023,15(1):112-116.

村庄内共同利益日趋弱化，传统乡村治理的纽带逐渐淡化。一些乡村地区出现文化供给匮乏、道德失范、发展失序等问题，传统乡村文化的平衡已然受到了严重的冲击，或者说某种程度上已在一味地"图新"中彻底倒向现代性。美国人类学家马歇尔·萨林斯曾指出，文化并不是那种轻而易举就会消失的东西，本土社会自身具备转化外来势力的能力。费孝通先生一生通过江村来认识中国，改造中国；通过江村经济来求索适合中国特点的现代化，在其从实求知的过程中深刻挖掘了当代中国传统乡村环境和文化的特殊性。同时，"各美其美，美人之美，美美与共，天下大同"的文化融合思想也为新时代推动乡村教育和文化的共生共荣提供了重要借鉴。

具体到微观视角，推动乡村教育高质量发展需要重视学校特征和家庭背景之间的关系，即要考虑乡村学校教育与乡村文化的一致性。邬志辉教授认为（2022年），最好的乡村教育是尊重乡村儿童生活经验与认知基础的教育，要让孩子的日常生活经验能够与学校所代表的科学世界产生关联。课程的在地化是乡村教育高质量发展的基本路径，通过把国家课程进行地方化、校本化处理，让学习发生在乡村学生熟悉的、当地的社区和生态环境中，让知识的学习成为改变乡村学校、家庭和社会生活的一种力量，从而为乡村振兴播下种子。周晔教授同样认为（2022年），乡村文化的特殊性是乡村教育高质量发展的优势所在，能够为乡村教育高质量发展提供动力支撑、补充精神之"钙"。

三、中国式乡村教育现代化的实践挑战

一方面，要正视乡村教育发展短板。当前，乡村教育发展不平衡、不充分的问题仍然存在，需要加快推进乡村教育现代化，提高乡村教育的质量和水平；乡村地区与城市地区在教育资源分配方面的差距仍然较大，需要加大力度推进教育均衡发展，确保乡村学生享有公平的教育机会；乡村地区缺乏高素质的人才，需要加强乡村教育人才的培养，扩充更多具有专业知识和实践经验的新时代乡村人才；乡村地区具有丰富的自然资源和人文资源，需要通过开展特色教育，挖掘本地文化资源，推动乡村教育发展；数字化教育已

经成为推进教育现代化的重要途径，故需要加强乡村数字化教育建设，提高教育信息化水平。❶

另一方面，要着力解决制约县域教师资源配置不合理问题。当我国社会的主要矛盾集中体现在广袤的乡村地区时，人民群众对高质量教育的需求就应当由乡村教育来满足，乡村教育高质量发展直接影响乡村学生的美好生活，间接影响民众的美好生活。县域义务教育优质均衡发展是乡村教育高质量发展的核心环节，其过程中最敏感、最牵动人心的问题就是教师问题，教师能否"下得去、留得住、教得好"是重要问题。在这些方面，存在的最突出问题就是县域城市学校和乡村薄弱学校之间的教师不能正常流动、乡村优质教师"留不住"。很多乡村优秀教师，都会不断地流向县域优质学校，造成剩下的乡村教师基本上都是年龄偏大的教师的局面，教师的年龄结构非常不合理。❷ 2020年《教育部等六部门关于加强新时代乡村教师队伍建设的意见》指出，必须把乡村教师队伍建设摆在优先发展的战略地位，大力推进乡村教师队伍建设高效率改革和高质量发展。我们必须清醒地认识到，教师是影响学生健康成长的关键，是一切重大教育变革的核心力量，要发展乡村教育必须提高乡村教育质量，提高乡村教育质量，关键在教师。

第三节 乡村教师队伍高质量发展的内涵和要求

教育高质量发展从结果和事实上看是优质、高效益的，从过程和形态上看具有更公平、更均衡、更协调、更全面、更创新、更优质等特点。❸

一、整体场域的内涵体现

乡村教育高质量发展是聚合发展理念、过程和结果为一体，整体指向公平

---

❶ 邱利见. 中国式乡村教育现代化的内涵、价值与路径 [J]. 教育理论与实践，2023，43（22）：3-9.
❷ 李潮海，李卓，褚辉. 教育强国背景下县域义务教育优质均衡发展的政策理路与实践突破 [J]. 现代教育管理，2023（9）：10-21.
❸ 柳海民，邹红军. 高质量：中国基础教育发展路向的时代转换 [J]. 教育研究，2021，42（4）：11-24.

优质、提质增效、可持续发展。在乡村地区，乡村学校是教育场域和范围的依托，乡村学校教育作为教育体系中的重要组成部分，其发展质量状况直接关系着我国高质量教育体系的建设，推动乡村学校高质量发展是实现乡村地区高质量发展的重要任务。乡村学校教育高质量发展作为推进乡村教育事业变革的重要力量，需要在特色化、共生性与公共性发展理念的指导下，走好时代之路。

乡村学校教育高质量发展是彰显乡村学校特色的发展，真正面向乡村地区，将所处地（区）域独具的乡土文化和风土人情作为特色化发展的根基和源泉；即使同为乡村学校，各个学校之间的生源、教师、学校文化和发展历史不同，也因其所处于不同的乡村空间，乡村学校之间也应是特色化发展的样态。乡村学校教育高质量发展是有别于城市学校的特色化发展，在发展理念、发展目标、发展模式等方面异于城市学校，而非"千校一面"或成为城市学校的翻版。在共生理念的视域中，乡村学校教育高质量发展需从整体宏观的视角，在教育系统、社会系统、国际系统的共生单元中实现教育优质均衡发展的目标。同时，需践行公共性发展理念，通过全社会相关主体的公共参与，发挥各主体力量以形成合力。一方面，以校长、教师、学生为主体的乡村学校内部的公共参与作为乡村学校教育高质量发展的内生力量，通过建设数量充足结构合理的乡村教师队伍、建立切合乡村教师发展实际的职前职后培养培训体系、提升乡村教师的专业性和公共性素养、变革学校课程、提升教学质量、增强学校文化自信等方面的共同参与，促进乡村学校的内生发展；另一方面，以政府为主导，通过多方联动，实现社会外部与乡村学校间的公共参与，通过优化资源配置、实现多元主体共治、改革评价体系等方式建构乡村学校高质量发展的外部保障支持体系。

在"建设高质量教育体系"的政策导向下，乡村学校教育高质量发展将成为引领今后我国乡村学校教育发展的价值取向、理想样态和行动路向，意即乡村学校教育要走向特色更强、成色更好、满足需求、更加公平而有质量的发展道路。❶

---

❶ 周晔. 乡村学校教育高质量发展的内涵、价值与路径［J］. 山西大学学报（哲学社会科学版），2023，46（2）：100-109.

二、群体发展的政策表达

自 2015 年 6 月国务院办公厅印发并实施《乡村教师支持计划（2015—2020 年）》以来，我国乡村教师队伍建设在脱贫攻坚时期得到了显著加强，乡村学校教师"下不去、留不住、教不好"的问题得到了显著缓解，乡村教师队伍建设的时代使命和内涵逐步转向与乡村振兴有效衔接的高质量发展轨道上。

2020 年 7 月，《教育部等六部门关于加强新时代乡村教师队伍建设的意见》（以下简称《意见》）发布实施。《意见》明确指出："乡村教师是发展更加公平更有质量乡村教育的基础支撑，是推进乡村振兴、建设社会主义现代化强国、实现中华民族伟大复兴的重要力量。面对新形势新任务新要求，乡村教师队伍还存在结构性缺员较为突出、素质能力有待提升、发展通道相对偏窄、职业吸引力不强等问题，必须把乡村教师队伍建设摆在优先发展的战略地位。"

同时，《意见》中明确了建设的总体要求是："紧紧抓住乡村教师队伍建设的突出问题，促进城乡一体、加强区域协同，定向发力、精准施策、破瓶颈、强弱项，大力推进乡村教师队伍建设高效率改革和高质量发展。力争经过 3~5 年努力，乡村教师数量基本满足需求，质量水平明显提升，队伍结构明显优化，地位大幅提高，待遇得到有效保障，职业吸引力持续增强，贫困地区乡村教师队伍建设明显加强。"

在具体措施上，提出了"加强师德师风建设，激发教师奉献乡村教育的内生动力""创新挖潜编制管理，提高乡村学校教师编制的使用效益""畅通城乡一体配置渠道，重点引导优秀人才向乡村学校流动""创新教师教育模式，培育符合新时代要求的高质量乡村教师""拓展职业成长通道，让乡村教师获得更广阔的发展空间""提高地位待遇，让乡村教师享有应有的社会声望""关心青年教师工作生活，优化在乡村建功立业的制度和人文环境"等七个方面的举措来保障乡村教师队伍建设，对比《乡村教师支持计划（2015—2020 年）》，《意见》更加突出了强化乡村教师思政素质、支持在地化发展、调控编制数量、推动双向流动、提高培训质量、拓展发展通道、改善福利待遇等导向，这不仅是新时期加强乡村教师队伍建设的重要政策依据，也是推动乡村教师队伍高质量发展内涵和要求的直接表达。

三、个体素养的特征彰显

探讨乡村教师群体的高质量发展，应对乡村教师个体发展的核心素养进行标准、结构和指向的具象化分析。2014 年第 30 个教师节前夕，习近平总书记在考察北京师范大学时发表重要讲话，勉励广大教师做有理想信念、有道德情操、有扎实学识、有仁爱之心的"四有"好老师。要实现乡村教师队伍高质量发展，乡村教师必须以"四有"好老师为标准，在新时代立德树人的实践中不断提升个人素养。

一要兼备专业意识和公共服务意识。乡村教师扮演着多重的角色：作为一名教师，其职业体现出一种专业性；作为乡村社会中的知识分子，其作用则体现出一种公共性。作为乡村中的一分子，乡村教师对乡村的发展是有一定的责任和义务的；正如陶行知先生创办晓庄学校时的理念：除了要培养教师农夫的身手和科学的头脑，还要以改造社会的精神为其教师的培养目标。

二要共育理想信念和乡土情怀。有了坚定的教育信念，乡村教师才能够将时间和精力着眼于乡村教育的建设中；有了坚定的教育信念，乡村教师才愿意努力找寻乡村教育未来的出路，而非只为个人逃离乡村寻找机会。乡土情怀是乡村教师建立乡村教育信念的根本动力，乡村教师的乡土情怀是指乡村教师对乡村社会发展、学生成长、农民民生等的关注与担忧，最终表现为乡村教师对教育事业的责任感与使命感。❶ 具有乡土情怀的乡村教师才能够主动将乡村生活的经验融入课堂教学中，才能够将教学活动的价值真正纳入乡村学生的生活，才能够使教育更好地展现其对乡村社会发展的意义。

三要相融专业性知识和地方性知识。专业知识赋予乡村教师立足乡村的资本，地方性知识是乡村教师了解乡村、融入乡村的窗口。通过学习地方性

---

❶ 马多秀. 乡村教师的乡土情怀及其生成 [J]. 教育理论与实践，2017，37（13）：42-45.

知识，乡村教师不仅能够在知识层面拓宽自己的视野，从地方性知识的角度来阐释与丰富专业性知识，还能够在实践层面真正拉近乡村学生与现代知识间的心理距离，使学生在认识其他文化价值的同时也能更好地发现自己所拥有的地方性知识的价值，这也是乡村教师在地化发展的内在要求。

四要增强乡村文化自信自觉。对乡村教师而言，乡村文化则是连接教师个人与乡村社会的纽带和桥梁，是乡村精神浸润到乡村教师个人生活的途径，亦是乡村教师促进乡村发展的途径和内容。❶

基于以上素养，在乡村教育高质量发展视角下，优秀乡村教师应扮演以下角色：

一是做好乡村学校的精神引领者。首先，乡村优秀教师要能够忍受艰苦的环境与内心的孤独，热爱乡村、致力于乡村教育发展，忠于党的教育事业，具有坚定的理想信念、强烈的爱国情怀、高尚的师德涵养，能够坚守乡村教师的工作岗位，把为党育人、为国育才作为自己的使命。其次，乡村优秀教师能够将坚定的政治立场、正确的价值观念、崇高的道德理念以及优秀的乡土文化传递给学生，培育乡村学生的"四个自信"，成为乡村学校与学生成长的精神引领者。引导中小学生热爱家乡、热爱乡土文化、传承乡土技艺，使乡村学校成为优秀乡土文化传承之地，使学生成为优秀乡土文化传承之人。最后，乡村优秀教师在艰苦的乡村能够做到用爱心去点燃学生的希望，要具备无私奉献、甘为人梯的精神品格，教师要用高尚的师德师风、坚定的信念、崇高的理想和吃苦耐劳的精神影响学生。

二是做好乡村地区的"新乡贤"。新时代，乡村教师成为推动乡村振兴的"新乡贤"，其中乡村优秀教师担当"新乡贤"角色的示范引领作用。其一，"新乡贤"应坚持专业性优先的原则，做好教书育人的本职工作。乡村教师是乡村社会的文化人，肩负着教书育人的使命。乡村教师要反思乡村教育隐性课程的开发与建设，关注学生多元化的家庭背景，呵护学生的生命状

---

❶ 张琦. 乡村教师高质量发展的时代意蕴、特征与路径［J］. 教学与管理，2023（15）：61-65.

态,使乡村儿童成为乡土文化的传承者。❶ 其二,"新乡贤"承担着乡村振兴与乡土文化传承的重要使命与责任。乡村优秀教师工作在乡村场域,从内心要具有服务乡里的意愿,热爱乡村的乡土情怀,振兴乡村的决心,积极地为乡村振兴贡献自己的智慧和力量。同时乡村优秀教师能以国家繁荣发展为己任,利用自己的文化知识服务所在的乡村社会经济发展,担当乡村生活改造的引路人,用先进的生活理念使村民们过上健康快乐的生活。❷

三是做好乡村数字素养与技能的领跑者。在全民数字化时代,要求乡村教师要具备数字化适应力、胜任力与创造力,运用数字化技术促进乡村农业现代化,用数字素养提升乡村人民的生活技能与品质,用数字技能与信息化手段变革传统乡村教育。《乡村教师支持计划(2015—2020年)》指出:"全面提升乡村教师信息技术应用能力,积极利用远程教学、数字化课程等信息技术手段,破解乡村优质教学资源不足的难题。"乡村优秀教师不仅要具备更高的教育信息素质、教育数据处理能力和教育数据伦理,更要运用所掌握的数字技术促进乡村教育教学课程改革,发挥科技创新、数字技术在乡村经济发展、农业供给侧结构性改革、乡土文化传承、人才培养等方面的关键性和引领性作用。只有这样,才能担当好、履行好、实现好乡村优秀教师在教育高质量发展背景下的新使命。

第四节 乡村教师补充机制的概念和研究视角

乡村教师数量不足、结构不合理的问题由来已久,何为"补充"?在不同的视角和发展阶段,其内涵和定义不尽相同。从词义上说,《现代汉语词典》中有两种解释:一是在原来不足或有损失时,增加一部分;二是在主要事务之外追加一些。"机制"一词在百度百科上的解释是指各要素之间的结构关系和运行方式。从现实角度看,乡村教师补充机制应是以保障乡村教育

---

❶ 王志勇,朱宁波,李圣锋."新乡贤":乡村教师公共性身份的复归与塑造[J].教育理论与实践,2022,42(4):36-40.
❷ 肖正德.论乡村振兴战略中乡村教师的新乡贤角色[J].教育研究,2020,41(11):135-144.

教学工作需求为目的，通过工具调控实现对乡村教师数量不足的增加以及结构不合理的调配，达到拓宽或增加渠道、优化资源配置的效果，推动乡村教师队伍建设科学合理的达标。

一、实用主义视角：国外关于乡村教师补充机制的研究

如何补充乡村教师、吸引优秀人才到乡村学校任教，提高义务教育质量是一个国际社会共同关注的问题。从世界范围来看，乡村教师补充问题的研究始于20世纪70年代，国外乡村教师补充机制研究主要集中在原因、政策和策略上。

关于原因研究，吉莫森（Lorna Jimerson）认为美国乡村教师短缺困境主要是教师老龄化问题严重、某些科目教师严重不足、教师工资待遇不高，州际与州内城乡教师工资差距也较大，直接影响了乡村教师队伍的整体素质；❶ Terri Duggan Schwarrtzbech等人在研究中认为，美国教师素质偏低，不能满足高质量教学和学生发展的要求；❷ Roberts的研究认为缺乏稳定而优质的师资队伍是影响乡村偏远地区教师质量诸多因素中最为关键的因素；法国由于20世纪60年代教育的扩大而且有大批的教师退休，大量不合格教师进入教师队伍，导致教师社会地位的下降和不好的名声，这些带来了许多教师培训机构的不能正常运作和教师的越发缺乏。

关于政策研究，美、英两国都把加大对教师的投入、提高教师待遇放到了首位，早在1997年，英国政府就把教育的头等大事确定为如何吸引更多的人从事乡村教师工作，并制定了一系列措施提升教师职业待遇、地位和职业标准；J.M.劳（Jerry M. Lowe）在研究中指出，对教师的补充与保留应建立在学校有足够的吸引力及社区民众的支持力之上，并给予乡村任教的教师有效的职业指导，与此同时，可以返聘退休人员，在身体条件允许的情况下，

---

❶ Jimerson L. The Comperitive Disadvantage: Teacher compensation in Rural America. Policy Brief [J]. Rural School and Community Trust, 2003: 8-10.

❷ Terri DS, Cynthia D, Dorrs R, et al. How are Rural Districts Meeting the Teacher Quality Requirements of No Child Left Behind? [M]. Charleston: Applalchia Educational Laboratory, 2003.

美国很多退休教师都重返校园担任教学工作；❶ 日本公立学校中小学教师的定期流动制度和地方公务员制，将教师资源重新进行了合理的配置，从而进一步完善了乡村教师的补充。❷

关于策略研究，世界上一些国家采用的补充策略有：经济激励、增强招募优势，如澳大利亚通过奖学金制度鼓励大学生毕业后到乡村任教，俄罗斯非常重视乡村教师的生活保障，法国推行"教育优先区"，给予乡村教师特殊补贴；培养当地人才、保障定向就业，美国和澳大利亚实施相似的项目；注重乡村体验、完善职前培养，如加拿大为小学职前教师提供了一个乡村教师工作生活的现实图景。❸

二、新制度主义理论视角：我国乡村教师补充机制的政策演变

教师补充的机制是多样的，主要有两大类，即市场化机制和行政化机制，导向分别对应于个体价值与公共价值。随着我国义务教育发展逻辑由数量的满足到质量的提升，乡村教育、乡村教师补充机制在2010年以后逐渐成为专家学者研究的焦点，这个焦点的产生有多方面的成熟诱因。

从基础上说，在对"乡村""农村"的定义上有了较为官方的界定，这个界定核心在于统计口径上的"范围"。2010年，国家统计局颁布了城乡区分定义，由最初水平的城市，县镇，农村转为城区、城乡结合部、镇中心区、镇乡结合部，乡村（乡中心区、村庄）。随着社会经济的发展，国家对乡村和农村的概念有些混淆，对"农村""乡村"在政策话语中并不进行明确的区分，例如"乡村振兴"，这体现了"城乡一体化发展"强调的整体性和关联性。教育学界也约定俗成地将"乡村"范围划定在了出现在2010年及其之前的农村概念和2010年后的乡村概念，具体范围是乡和乡以下的地区。基于此，"乡村教师"普遍被认为即是位于乡镇中心、村庄、教学点基础教育

---

❶ Jerry M. Lowe. Rural Education: Attralting and Retaining Teacher in Small Schools [J]. The Rural Educator, 2006, 27 (2): 28-32.
❷ 谢亚斌. Y市农村教师补充与稳定问题及其对策 [D]. 长沙：中南大学，2009.
❸ 李静美，邬志辉. 乡村教师补充策略的国际经验与启示 [J]. 比较教育研究，2018, 40 (5): 3-12.

阶段学校，专职从事教育教学工作的人员。

从义务教育发展过程来说，2010年我国基本上完成了广大农村地区学校的"布局调整"，在要素配置上更加注重教师力量调配充实，调配充实的核心是流动。东北师范大学邬志辉教授认为，教师流动总体上可以划分为两种类型，也就是正向流动和反向流动。正向流动主要是指通过市场机制来调节教师队伍内部结构，以教师的利益作为出发点，进行"上下流动"；反向流动是指以保障社会公共利益为基础而进行的"下上流动"，这种方式是以政策为导向来实现教师流动，动因是国家促进教育公平价值选择。❶ 乡村教师补充机制的研究逻辑前提须以公共价值导向为基础，也就是说唯有建立在保障社会公共利益基础上的依托行政力量的"下上流动"，才是本研究所要讨论的核心问题，同时关注某些市场机制的调节手段。

回溯国家层面出台的关于乡村教师配置的政策，我国已形成了支教、公开或倾斜招聘、定向培养等乡村教师补充渠道和类型，逐步构建起"以点带面、以线串面、综合优化"的乡村教师补充政策体系。2010年以前，通过出台《关于实施大学生志愿服务西部计划的通知》、实施"农村学校教育硕士师资培养计划""三支一扶""特岗计划""师范生免费教育政策"等举措，从人才培养出口端来保障、鼓励和吸引优秀大学毕业生服务农村教育事业，乡村教师补充的范围和规模有了实质性的提升。

2010年以后，国家在实施"三区"人才计划的基础上，从更高的视角、更细致的举措来统筹区域间的教师资源配置，先后印发《关于推进县（区）域内义务教育学校校长教师交流轮岗的意见》《乡村教师支持计划（2015—2020年）》《援藏援疆万名教师支教计划实施方案》《关于全面深化新时代教师队伍建设改革的意见》《银龄讲学计划实施方案》《关于加强新时代乡村教师队伍建设的意见》《新时代基础教育强师计划》等政策文本，并创新性地靶向实施"优师计划"，在乡村教师队伍建设改革的顶层设计和战略布局上趋于完整，实现了宏观方针与专项计划、国家意见与地方实践相互衔接、

---

❶ 邬志辉. 2013中国农村教育评论：教师政策教育公正［M］. 北京：北京师范大学出版社，2014：13-26.

相互补充的政策体系。在这个阶段，"优质均衡"的理念和布局逐步清晰，以行政手段进行多种形式、多个渠道、多个区域间的资源优化配置日趋常态有效，为破解乡村教师队伍长期面临的补充难、质量低等"老大难"问题提出了富有新时代中国特色的道路和路径，2022年我国农村义务教育阶段本科以上学历专任教师比例达到了76.01%❶，乡村教师队伍补充迎来全新的格局。与此同时，国内学界关于乡村教师补充的研究也与政策高度呼应，呈现出极具建设性、思想性、丰富性、创新性、协同性等特点，主要集中在：

内涵研究，王红霞认为补充机制是通过乡村教师队伍建设来吸引优秀教师，数量和质量双重提升（2010）；焦小英指出教师补充机制是一种教育体系中用来保障师资均衡的教师配置问题（2014），从已有的研究来看，内涵研究更侧重于乡村义务教育教师补充的数量和质量满足需要。

问题研究，张成恩认为乡村教师队伍不稳定，流失严重、教师补充机制不健全、教师编制的政策性缺陷等问题比较突出（2017）。这一焦点集中体现在：乡村教师补充机制不够健全完善，未真正从源头改善，存在短效性、表层性等问题，配套政策与机制保障的缺乏，导致乡村补充教师数量、质量、结构都存在一定缺陷，没有彻底解决城乡教育二元结构问题。

影响因素研究，王红霞指出编制紧张是乡村中小学教师补充的最大难题（2010）；柯佳敏、朱锦秀认为政策法规保障不足是乡村教师补充的系列问题无规可依、无章可循的主要原因（柯佳敏，2015），主要观点是教育投入、教师编制、政策法规、乡村教师生存环境等制约着乡村教师补充困难。

具体形式研究，金志峰、吕武认为乡村教师补充经历了招收民办教师、师范院校毕业生分配、公开招考和专项计划补充，当前临聘人员仍是教师补充的重要力量（2018）；目前特岗计划、定向培养、交流轮岗等形式也是乡村教师的补充形式，但补充的数量不能满足需要。

对策研究，张成恩指出，要招收一定比例的乡村小学本科全科教师，采取本土选拔，定向培育（2017）；段青英在研究中指出要增加编制、提高薪酬、拓展乡村教师队伍发展空间（2019）。

---

❶ 教育部教师工作司.2022年教师队伍建设进展情况［EB/OL］.［2023-03-23］.

效用研究。目前关于乡村教师补充机制的效用研究较少，主要观点认为乡村教师补充政策以政府主导为主，短期内有显著效果，但后劲缺乏，未来需要以市场机制为主才可实现可持续发展。

总体上看，学界研究是以乡村教师"群体状态"为研究对象，并以此为出发点分析乡村教师补充政策的优化完善，呈现出以下趋势：一是从义务教育高质量发展的视角深入剖析乡村教师补充机制的产生与发展，尝试更好地理解补充机制的本质和功能，探索补充机制变迁规律，建立现阶段有效的补充和退出机制；二是着眼于探究乡村教师补充机制变迁过程中的内在逻辑，思考未来中国乡村教师补充机制的基本走向；三是根据义务教育高质量发展的评价标准，对"补充机制"建立合理性理论论证，明确机制建立的目标，健全补充机制运行的监督机制。

面向新时代高质量发展坐标，进一步探明义务教育高质量发展的乡村教师补充机制的理想路径与现实方案问题，探明乡村教师补充机制与义务教育高质量发展的内在逻辑，探明面向义务教育高质量发展的乡村教师补充机制的创新体系，是从更深层次上探讨完善和创新乡村教师补充机制的重要发力点。

第五节 健全乡村教师补充机制的意义和作用

建设一支相对稳定、质量较高的乡村教师队伍，是构建优质均衡的基本公共教育服务体系的重要支撑。随着国家对乡村教师队伍建设的重视与支持，综合性、专项性的乡村教师补充政策陆续出台，为推动乡村教育事业的提质提供了重要保障，其核心是资源的供给，这种供给是以教育宏观管理、教师职业准入与管理、教师编制管理、教师流动管理、职称评定薪酬待遇管理等各类制度和机制为基础。因而，机制是否健全完善、权责是否明确、执行是否有效，决定着是否能缓解乡村教师短缺与乡村教育发展需求之间的矛盾，直接影响着乡村师资供给是否适应乡村教育现实和未来发展的需要。

当前，我国形成了公开招聘、特岗计划、定向培养、临聘教师、交流轮岗等多种方式并存的乡村教师补充格局，体现了师资调配从"供给不足"趋向"供需平衡"的政策逻辑与改革实践。但是，不同的补充方式有其自身的适用性和局限性。

一是公开招聘是基本补充方式，但公开招聘高度依赖于编制数量，而许多乡村学校已经"无编可用"；同时，乡村教师岗位吸引力偏弱，难以吸引优秀教师，补充规模受限于编制供给与岗位吸引力，并不能完全解决乡村教师数量紧缺的难题。二是特岗计划能有效缓解师资紧缺状况，但特岗教师工资待遇偏低，一旦有更好的就业选择就会离开，部分特岗教师无师范教育或学科教育背景，教育教学知识欠缺，专业素养偏弱，群体的稳定性与专业对口率偏低。三是定向培养能够精准对接乡村学校需求，但定向培养周期长、成本高，培养规模难以满足现实需求；与公费师范生生源相比，地方定向师范生生源质量相对较差，地方师范院校培养能力有限，难以达到培养高质量师资队伍的要求。四是编外临聘教师具有较强灵活性，但由于聘用程序不规范，管理制度不健全，临聘教师大量存在易引发诸多问题，聘用程序亟待规范。五是交流轮岗实现了师资的二次配置，但现实中政策设计往往忽视了政策实施的客观条件、政策成本和主体意愿，导致教师交流政策推行面临"机制梗阻"。[1] 另外，有研究发现：我国城乡二元社会结构下城乡教育资源差距、"以县为主"的农村义务教育经费保障机制、乡村教师长效补充机制缺失、乡村教育管理体制机制不顺等，是影响乡村教师离职意愿的深层原因。[2] 因此，针对当前乡村教师补充现状，健全完善乡村教师补充机制，对加快新时代高质量乡村教师队伍建设有着现实而重大的意义。

一、缓解乡村教育师资短缺

乡村地区由于地理位置偏远、经济条件相对落后等原因，很难吸引优秀的教师前往任教。因此，建立健全的乡村教师补充机制，可以有效地缓解乡

---

[1] 刘善槐，朱秀红，赵垣可. 乡村振兴背景下乡村教师补充机制研究 [J]. 中国电化教育，2022 (10)：20-26，46.

[2] 王艳玲. 乡村教师离职意愿影响因素的变与不变——基于《云南省乡村教师支持计划（2015—2020年）》实施前后的比较 [J]. 华东师范大学学报（教育科学版），2023，41 (9)：85-99.

村教育师资短缺的问题，提高教学质量。通过引进优秀的教师和培养本地的优秀教师，可以保证乡村学校有足够的教学力量，改善乡村教育生态，推动乡村教育发展和乡村振兴的统筹协调。目前，我国乡村教师补充政策相对而言较为封闭和局限，主要是教育部门和人社部门的工作，并未融入地方整个乡村社会经济发展之中。在大力推进乡村全面振兴的新时期，需要树立大教育观，将乡村教育发展纳入乡村振兴战略，在学校发展和教师队伍建设等方面应与乡村产业政策、文化政策和社区建设等各类政策举措统筹部署、协调推进。❶ 要稳定乡村教师队伍，就必须要把乡村教师队伍建设与乡村振兴、乡村社会发展通盘考虑、统筹规划，在新的时代背景中重新认识和定位乡村教育，重塑城乡关系，对县域教育生态做出系统性变革。

二、促进乡村教育公平发展

在城乡发展的不平衡背景下，城市与农村之间的教育资源差距越来越大。而健全的乡村教师补充机制可以缩小这种差距，促进乡村教育公平发展。通过合理配置教育资源，提高农村学校的硬件设施和教学条件，为学生提供更好的学习环境和机会，让每个孩子都能享受到优质的教育。同时，有助于推动教育财政管理体制改革，优化乡村教师津、补贴结构，建立健全乡村教师待遇增长长效机制。教育财政是国家教育治理的基础和重要支柱，也是推进教育改革不断突破和发展的引导性力量。"以县为主"的教育财政管理体制在现实中往往存在对乡村教育的保障能力不足的问题，以健全完善乡村教师补充机制为抓手，将保障教师待遇作为教育财政保障的重点，探索完善义务教育教师绩效工资总量核定办法和绩效工资分配办法，优化乡村教师津、补贴类别和标准，发挥乡村教师差别化生活补助的补偿和激励作用，是推动乡村教育事业改革取得突破的重要途径。

---

❶ 吕武，程晨. 美国乡村教师补充政策的进展、经验及启示［J］. 教学与管理，2022（9）：105-108.

三、推动乡村教师在地化发展

推动乡村教师在地化发展，增强乡村教师归属感，为乡村学校补充优质师资，激发乡村学校内生发展动力。下不去、留不住、教不好，是目前我国乡村教师补充存在的突出问题，其根源在于新补充教师对从教地区和学校缺乏认同感和归属感。通过补充机制和政策供给调控，适度关注倾斜乡村教师来源的本土化，严格把握入职标准的专业化，进一步完善乡村教师定向培养体系，逐步实现在培养和选拔上突出乡村文化教育和乡土情怀，鼓励、支持、引导准教师回归乡村、扎根乡村，使具有"乐教"和乡土情怀的青年真正投身到乡村教育发展事业上。

四、理顺乡村教育管理机制

理顺乡村教育管理机制，完善乡村教师支持服务体系，形成长期、稳定、优质、有效的乡村教师补充机制。在乡村地区相对不利的工作生活环境下，现有的岗位激励难以吸引优秀人才在此长期从教，其人才队伍的流动性相比县镇及城市明显要大。当前我国乡村教师补充政策中仍是以命令性工具为主，激励性工具、能力建设性工具、劝告性工具使用仍不充分，缺乏激励性和能力建设工具的合理使用，乡村教师补充长效机制的建立则无从谈起。基于乡村教师补充的现实困境，要更好地推动乡村教师补充问题的解决，就需要综合利用多种手段，进一步理顺乡村教育管理机制，双向促进、双向协调，推动形成更灵活、更多元的乡村教师补充机制，从而实现乡村师资引进和利用的最优化。

第六节　乡村教师退出机制的必要性

随着一系列政策的出台，中小学教师队伍在数量和质量方面均大幅提升，依据师生比确定的教师编制数量还存在超编现象。而实际上，师资短缺现象却日益凸显，主要原因是部分教师在编不在岗、长期请假、身体精神状态不能胜任岗位,临近退休工作热情减退等,在实际教育教学中不工作或只承担极少量工作。与此同时,受编制缩减计划和退出机制不明确等因素的影响,一般没有空缺岗位编制提供给专业化、能力强的新教师。学校为了自身发展,不得不聘用临时教师缓解工作压力,而临时教师不稳定且招聘条件不一,也难以保证教育质量。基于上述现实,建立合理的退出机制已成为促进学校发展、优化师资结构、增强教师队伍活力、实现教育高质量发展的重要课题。

一、扩大补充优秀教师的编制数量

现行的中小学教师编制管理制度是机构编制部门以学校教育规模、培养任务、教学特点等因素为前提,按照班师比或生师比测算编制数量,再将核定的教职工编制数量以文件形式下达学校。理论上讲,依据编制标准和在校生数量核定出的编制总量可以满足教学工作需要,但具体到每个学校则情况不同,有的学校人员编制富余,有的缺口较大。一项关于西部地区农村小学的调查发现,编制总量富余的学校仍需面对教师学科结构性缺编、学历结构性缺编等问题。❶ 这主要是由于学校中部分教学素质偏低、精力不足的教师并不能承担相应的教学任务,却长期占据编制,致使优秀教师无法及时引进,对教育质量的发展造成极大阻碍。实行合理的中小学教师退出机制对补充高质量教师、实现学校内部编制的动态调整、优化教师队伍起着极其重要的作用。以控制编制总量为前提,在编不在岗、教育教学能力不合格教师的及时退出为地方政府招聘新教师提供了更多数量的编制岗位。

二、提升教育投入的使用效率

近年来,国家财政性教育经费支出结构不断优化,有力推动了教育事业全面发展,但经费使用上"重硬件轻软件、重支出轻绩效"的现象依旧明显。《国务院办公厅关于进一步调整优化结构提高教育经费使用效益的意见》中指出应科学管理使用教育经费,要求完善细化可操作可检查的绩效管理措

---

❶ 张鸿翼,李森.西部地区农村小学教师结构性缺编现状调查研究——基于川、渝、滇、黔等六省市区的实证分析[J].云南师范大学学报(哲学社会科学版),2019,51(3):100-109.

施办法，强化预算绩效目标管理。实际上，亟待退出的教师基于各种原因，不仅影响教育产出，反而使教育投入陷入一种低效的状态。具体而言，首先，需要退出的教师仍然享受全额工资、福利、奖金等。这些支出在教育财政中占有一定比例，与按劳分配的原则不相适应。其次，由于中小学教师退出机制不健全，学校为保证教育教学工作正常开展，不得不额外支出一部分经费用作临聘教师的工资，这又一次加重了财政负担。

教育财政支出使用效率低一方面造成学校缺乏充足的资金开展教师专业培训，招聘来的临时教师往往经验不足，又未经过专业训练就直接上岗，严重影响基础教育质量的提高；另一方面，导致学生活动经费紧张，无法开展丰富多彩的社会实践，不利于学生核心素养的提升，尤其是对偏远地区的乡村而言，易加剧城乡教育发展的不平衡现象。因此，通过合理的退出机制，原先支付待退出教师的费用可用于招聘更多优质新教师，不仅大大减少了临聘教师数量，而且节约了临聘教师的财政支出。省下来的教育资金为开展教师培训、完善公共设施，丰富学生活动提供了一定保障，以达到提升教育财政支出的使用效率的目的，有效促进学校的高质量运转和发展。

三、畅通优化职业生涯的渠道

职业兴趣理论认为人的人格类型、兴趣与职业密切相关，兴趣是人们活动的巨大动力，凡是具有职业兴趣的职业，都可以提高人们的积极性，促使人们积极地、愉快地从事该职业。一定意义上讲，教师对职业的满意度也与教育高质量发展密切相关。如果教师对从事的工作满意，就会激发其积极表现的动力，如果不满意，就会敷衍工作，阻碍教育质量提升。现实中学校有部分教师缺乏兴趣和耐心等，并不适合从事教育教学工作，尤其是面对日益更新的教育环境，不愿意与时俱进，不想积极进取，其职业成就感极低。虽然其中一些教师有转行的想法，但由于退出渠道不畅且生活压力大，只能选择安于现状。这一教师群体在工作中不能发挥自身优势，造成人才利用率低的现状。值得注意的是，严峻的就业形式迫使高校毕业生在择业时不是坚持兴趣，而是向现实妥协。相当一部分有教育情怀的优秀青年缺乏合适的机会实现自己的理想。于是就形成一种"体制内想退退不出,体制外想补补不进"的不平衡局面,人员流动渠道变得狭窄。

　　由此可见,合理的退出机制是高层次人才引进、促进教师有序流动的关键。合理的退出机制为教师和高校毕业生基于兴趣来选择适合自己的职业提供了有利条件。对有转行意向的教师而言,退出保障可以帮助其打消职业过渡时期来自生活和心理方面的焦虑感,使其有勇气和信心基于兴趣、爱好和自身优势开启新的职业生涯。对有教育理想的高校毕业生而言,退出机制为其腾出了更多的教师编制,他们可以在教育岗位上发光发热。这样就形成了"想退退得出,想补补得进"的良好局面,畅通了优化职业生涯的渠道,使人才切实发挥实效。

第二章　教育高质量发展的乡村教师补充机制理论基础

乡村教育补充机制的理论基础是多方面的。首先，公共物品理论认为，公共物品的供给需要政府和社会共同参与，而乡村教育作为一项公共物品，需要政府和社会共同投入。其次，教育均等化理论指出，每个人都应该有平等的机会接受教育，不论其社会阶层、种族、性别、年龄等因素，如果乡村地区缺乏优秀的教师，那么即使有足够的教育资源也难以实现教育的公平与效率，而乡村教师补充机制是提高乡村教育质量的一种方式。最后，教育资源配置理论强调了教育资源的合理配置对于乡村教育发展的重要性。因此，建立完善的乡村教师补充机制，不仅可以吸引、培养、留住优秀教师，还可以促进教育的发展和提高教育质量。

第一节　公共物品理论

一、公共物品理论概述

公共物品是指完全为了满足社会共同需要的物品，具有消费的非竞争性和非排他性。公共物品理论的内涵包括：公共物品的存在根源在于该类物品客观上的技术特性；公共物品的效用是无法分割的，即每个人消费这种物品或劳务不会导致别人对该种物品或劳务消费的减少；公共物品的供给必须由政府来实现。

（一）公共物品理论内涵

公共物品理论是西方公共财政理论的两大基石之一。"纯公共物品理论"

最早可以追溯到19世纪末瑞典经济学家维克赛尔的著作《财政理论研究》。20世纪中叶，保罗·萨缪尔森（Paul A. Samuelson）在《公共支出的纯粹理论》一书中依据"非竞争性""非排他性"对"公共物品"进行了定义。任何一个人消费某种产品不能影响或减少其他人消费这个产品。❶ 由此，根据物品属性，传统的经济学观将其分为公共物品与私人物品。萨缪尔森指出，由于市场失灵的存在，需要政府提供公共物品与公共服务来调节经济。政府提供公共物品与公共服务具有提高市场效率、实现社会平等和稳定经济三个重要作用。❷ 约瑟夫·斯蒂格里茨（Joseph Eugene Stiglitz）从非排他性角度定义了公共物品，指出增加一个人的消费并不会导致成本的增长，而排除任何一个人的分享或消费则会花费巨大成本的物品就是公共物品。❸ 詹姆斯·M. 布坎南（James M. Buchanan）将经济物品分为两类：一类是纯私人物品，另一类是俱乐部物品。不同于其他经济学家，布坎南从公共物品提供方式的角度界定了公共物品的概念："人们观察到有些物品和服务是通过市场制度实现需求与供给的，而另一些物品与服务则通过政治制度实现需求与供给，前者被称为私人物品，后者则称为公共物品。"❹ 由此可知，公共物品是与私人物品相对应的概念，具有与私人物品不同的属性与供给方式。公共物品意味着资源的集体运用，它的成本应由集体成员共同负担，其受益也应由集体成员共同分享。❺ 在纯粹的私人物品与纯粹的公共物品之间，还存在大量介于两者之间的物品，布坎南在《俱乐部的经济理论》中提出了"准公共物品"理论，该理论在奥斯特罗姆那里得到继承。

（二）公共物品分类与供给方式

公共物品因非排他性和非竞争性可以分为以下两种：第一，同时具有非排他性和非竞争性的物品称为纯公共物品，这是狭义的公共物品。如，义务

---

❶ P. A. Samuelson. The pure theory of public expenditure [J]. Review of Economics and Statistics, 1954 (36): 387-390.
❷ 唐铁汉，李军鹏. 公共服务的理论演变与发展过程 [J]. 新视野，2005 (6): 38-40.
❸ J. E. Stiglitz. The Theory of Local Public Goods Twenty-five Years After Tiebout: A Perspective [J]. NBER Working Paper Series, 1982.
❹ 布坎南. 公共物品的需求与供给 [M]. 上海：上海人民出版社，2009：1.
❺ 布坎南. 公共财政 [M]. 北京：中国财政经济出版社，1991：17.

教育、公共卫生、国防、外交等。第二，只具有非排他性或非竞争性的物品称为广义的公共物品，主要包括俱乐部物品、自然垄断物品、共有资源以及狭义的公共物品等。❶ 如，一种物品具有非竞争性，但同时又具有排他性，这种公共物品被布坎南称作俱乐部物品，又称作排他性公共物品。如付费影视会员，它一方面具有非竞争性，即一个人的消费并不影响另一个人的消费；另一方面又具有排他性，即它只针对付费者开放。有些物品具有非排他性，但在它达到某一使用水平之后会具有竞争性，这种公共物品称为拥挤性的公共物品。如，拥挤的街道、桥梁，任何一个人都可以使用街道或桥梁，但一个人使用之后就减少了另一个人可以利用的空间。

此外，公共物品并不限于航标灯、公路等物质产品，公共卫生与安全、法律和政策、生态保护、气象预报、社会保障与失业保险等由政府提供的非物质产品和服务也是公共物品。❷ 由此可知，公共物品并不是指"物品"本身，它是指具有共同消费性质的服务，这种服务的表现形式可能是物质产品，也可能是非物质产品，还可能是一种服务。

有关公共物品的供给方式有以下四种：第一，公共物品由政府供给。公共物品所具有的非竞争性、非排他性这两个特性，以及市场失灵的存在，决定了公共物品应该由政府提供。❸ 任何人不管他付费与否都可以从公共物品中受益，一个人的消费也不会减少其他人的消费，因而，只有政府提供公共物品才能在一定程度上保证公共物品的利用效率与供给数量。第二，公共物品由私人提供。公共物品的私人供给实质在于交易机制，即由所有参与交易的人所达成的集体决策规则决定了共享和共同消费物品的数量。❹ 第三，公共物品的自愿供给。公共物品的自愿供给是自主组织与自主治理的过程，杨

---

❶ 沈满洪，谢慧. 公共物品问题及其解决思路：公共物品理论文献综述 [J]. 浙江大学学报（人文社会科学版），2009（6）：133-144.
❷ 方福前. 公共选择理论 [M]. 北京：中国人民大学出版社，2000：32.
❸ 詹姆斯·M. 布坎南，理查德·A. 马斯格雷夫. 公共财政与公共选择：两种截然对立的国家观 [M]. 类承曜，译，北京：中国财政经济出版社，2000：1.
❹ 沈满洪，谢慧. 公共物品问题及其解决思路：公共物品理论文献综述 [J]. 浙江大学学报（人文社会科学版），2009（6）：133-144.

(Young)认为个人会为自愿组织进行捐赠,❶ 福尔金格（Falkinger）等人也指出现实生活中不乏自愿合作提供公共物品的情形。❷ 第四,公共物品的联合供给。布坎南提出公共物品的供给主要有两条途径:一是当双方交易规模较小时,通过一般的交易过程实现最优;二是当交易规模较大时,通过政治过程的运转来达到最优。❸ 因而,布坎南提出的俱乐部物品理论主导性的供给方式是联合供给和私人供给。表2-1为三种有代表性的广义公共物品的分类与供给方式。❹

表2-1 公共物品分类与供给方式

广义公共物品	代表人物	供给方式
纯公共物品	萨缪尔森	政府供给,联合供给
俱乐部物品	布坎南	联合供给,私人供给
公共池塘资源	奥斯特罗姆	政府供给,联合供给,自愿供给

遵循公共物品的定义与逻辑,萨缪尔森将政府的公共服务职能界定为"政府要在高效、高水平地提供公共物品和公共服务时,满足公众的公共需求、提高社会资源配置效率"。❺ 由此可知,提供公共服务既是政府的一种职能,也是政府的一种责任,如公民的受教育权是国家必须予以保障或满足的权利,这是政府提供教育服务的责任,政府为实现公民的受教育权而举办的各级各类教育是政府公共服务职能的直接表现。由于公民受教育需求的异质性与多样性,政府办学并不能完全满足公民的现实需求,因而,政府可以通过宏观控制和委托代理等手段授权给其他主体,使市场和社会等多元主体参与办学,进而更好实现公民对多样化、高质量教育的需求,使政府充分履行

---

❶ D. J. Young. Voluntary Purchase of Public Goods [J]. Public Choice, 1982, 38 (1): 73-85.

❷ J. Falkinger, E. Fehr, S. Gächter, et al. A Simple Mechanism for the Efficient Provision of Public Goods: Experimental Evidence [J]. The American Economic Review, 2000, 90 (1): 247-264.

❸ J. M. Buchanan. Joint Supply, Externality and Optimality [J]. Economic, 1996 (132): 404-415.

❹ 沈满洪,谢慧. 公共物品问题及其解决思路:公共物品理论文献综述 [J]. 浙江大学学报(人文社会科学版),2009 (6): 133-144.

❺ Paul A. Samuelson. The Pure Theory of Public Expenditure [J]. Review of Economics and Statistics, 1954, 36 (4): 387-389.

服务职能。

二、义务教育具有公共物品属性

义务教育是指国家对适龄儿童和少年实施的一定年限的强制教育制度。义务教育具有强制性、免费性、普及性和世俗性的基本特点。具体来说，义务教育的特征包括：强制性：让适龄儿童、少年接受义务教育是学校、家长和社会的义务。谁违反这个义务，谁就要受到法律的制裁。免费性：实施义务教育不收学费、杂费，所有适龄儿童、少年都必须接受义务教育。世俗性：实施义务教育的学校和教师具有公共性质，其工作对国家负责、对国民负责。

首先，义务教育是一种典型的公共物品。这是因为每个学生都可以享受到同样的教育服务，而且不会因为其他人的消费而减少。因此，政府或学校必须提供必要的资金、设施和培训等支持，以确保义务教育教师能够顺利地开展工作。

其次，公共物品理论认为，政府或学校对义务教育负有责任。政府或学校需要为义务教育提供必要的资金、设施和培训等支持，并加强对义务教育和义务教育教师的管理和监督，以确保其教学质量和效果。

此外，公共物品理论还指出，由于义务教育的教育服务具有非竞争性和非排他性，即每个学生都可以享受到同样的教育服务，因此政府或学校应该采取措施来避免资源的过度使用或浪费。例如，政府可以通过制定相关政策来限制某些家庭对义务教育的依赖程度，或者通过建立公共图书馆等方式来提供更多的教育资源。

另外，公共物品理论还强调了政府或学校在提供义务教育时所面临的挑战。由于每个学生的需求和背景不同，因此政府或学校需要制定相应的教育计划和课程，以满足不同学生的需求。同时，政府或学校还需要考虑到教育资源的分配问题，以确保每个学生能够获得公平的教育机会。

最后，公共物品理论和义务教育之间的关系还可以从另一个角度来看。随着社会的发展和进步，人们对教育的需求也在不断变化。因此，政府或学校需要不断地调整和完善义务教育的内容和方式，以适应社会的变化和发展。

这也表明了公共物品理论和义务教育之间的紧密联系。

三、公共物品理论视角下的乡村教师补充机制

其一，公共物品理论有助于人们了解教育的性质、教师资源的属性，从而为进一步探究合理的乡村教师补充机制奠定基础。理论界对教育性质的界定包括以下三种：第一，教育是纯公共物品。持这种观点的学者认为教育就像国防、灯塔一样，教育的边际成本并不会因为消费人数或规模的增加而增加，一个人的消费并不会排斥其他人消费，因而在消费上具有非竞争性；同时教育可以供许多人同时享用，在享用上具有非排他性。[1] 第二，教育是准公共物品。准公共物品只具有纯公共物品的部分特性，一些学者认为义务教育具有纯公共物品的属性，它是国家强制实施的、保障全部适龄儿童免费入学的教育，而学前教育、高中教育和本科教育在消费上具有排他性，属于准公共物品。[2] 第三，教育是私人物品。私人物品在消费上具有竞争性、在享用上具有排他性，持该观点的人根据外部性强度将教育划分为具有正外部性的私人物品，教育是用于满足个人需求的，且消费者会根据自身偏好进行选择，因而教育是私人物品。[3] 本研究较为认同义务教育是纯公共物品的观点，义务教育作为国家强制保障每个适龄儿童入学的免费教育，具有非竞争性与非排他性的特点，应由政府供给或联合供给。而乡村教师大多是乡村的小学与初中教师，属于义务教育资源的一种，同样具有纯公共物品的特性，在理论上其供给与补充的主体主要应为政府。公共物品及其供给方式为乡村教师补充机制研究提供了理论支撑。

其二，公共物品理论对于进一步优化政府及其他有关主体在乡村教师补充机制中的职能与责任提供了有益的思路与实践策略。首先，要正确认识政府的公共服务职能。在设计与提出乡村教师补充机制的过程中，要合理界定政府的公共服务职能，如制定乡村教师补充机制的有关方案与规划，为乡村

---

[1] Barlow, Robin. Efficiency Aspects of Local School Finance [J]. Journal of Political Economy, 1970 (78): 1028-1048.

[2] 郑秉文. 公共物品、公共选择中的教育 [J]. 世界经济与政治, 2002 (12): 73-78.

[3] Barr N. The Economics of Welfare State [M]. Oxford: Oxford University Press, 1988: 328.

教师的进修与培训提供保障，合理划定乡村教师补充有关部门权责，为教育行政部门和学校赋权等。其次，在实现乡村教师资源优质均衡这一目标的过程中，政府要联合一切可以联合的力量，由政府、学校和社会共同承担实现乡村教师资源数量充足、质量优化的目标与责任。如，政府要为学校和社会参与乡村教师补充机制创造有利条件；政府可以通过教师编制配备与购买工勤相结合的方式让社会参与配置过程等。最后，要处理好乡村教师补充机制中的优质、公平与效率之间的关系。优质与公平是人民对美好教育的追求，是人民的公共利益与共同诉求，同时也是我国义务教育教师资源管理的价值追求。若要最大限度地实现人民的公共利益，就要妥善处理乡村教师补充机制中效率与公平的关系，因而要持续深化教育行政体制改革，提升政府部门对公众的回应性，建立政府与公众、社会的沟通机制以提升乡村教师补充机制相关政策的制定和实施的满意度等。

其三，公共物品理论作为整个研究的核心理论基础，在本研究中扮演着"穿针引线"的牵引作用，它将全文各部分按照统一的逻辑与思路连接起来，使整个研究思维更加缜密、逻辑更加连贯、行文更加流畅。同时，公共物品理论为研究者从优化政府公共服务职能提升乡村教师补充机制的角度，从公民权利与共同的公共利益的角度，从多元主体的参与与治理的角度提供了研究乡村教师补充机制的不同理论视角。

第二节 资源配置理论

一、资源配置理论概述

资源配置是满足社会需求的重要手段之一。通过合理配置资源，可以使生产效率最大化，从而更好地满足人们的生活和工作需求。资源配置可以提高经济效益。通过优化资源配置，可以降低生产成本，提高产品质量，增加企业竞争力，从而实现更高的经济效益。资源配置也是实现可持续发展的重要手段之一。通过合理配置资源，可以减少浪费和污染，保护环境，实现经济、社会和环境的协调发展。

资源配置是在一定的时间与空间范围内，社会对拥有的各种资源在不同用途之间进行的分配。资源的稀缺性决定了任何一个社会都必须通过一定的方式把有限的资源合理分配到社会的各个领域中去，用最少的资源耗费，生产出最适用的商品和劳务，获取最佳效益。在社会化大生产条件下，资源配置有两种方式：计划配置与市场配置。计划配置即计划部门根据社会的需要和可能，以计划配额、行政命令等方式来对资源配置进行全面统一的管理和调度；市场配置即依靠市场机制的运作来对资源进行配置。现实中，在计划经济中也存在部分的市场机制配置，在市场经济中也存在政府对市场的干预或规制，从而对资源配置产生影响。

资源配置方式包括多种方式。首先，需要了解市场的需求情况，包括消费者的需求、竞争对手的情况等，以此为基础进行资源配置。其次，需要评估企业的资源能力，包括人力、物力、财力等方面，以此为基础确定资源的配置方向和重点。根据市场需求和企业资源能力制定详细的资源计划，明确各项资源的分配比例和时间节点。按照制定好的计划进行资源配置，确保各项资源得到充分利用和发挥最大效益。在实施过程中需要不断监测和调整，及时发现问题并采取措施解决，以确保资源配置的有效性和可持续性。

根据市场需求情况进行资源配置，将更多的资源投入到有市场需求的产品和服务中。根据产品生命周期的不同阶段进行资源配置，将不同的资源分配给不同的阶段，以达到最优效果。根据企业的战略目标进行资源配置，将更多的资源投入对企业未来发展有利的方向上。根据不同地区的经济发展水平进行资源配置，将更多的资源可以投入经济发展较快的地区中，以促进经济的协调发展。

二、教育资源配置具有特殊性

（一）教育资源配置的内涵

教育资源合理配置是保障教育公平、实现教育优质均衡、促进教育供给均等的重要内容。资源配置一词带有明显的经济学特征。教育资源主要是指教育经济条件，教育过程中所占用、使用和消耗的人力、物力和财力资源，即人力资源和物力资源、财力资源的总和。人力资源包括教育者人力资源和受教育者人力资源等；物力资源是指学校中的固定资产、材料和低值易耗物品等；财力资源是指人力、物力的货币形式，包括人员消耗部分和公用消费部分。❶ 教育资源具有稀缺性、流动性、多用性、不均衡性、潜在性、复杂性、外部性、投入回报的迟效性和长效性、地位性等多种资源属性。

教育资源配置是指各种教育资源在不同使用方向之间的匹配。资源配置的核心问题是如何从有限的社会总资源中取得一定数量的教育资源，以及以怎样的方式在教育系统内部各组成部分或在不同子系统之间进行分配。因而，教育资源配置必须要厘清以下几个问题，并由此产生不同的资源分配理论。

(二) 教育资源配置的核心问题

由谁来配置教育资源？这是要明确教育资源配置的主体，谁拥有教育资源配置的权力。一般而言教育资源配置的利益主体包括政府、学校、企业、家庭、个人等，在资源配置上集中表现为对权力的分配和使用，即人、财、物和事权的配置。为了争取更多更优质的教育资源，不同主体间可能存在利益博弈。教育资源配置格局的形成是各利益集团博弈的结果。

教育资源配置给谁？这是要清晰资源配置的对象。不同地区、不同群体、不同教育机构、不同学校、不同学生是教育资源配置的主要对象。

按什么标准和原则进行配置？这是教育资源配置的价值导向。在具体的教育资源配置过程中，存在着一定的价值指导和目标导向。不同的价值指导将产生不同的制度设计，不同的制度设计将导致不同的教育资源配置格局。公平和效率是教育资源配置的两个核心原则和主题。

教育资源的配置方式和获取方式是什么？这是教育资源配置的方式和方法。教育资源配置方式与教育资源的获取方式是逆向过程，在既定的标准和原则下，以什么样的方式来配置和获取资源决定着教育资源配置目标能否顺利实现。"教育资源配置主体的权限、作用方式、配置机制等的不同选择形

---

❶ 顾明远. 教育大辞典 [M]. 上海：上海教育出版社，1998：799.

成了不同的教育资源配置方式。教育资源配置对象通过制度化的还是非制度化的方式获取资源也直接影响着教育资源配置的效果"。❶

在教育资源配置过程中，往往不能根据一个利益集团、一套理论来进行资源配置，而是会展现不同利益集团的博弈和妥协，从而构成多样态的资源配置格局，也会形成多样化的资源配置理论。

三、教育资源公共选择理论

当把教育作为一种公共基础产品来定义时，由政府提供公共教育资源已经被公众普遍接受。在这种情况下，政府作为教育资源配置方式是具有合法性的、制度性的安排。在排斥市场作用的条件下，通过政府的计划安排形成一种教育资源配置状态，这是计划型资源配置方式。政府作为一种制度优先于其他制度安排存在，并构成其他制度的基础，通过暴力、权力和意识形态来维护其权威性，使人们接受政府安排的资源配置方式而不质疑其安排本身的正当性。在制度经济学产生之前，对包括政府在内的各种社会制度的研究仅仅存在于政治哲学领域，这也导致了人们对制度本身的经济效率的忽视。

（一）公共选择理论的内涵

政府作为资源配置方式的重要主体，不仅需要从政治的角度看待其正当性，还应从经济上评价政府的效率。美国经济学家詹姆斯·布坎南的公共选择理论，揭示了政府和市场存在的难以克服的弊端，指出政府干预经济的结果不可避免地带来赤字和通货膨胀，粉碎了凯恩斯主义的神话，提出在公共部门内部引入竞争机制的主张。

公共选择理论的研究对象是公共选择问题，公共选择具体而言是通过民主决策的政治过程来决定公共物品的需求、供给和产量，把私人的个人选择转化为集体选择的一种过程，是利用非市场决策的方式来对资源进行配置。因此，公共选择的实质是政治过程，通过立宪、行政和司法三个过程将个人选择转化为集体选择。

---

❶ 许丽英. 教育资源配置理论研究［D］. 长春：东北师范大学，2007.

布坎南的公共选择理论"弥补了传统经济理论缺乏独立的政治决策分析的缺陷,有助于解释政府预算赤字为何难以消除的原因。"❶ 他从经济学的方法出发来研究非市场过程,其经济学方法可以分为三种要素:其一,方法论个人主义,把作为微观经济分析的出发点的个人同样作为集体行为的出发点,将个人的选择或决策作为公共选择或集体决策的基础,因此,公共选择理论注重分析集体中的个人行为,力图揭示个人行为是如何通过政治过程而对集体行为及经济活动产生影响的。其二,经济学交换范式,将经济学看做一门交换的科学,用经济学交换范式来塑造模式政治,将政治和政治制度唯一或主要的归因于复杂交换、契约和协议。其三,经济人假说,把人看做有理性的利己主义者,认为个人天生追求效率或利益的最大化,一直到这种追求受到抑制为止。这也说明政府及其官员的行为动机并不是出于公共利益,而是自身利益的最大化。

公共选择理论的核心内容包括实证性公共选择理论和规范性公共选择理论。实证性公共选择理论的内容主要涉及各种选举规则、投票以及这些规则在具体操作中所牵涉到的各种问题以及相应的解决办法。规范性公共选择理论的主要内容涉及各种规则的假设前提,同时还包括人们对于一个社会公民所应该具有的基本价值的判断,以及这些假设前提所适用的具体条件和这些价值判断标准之间可能存在的矛盾以及相应的解决办法。除此之外,这两部分所涉及的具体选择类型也有所不相同。实证性公共选择理论所涉及的决策类型是:所进行的决策对集体中的每个人都有利,对任何人的利益都没有损害。这种类型的决策相似于帕累托边界之外向边界上的各点移动的情况;而规范性公共选择理论所进行的决策类型却是:所有的决策是在损害其他一部分人利益的基础上来照顾另外一部分人的利益。这类决策与沿着帕累托边界移动的情况相一致。❷

公共选择理论指出政府干预行为具有较强的局限性。如公共决策失误。公共决策作为非市场决策有着不同于市场决策的特点,市场决策以公共物品

---

❶ 丁冰. 现代西方经济学说 [M]. 北京:中国经济出版社,1995:229.
❷ 宋延清,王选华. 公共选择理论文献综述 [J]. 商业时代,2009 (35):14-16.

为对象，通过完全竞争的经济市场来实现；公共决策以集体作为决策主体，以公共物品为对象，并通过一定政治秩序的政治市场来实现。公共决策是一个复杂的过程，存在着众多困难和限制，使得政府难以制定并实施好的或合理的公共政策，导致公共决策失误。导致公共政策失误的原因是多方面的：社会实际上并不存在作为政府公共政策追求目标的所谓公共利益；即使现实中存在着一些大家利益比较一致的情况，现有的各种决策体制或决策方式因其各自缺陷而难以达到优化政策或理想政策；决策信息的不完全性。决策信息的获取总是困难而且需要成本的，不管选民还是政治家拥有的信息都是有限的，因而许多政策实际上是在信息不充分的情况下做出来的，这就很容易导致决策失误。投票人的"短见效应"。由于政策效果的复杂性，大多数选民难以预测其对未来的影响，因而只着眼于目前的影响；而政治家为了谋求连任，就会迎合选民的短见，制定一些成本滞后，或从长远看弊大于利的政策。此外，还有政府扩张、官僚机构效率低下等。

（二）公共选择理论在教育资源配置中的应用

米尔顿·弗里德曼（Milton Friedman）在《政府在教育中的作用》一文中明确质疑了政府垄断教育资源配置方式的合理性。他认为上个世纪后半叶以来建立的公共教育制度是一种政府垄断，由于缺乏必要的市场竞争，公共资源配置效率低下、浪费严重，学校对学生产生了不良影响。应该减少甚至取消政府直接兴办的教育，让市场竞争主体举办教育，政府只制定教学内容和质量标准，通过教育机构的竞争达到教育运行的高效率。[1] 由此他提出了"教育券"的设想，即政府对教育的资助不直接拨款给学校，而是将其作为教育费用的支付凭证直接发放给学生家长，由其交给所选择的学校抵付个人的教育费用。

20世纪80年代以来，欧美等发达国家纷纷走上了教育市场化改革之路，以质量、竞争、效率为核心理念的"重建公立学校"，将公立学校推向市场。

---

[1] Milton Friedman. The Role of Government in Education. From Economics and the Public Interest, ed. Robert A. Solo, copyright 1955 by the Trustees of Rutgers College in New Jersey. Reprinted by permissionof Rutgers University Press.

资源配置的市场化是指在没有政府（计划）干预的条件下，市场会自发地形成一种教育资源配置状态，这是市场型的资源配置方式。研究者们认为只有引进市场机制，才能改进公立中小学校现存的治理问题，这是撼动现有公立管理结构的根基的思想，是从实证分析入手积极求证教育市场化改革的合理性。

计划和市场是现代经济条件下两种最基本的资源配置方式。无论选择何种资源配置方式都应考虑到教育资源的特殊性。教育商品化、市场化不可避免地对教育平等、公平和正义性构成威胁，公共教育所固有的福利性、普惠性、公益性等社会目标不应被效率和竞争所动摇。有研究者认为，市场化使得教育机构的正当权益正遭到侵害。"培养出掌握好宽容和理解艺术的国家公民这个开明民主教育的传统目标，正让位于各种形式的社会达尔文主义——不惜一切代价争输赢，即使眼看着自己的兄弟姐妹摔倒在全球竞争的路边也不管不顾。"❶ 显然，如何处理教育作为生产投资、竞争力的生产活动和教育作为传承社会文化、价值观念、政治道德的精神实践活动之间的关系是争论的焦点。

中华人民共和国成立至20世纪90年代初，我国实行计划经济体制，教育资源配置也以计划配置为主，即教育资源主要是政府通过行政权力按计划进行配置。90年代以后随着商品经济、市场经济的建立和完善，市场作为一种重要的机制开始介入教育资源配置领域，如教育筹资渠道多元化、高校并轨等改革均可以看到市场的作用和影响。

公共选择理论及其政府与市场关系论具有明显的局限性。它过分地依赖于"经济人"假说，并把政治过程与经济过程加以机械类比，把商品经济的交换原则无限制地运用于政治领域；它掩盖了当代资本主义国家的阶级实质，没有把西方政府干预行为的局限制性以及政府失败与资本主义的生产关系以及资本主义社会的基本矛盾联系起来考察，而把资本主义政府谋取私利的特性推广到所有的政府；公共选择理论家也往往因政府干预行为的局限性而得

---

❶ 大卫·杰弗里·史密斯. 全球化与后现代教育学[M]. 郭洋生, 译. 北京: 教育科学出版社, 2000: 61.

出反对国家干预，要求放任自流的保守主义结论。此外，它对政府失败的分析并不是要推翻资本主义制度，而是要维护、改善这一制度，特别是要通过完善政治过程及民主技术来达到这一目的。因此，公共选择理论不过是一种改良主义理论。

四、公共选择理论视角下的乡村教师补充机制

（一）公共选择理论中"方法论上的个人主义"有利于清晰我国政府或集体在乡村教师配置中的选择行为

公共选择理论认为，个体是组成群体的基本细胞，个体行为的集合构成了集体行为，分析个人行为是分析群体行为的基础。❶ 我国的国家政策和集体选择行为是由参加决议的个体组成，且具体实施也是由政府官员进行执行和运作。坎布南认为，无论是在市场活动中还是在治理活动中，人是追求自身效用最大化的人。如果我国政府官员均为大公无私、克己奉公的利他主义者，那么教育腐败、教育寻租、择校与受贿等现象都不会出现。事实证明，当缺乏法律法规和职业操守的约束后，我国的教育管理者一样会追求自身效用的最大化。在乡村教师的基础配置中，存在着政治的交换过程。

（二）"经济人"假设为我们理解中国历史上乡村教师补充机制提供了理论假设

从当前乡村教师的补充政策来看，政府是义务教育的核心投资主体。乡村教师作为典型的准公共产品，为政府参与乡村教师配置并成为配置主体提供了依据。在乡村教师的配置过程中，采用何种配置方式能更有效地分配有限的教师资源，涉及乡村教师补充的公平性和效率的问题。其中，政府作为乡村教师资源的投入和配置主体，不仅包括对乡村教师资源配置的政策制定、宏观调控，同时也肩负着乡村教师资源配置的具体方案制定和执行、统筹和分配、监督和评估等作用。我国在不同历史时期对乡村教师的补充方式有很大不同。在建国初期，为了集中资源培养国家建设急需的人才，对乡村教师

---

❶ 杨公安.县域内义务教育资源配置低效率问题研究［D］.重庆：西南大学，2012.

的补充采用了就地解决的方案，各地方发动一切力量融入"乡村教师"中来，用顶岗教师、半工半教等多种形式补充乡村教师队伍，"中师"成为乡村教师最优质的师资来源。自2008年起，全国范围内全面实施免费义务教育，师资力量开始向农村地区、边远贫困地区和民族地区倾斜，加快缩小教育差距，国家出台了"银龄讲学""三支一扶""特岗教师""乡村教师培训"等乡村教师培育计划，鼓励人们回到乡村，支持乡村教育发展。从我国发展的角度不断调整乡村教师资源配置，力求实行国家效用的最大化。

（三）乡村教师补充过程是一个政治决策过程，有助于我们理性分析乡村教师政策和政府行为

公共选择理论认为，政治市场上的每一个人、每一个利益集团都有各自的效用函数，这些效用函数或价值判断之间没有优劣之分，都应受到尊重。从国家层面而言，采用何种方式来补充乡村教师，均是人民民主的选择，是集体利益的凝结过程。国家的不同利益集团、地区之间的利益集团、城乡之间的利益集团会为乡村教师资源进行多方博弈，都想按照利于自己集团的方式进行乡村教师补充。可见，乡村教师补充的过程，既是一个集体选择的过程，也是一个政治决策的过程。

总而言之，公共选择理论肯定了乡村教师作为一种准公共产品，在其补充和分配过程中，政府和集体遵循了方法论上的个人主义，在政策上符合"经济人"假设，是一个政治决策过程。该理论贯穿了乡村教师补充机制的全研究过程，形成了理论上的指导和分析框架。

第三节　教育机会均等理论

一、教育机会均等理论概述

教育机会均等是指公民不受经济水平、家庭环境、教育规模与性别等因素的影响，社会应想尽一切办法使每一个成员都能均等地得到质量均等的教育条件。在我国，基本公共教育服务均等化是对人民群众迫切需要的公共教

育资源进行公平分配并提供公共教育服务的过程。"教育机会均等"是教育公平理念的行动指征与具体落实。随着经济社会变革、公共服务优化以及义务教育提质,有关教育机会均等的学术研究不断丰富。同时,由于区域经济发展水平有别,不同国家和地区教育机会均等的内在意蕴与实现水平存在显著差异。

(一) 教育机会均等理论的内涵实质

教育机会均等理论已由教育起点均等扩展到教育结果均等,主要涉及"教育投入均等""教育过程均等"以及"教育结果均等"。其中,教育投入均等包含学校管理与课程、教师特征、学生社会背景特征等方面;教育过程均等包含获得教育资源机会、课堂交往机会等方面;教育结果均等包含在校成绩和社会回报两个方面。

基于国外教育机会均等观的演变可以看出教育机会均等具有"历史性""发展性"与"差异性"的特征。历史性主要表现为在不同的社会历史时期教育机会均等具有不同的内涵。发展性一方面指向教育机会均等的内涵的不断丰富,另一方面说明教育机会均等在促进社会的健康发展、人的全面发展以及个人与社会的协调发展等方面的功能在不断完善。差异性表明在任何时候教育机会的"均等"都不是"绝对平均",而是以维护公平为目标、以保障权力为前提,针对有差异的个体施以必要的补偿教育或施以与之相适应的差异教育。[1]

(二) 教育机会均等理论的历史沿革

关于教育机会均等内涵的研究由来已久。教育机会均等理念的发源,可以追溯至柏拉图的《理想国》与孔子的"有教无类"。20 世纪中后期的美国教育机会均等运动是美国教育史上的一次重要变革,此次运动由科尔曼带领团队围绕学生的学业成绩、家庭背景、学校特征、教师特征等方面展开调查,旨在探究教育机会均等的实现情况以及影响因素。[2] 西方学者通过大规模的实证调查,基于不同视角对教育机会均等的相关研究进行系统整理,如表 2-2

---

[1] 董泽芳, 张国强. 社会公平与教育机会均等 [J]. 教育与经济, 2007 (2): 16-20.
[2] 孟楠. 美国教育机会均等运动及其给我国的启示 [J]. 学习与探索, 2017 (4): 52-56.

所示。

表 2-2 1960—1970 年关于教育机会均等概念的主要观点[1]

时间	代表人物	代表作品	主要观点
20世纪60年代末	詹姆斯·S. 科尔曼	《教育机会均等》《教育机会均等的意义》	（1）将学生的学业成就引入教育机会均等的研究领域 （2）针对"教育机会均等"术语的混乱指出"教育机会均等"应该改为"教育机会均等的减少"
	安德森 CA.	《教育规划中学习小组对社会目标教育需求的社会学因素》	（1）指提供每个人同量的教育 （2）由学校为儿童提供一定标准的教育 （3）为每一个个体提供满足其个体发展的教育机会 （4）指提供继续教育的机会，直至学生学习结果符合某种常模者
20世纪70年代	克里斯托夫·詹克斯	《不均等：对美国家庭和学校影响的重新界定》	赞同科尔曼关于教育机会均等问题的研究，认为结果平等是实现教育机会均等的有效途径
	托尔斯顿·胡森	《社会背景与学业成就》	梳理了以往对教育机会均等问题的研究，从受教育者的角度界定"均等"，将"机会"作为可变标准，提出基于起点、过程、结果均等的新观念

科尔曼与胡森关于教育机会均等理论的共同之处在于从入学的起点、过程与结果的个体受教育的发展阶段界定"机会均等"。20 世纪 70 年代开始，教育机会均等影响因素的重心开始转移，学校教育的作用从最初遭受质疑，到基于公立学校的不断发展、学校教育的作用愈加受到重视，通过学校教育

---

[1] 杨文杰，范国睿. 教育机会均等研究的问题、因素与方法：《科尔曼报告》以来相关研究的分析[J]. 教育学报，2019，15（2）：115-128.

缩小公民之间的"不均等"成为重要议题，学校效应和教师效应对学生成就的影响远远大于家庭背景的影响。❶

二、义务教育高质量发展中教育机会均等的实践逻辑

（一）基于学校教育视角下的教育机会均等研究

《科尔曼报告》将影响教育机会均等的重心归于非学校因素方面，并批判了学校教育的作用，使得20世纪60年代到80年代学术界将教育机会均等的研究方向转移到以家庭背景为中心上。由于教育事业的发展以及教改的不断推进，学校对教育机会均等的补偿作用不断加大，相关研究的重心开始回归学校教育。通过对中小学校大规模测评数据的分析，证明在我国国情下办学条件和教师质量等学校投入要素对教育产出结构有显著的正效应，有效的驳斥了科尔曼对学校教育作用持消极态度这一观点；同时发现以学业成绩作为指标，学校教育作用大于家庭背景。❷ 同时，相关数据表明教师质量比学校办学条件对中小学平均成绩变异的贡献度更大，这说明教师补充可以作为推进教育机会均等的有效手段。教师作为重要的教育资源，可以指引和提高学生的学习能力，是教育机会均等的体现者、教育教学过程中不均等的制造者、实现教育机会均等的践行者，教师的质量、数量及配比等是教育机会均等的重要影响因素。

作为学校中的重要一环，教师的质量直接影响着学校的人才培养质量。教师质量可从文凭、职业素养、职业道德等多方面进行考量。高质量的教师可以弱化其他教育环境带给学生的不利影响，这一情况在将教育成果纳入教育机会均等的考量以后更加明显，提高教师质量有助于教育机会均等的实现。教师的数量一般用来衡量一个地区、一所学校的办学效益，生师比能否达标是教育工作落实的重要考量。目前我国部分地区依然面临着教师短缺问题，

---

❶ LEE V E, BRYK A S, SMITH J B. The Organization of Effective Secondary Schools [J]. Review of Research in Education, 1993 (19): 171-267.

❷ 胡咏梅, 元静. 学校投入与家庭投入哪个更重要？——回应由《科尔曼报告》引起的关于学校与家庭作用之争 [J]. 华东师范大学学报（教育科学版）, 2021, 39 (1): 1-25.

"十四五"规划将"继续扩大教师培养总量以缓解合格教师短缺,健全教师聘用、评价、流动、退出管理制度。"作为教师队伍建设的措施。教师短缺从入学机会均等、教学过程以及教育结果三方面加剧了教育机会不均等现象,缺量的教师资源无法保证教学过程能够有效地进行,进一步影响教育的最终结果。

教师配置在促进教育优质均衡发展、提升学校办学质量和稳固提高教师队伍建设水平等方面发挥着重要作用,目前我国教师配置存在区域、校际及学科不均衡的问题,城、乡、村教师的各方面指标差距不断加大,学科结构存在着严重的不平衡问题。教师配置的不平衡势必带来教育机会的不均等,处于优质教师配置的区域或学校的学生所获得的教育机会明显高于其他学生。

(二)城乡差别视角下的教育机会均等研究

在我国高速优先发展工业、先富带后富的经济发展战略、户籍制度、统购统销政策等因素的影响下,城乡发展差异不断加大,成为了社会全面发展的突出问题之一,而城乡教育差异则是该问题的重要表现方面。城乡教育差别是我国教育机会不均等的最突出表现,我国城乡教育差别主要体现在乡村地区的生源较差、基础条件相对薄弱、教师流失比较严重等方面。

由于我国地域色彩浓厚,民族差异较大,区域阶层导致受教育意识认同感有明显的差异。在乡村地区,家长重视教育的程度普遍较弱,相比于城市学生利用校外时间继续接受教育,乡村义务教育生源大多只接受学校文化的学习,其余时间学习与家庭劳务相结合。这种来自家庭及地区的因素导致了乡村地区学生在入学机会、教育过程以及教育结果三方面均处于劣势,加剧了教育机会不均等现象。

乡村教育基础条件相对薄弱,是城乡经济发展不均等在教育方面的具体体现。薄弱的教育基础条件,如教学设备、教学场地等的不足,导致乡村学生受教育质量大打折扣,从而引起了乡村学生受教育机会相比城市学生不均等。乡村的教育条件落后使得无法很好地留住教师,优秀的教师不断地流向城市,这种单向流动势必会使乡村教育陷入劣质发展的恶性循环。教师流失使得乡村学生在受教育过程中的受教育机会明显低于正常水平,同时使得乡村教育的教育质量下降。

三、教育机会均等理论视角下的义务教育乡村教师补充机制

一方面，教育机会均等的理论研究与概念界定，能够有效帮助教育者深入理解教育公平这一命题，为构建更高质量、公平合理的乡村教师补充机制奠定理论基础。教育公平是国家配置教育资源合理性的标尺，是现代教育的价值追求，而教育机会均等则是教育公平的实现方式。目前，教育机会均等主要包含四个方面内容：一是入学机会均等；二是教育过程均等；三是产出均等；四是学生从学校毕业后所获得的社会回报均等。教育机会均等理论通过科学的调查和分析研究，给予义务教育的实践框架。

另一方面，教育机会均等理论为义务教育乡村教师补充机制提供了价值取向与行动引领。乡村教师队伍的充分补给能够最大限度弱化非学校教育因素导致的教育不公平现象，乡村教师队伍建设中教师的专业素养直接影响学生学业发展水平。乡村教师补充机制构建的基本前提在于全面评估城乡义务教育质量的地区差异、兼顾城乡义务教育资源配置的路径优化，由此确保优质均衡的公共服务方向。教师资源数量上不足、教师队伍结构性失衡，是乡村义务教育发展滞后的重要影响因素。因此，基于教育公平理念，将教育机会均等理念作为乡村教师补充机制的价值导向与行动指引，全社会协同建设高质量教师队伍，是推进乡村义务教育高质量发展的根本保障。

第三章 乡村教师补充机制的历史沿革

随着中国乡村经济的快速发展,乡村教育事业取得了显著的成就。然而,由于城乡差距、教育资源分配不均等原因,乡村地区的教育事业发展相对滞后,尤其在教师队伍方面。为了解决这一问题,国家逐步建立了一套完善的乡村教师补充机制,以保障农村地区教育事业的可持续发展。1949年以来,我国乡村教师补充政策主要经历了三个阶段:公办与民办教师并举的补充阶段,以中师生毕业分配为主、代课教师为辅的补充阶段,公开招考与专项项目并存的补充阶段。❶

第一节 公办与民办教师并举的补充阶段
（1949—1977年）

一、乡村教师队伍建设的教育背景

（一）中华人民共和国成立初期（1949—1956年）

中华人民共和国成立之初,全国人民面临的首要任务是恢复和发展国民经济,大力发展教育事业也被提上议事日程。因为1949年以前的教育基础十分薄弱,严重地制约着国民经济的发展步伐。鸦片战争以后,整个中华民族的生存陷入危机,广大人民处于水深火热之中,无力接受教育。虽然经历了洋务运动、戊戌变法、清末新政的教育改革,但刚刚开始的新式教育举步维艰。辛亥革命以后,一直到解放前夕,中国社会一直动荡不安,广大人民的

---

❶ 杨卫安. 乡村小学教师补充政策演变:70年回顾与展望 [J]. 教育研究, 2019, 40 (7): 16-25.

生活极为困难，仍无力求学。据国民政府教育部统计，1946年全国小学在校学生285.8万人。按当时全国4.7亿人口计算，平均每万人中仅有小学生486人。全国80%以上的青壮年是文盲，学龄儿童入学率通常在20%左右。❶中等学校绝大多数设在县城以上的城镇，有的地区，县无中学，乡无小学，中等以上学校的学生中劳动人民子女极少。

针对中华人民共和国成立以前广大人民群众无机会受教育的现实条件，1949年9月召开的中国人民政治协商会议第一届全体会议通过了《中国人民政治协商会议共同纲领》，确定了要"有计划、有步骤地实行普及教育"的基本国策。同年12月23日至31日，教育部召开第一次全国教育工作会议。会议提出教育必须为国家建设服务，学校必须向工农开门。1951年8月，教育部召开的全国初等教育及师范教育会议明确指出，从1952年至1957年，争取全国有80%的学龄儿童入学。自1952年开始，争取十年内基本上普及小学教育。1952年9月，按照中共中央的指示，逐步将全国私立中、小学全部由人民政府接办，改为公立。此项工作到1956年基本结束，共接办了私立中等学校1412所，小学8925所。同时，地方政府又陆续创办了一批小学校。在这种情况下，需要大量的小学教师。但是当时培养教师的师范院校发展不能适应教育的发展需要。据1953年统计：全国中等师范学校791所，学生36.9万人。（其中师范学校357所，学生11.1万人；幼儿师范7所，学生6755人；初级师范学校427所，学生25.1万人）。❷这些师范毕业生分配到小学任教以后，虽增加了小学教师队伍的人数，但还远远不能满足当时初等教育发展的需要，于是出现了当时通过吸收民办教师的途径来补充小学教师队伍数量不足的状况。

（二）全面建设社会主义时期（1957—1966年）

1957年3月18日至28日，教育部在北京召开的第三次全国教育行政会议提出，小学教育的发展必须打破由国家包下来的思想。在这一方针的指引

---

❶ 张健，周玉良．中华人民共和国教育．
❷ 《中国教育年鉴》编辑部．中国教育年鉴（1949—1981）[M]．北京：中国大百科全书出版社，1984：192．

下，1957年全国出现了群众办学的热潮。从1957年到1960年短短的三年时间里，小学民办教师由1957年的49.1万人增加到1960年的68.1万人。除此之外，中等师范教育也迅速发展起来，培养了大量的小学教师。小学教师队伍很快膨胀起来，整体素质有所下降，影响了小学教育质量。1962年中央提出"调整、巩固、充实、提高"的方针，根据这个方针，国家对小学教师队伍开始了整顿。1963年3月23日，中共中央在批准试行"小学四十条"的指示中指出：小学教育是整个教育事业的基础；提高小学的教育质量，是一项具有战略意义的任务，应该把这个问题摆到党和政府的重要议事日程上来。要达到教育质量提高的目的，必须提高教师队伍素质。于是1963年10月18日中共中央发出《关于加强少年儿童校外教育和整顿中小学教师队伍的指示》，要求各地党政领导机关采取措施，加强对少年儿童的保护和教育；结合城乡社会主义教育运动，对小学教师队伍有步骤地加以整顿。改进教学计划，抓紧教材建设，建立一支又红又专的教师队伍，切实办好师范学校。经过整顿，小学教师队伍走上了健康发展道路。

二、乡村小学教师的补充渠道

从小学教师的组成部分来看，我国小学教师由两部分组成，一部分是民办教师，另一部分是公办教师。所谓民办教师是指中小学中不列入国家教员编制的教学人员。这部分人员主要为普及小学教育补充师资之不足，绝大部分集中在农村。

民办教师一般具有初中以上文化程度，由学校或当地基层组织提名，主管行政部门选择推荐，县级教育行政部门审查（包括文化考查）批准，发给任用证书。教育主管部门在业务方面进行领导和管理。❶ 1949年以后的人民教师，本质上不同于1949年以前的"自由职业者"。所谓的民办，就是农民群众集体公办，不具有城市户口，教师的工资主要由群众集体支付，是小公办；所谓公办，是人民政府公办，具有城市户口，教师的工资由财政支付，

---

❶ 顾明远. 教育大辞典［M］. 上海：上海教育出版社，1990：13.

是大公办,这是它们的区别。❶

(一) 乡村小学公办教师的补充渠道

1. 初级、中等师范学校培养小学教师

中华人民共和国成立初期,教育基础薄弱,小学生入学率仅达 20% 左右,为大力发展小学教育,曾大量举办初级师范学校,培养初级小学(一至四年级)教师。1951 年 8 月 27 日至 9 月 11 日教育部一并召开第一次全国初等教育会议和第一次全国师范教育会议,讨论制定发展、建设中华人民共和国初等教育和师范教育的方针、任务。会议提出,争取十年内基本普及小学教育,以正规师范教育与大量短期培训相结合,五年内培养百万小学教师。1952 年颁布的《师范学校暂行规程》规定,在不具备条件设立师范学校的地区,可设初级师范学校,招收 25 岁以下的小学毕业生及同等学力者;成绩优良者,可免试保送升入。修业 3~4 年,毕业生服务期满,由主管部门调入师范学校相应年级继续进修到毕业。20 世纪 60 年代提出普及五年一贯制和六年制完全小学教育的任务,初级师范学校逐渐为中等师范学校所代替。

中等师范教育的主要任务是培养小学教师。1949 年,全国中等师范学校有 610 所,其中初级师范学校 289 所,中级师范学校 321 所。在校学生 151750 人,其中初级师范学生 90380 人,占 59.56%;中级师范学生 61370 人,占 40.44%。中级师范校数虽较初级师范多 32 所,但在校学生却比初级师范少 19.12%,这种情况表明,当时中等师范学校的发展水平,是以初级师范为主的。❷ 在有关部门的重视下,中等师范学校发展很快。据 1953 年统计,全国中等师范学校已发展到 791 所,学生增加到 36.9 万人。到了 1954 年,中等师范学校培养出来的学生连同小学师资训练班、小学教师轮训班等,共计培养出毕业学生约 46 万余人,其中中师学校学生约 108000 余人,初师学生约 205000 人,从而大大增强了小学教师的阵容。❸ 中等师范教育发展到

---

❶ 刘辉汉,张启航,刘惠民. 中国农村教育出路探析 [M]. 太原:山西高校联合出版社,1992:220.
❷ 刘问岫. 当代中国师范教育 [M]. 北京:教育科学出版社,1993:159-160.
❸ 中央教育部中等师范司. 五年来的中等师范教育 [J]. 人民教育,1954 (10):28.

1957年，已经有了明确的办学方针，建立了一整套体现师范特点的规章制度，教育质量获得了显著的提高。这一年，全国中等师范学校调整为592所，其中中级师范学校为492所，初级师范学校为100所；在校学生为29.6万人，其中中级师范生24.4万人，占82.64%，初级师范生5.1万人，占17.36%。❶

中华人民共和国成立初期，师范院校的主要任务是根据新民主主义教育方针，以理论与实际相一致的方法，培养具有马克思主义与中国革命实际相结合的毛泽东思想的初步基础，以及中等文化水平和教育专业的知识、技能，全心全意为人民教育事业服务的初等教育的师资。这一时期，突出教师的政治素质，是由其历史条件决定的，也是完全必要的。

全面建设社会主义时期的1958—1960年，中等师范学校的数量比1957年增长了3.3倍，学生数增加了2.8倍。这种快速的增长，一度造成师范学校的教学质量明显下降。❷ 1961年，教育部召开了全国师范教育工作会议，会议讨论制定发展、建设中华人民共和国初等教育和师范教育方针、任务。会议提出，争取十年内基本普及小学教育，以正规师范教育与大量短期培训相结合，五年内培养百万小学教师，进一步明确了师范学校的培养目标。到1965年，全国中等师范教育基本上恢复到1958年以前的水平，全国共有中等师范学校300所，在校生20万人。

2. 争取和改造中华人民共和国成立以前的小学教师

中共七届三中全会上强调要"有步骤地、谨慎地进行旧有学校教育事业和旧有社会文化事业的改革工作，争取一切爱国的知识分子为人民服务。"在这个政策的鼓舞下，有一大批知识分子成为中华人民共和国的小学教师：一是在老解放区从教的小学教师，他们大多数是在抗日战争和解放战争中涌现出来的，经过了各种斗争锻炼，有明确的人民立场和为新民主主义教育服务的热忱，但由于长期没有很好地学习，一般文化、业务水平低。二是在老解放区里工作多年的小学教师，他们文化水平比较高，业务上有一套，但由

---

❶ 刘问岫. 当代中国师范教育 [M]. 北京：教育科学出版社，1993：159-160.
❷《中国教育年鉴》编辑部. 中国教育年鉴（1949—1981）[M]. 北京：中国大百科全书出版社，1984：199.

于种种原因，政治上进步不快，对教育业务固步自封，缺乏热情，这种人为数不多。三是在新解放区工作的小学教师，他们一般有中等师范以上的学历，但由于长期在旧社会工作，在政治思想、业务观点以及生活作风上，还没有很好地转变过来，或转变得还不够。针对这部分教师，主要对他们进行政治、思想方面的教育，这也是这一时期小学教师培训的主要任务。

（二）乡村小学民办教师的补充

小学民办教师一般具有初中以上文化程度，户口在农村，由学校或当地基层组织提名，主管行政部门选择推荐，县级教育行政部门审查（包括文化考查）批准，发给任用证书。如耕读小学教师就是民办教师的一种。1958年，根据毛泽东关于"社办、队办学校问题，有条件的应允许办"的指示，部分经济贫困、教育落后的农村陆续办起耕读小学。1965年，教育部召开全国农村半农半读教育会议，对创办及发展耕读小学予以肯定，之后，耕读小学发展很快。耕读小学教师一般由具有初中以上文化程度的农民担任，由社员推荐，当地行政主管部门审查确定和管理，实行半天劳动半天教学，或农忙劳动农闲教学，或白日劳动晚上教学，除按同等劳动力记公分外，由当地按月发给一定的现金补贴，教学业务受教育行政部门的领导和管理。

1. 小学民办教师发展的历程

1949年至1956年：中华人民共和国刚成立不久，一方面面临着人民翻身解放，成为国家的主人，有着迫切希望送子女上学的要求；另一方面又面临着文化、经济基础薄弱，中小学教师奇缺的巨大困难。因此，国家在创办公立学校的同时，支持群众办学，民办学校和民办教师便由此产生。1953年至1956年，我国民办教师的数量起伏不大，呈现出比较稳定的状态。截至1956年，有小学民办教师9.1万人，仅占全国小学教师的5.2%。这一阶段，民办学校的建立与民办教师的选任，是根据需要和群众的办学能力，因地制宜进行的。

1957年至1966年：1957年是我国民办教师政策的一个转折点。这一年，国家教育部召开会议，提出在城市里，要提倡街道、机关、厂矿企业办学；在农村，要提倡群众办学。在这个政策的号召下，群众热情很高，所以大量增加民办教师人数，使民办教师队伍迅速壮大起来。1956年到1957年小学民办教师从9.1万人增加到14.1万人；到1965年年底，小学民办教师达175.1万人，占小学教师总数的45.9%，❶形成中华人民共和国成立以来民办教师增长的第一个高峰。

2. 小学教师队伍中民办教师所占的比重

民办教师是我国小学教师队伍的重要组成部分，2000年我国"两基"任务的基本完成，和有一支强大的民办教师队伍是分不开的。可以说，我国是以民办教师为主体来普及小学教育的。表3-1显示我国小学民办教师发展状况。

表3-1 我国小学民办教师发展状况表（1949—1977）

年份	小学（单位：万人）		
	教师数	民办数	占比（%）
1949	83.6	10.5	12.6
1950	90.1	22.5	25.0
1951	122.2	42.5	34.8
1952	143.5	7.0	4.9
1953	155.4	4.3	2.7
1954	155.5	5.8	3.7
1955	159.4	7.6	4.8
1956	174.9	9.1	5.2
1957	188.4	14.1	7.5
1958	225.7	55.6	24.6
1959	250.3	62.4	24.9
1960	269.3	68.1	25.3
1961	255.4	40.3	15.8
1962	251.1	50.6	20.2
1963	260.1	56.1	21.6
1964	310.8	99.6	32.0

---

❶《中国教育年鉴》编辑部.中国教育年鉴（1949—1981）[M].北京：中国大百科全书出版社，1984：1022.

续表

年份	小学（单位：万人）		
	教师数	民办数	占比（%）
1965	385.7	175.1	45.4
1966	322.1	—	—
1967	319.6	—	—
1968	325.5	—	—
1969	348.7	—	—
1970	361.2	—	—
1971	409.5	—	—
1972	439.8	245.0	55.7
1973	467.4	261.8	57.2
1974	494.4	291.8	59.0
1975	520.4	320.8	61.6
1976	528.9	341.6	64.6
1977	522.6	343.9	65.8

资料来源：1979年9月中华人民共和国教育部编《三十年教育统计资料》《中国教育统计年鉴》(1949—1981)，中国大百科全书出版社，1984年9月，第1021-1022页。

从以上统计数字可以看出，民办教师不仅在数量上是小学教师队伍中的重要部分；而且实际上，绝大多数民办教师成为广大农村小学，尤其是条件艰苦地区小学教师的骨干力量。他们和广大公办教师一起，共同担负着中国小学教育普及的重任。

三、此阶段存在的问题

（一）乡村小学教师队伍的整体素质一直不高

中华人民共和国成立初期。随着社会主义建设高潮的来临和教育事业的大发展，我国小学教师队伍有了很大变化。全国绝大部分小学教师情绪饱满，热情很高，都在积极钻研改进工作，为提高小学教育质量而努力，涌现出一批工作成绩显著的优秀教师。但存在的问题也不少。政治素质方面，由于小学教育的职业特点和当时中国的现实条件，小学教师的准入门槛不高，小学教师队伍组成的成分复杂，有相当一部分小学教师是从旧社会转化过来，在思想观念等方面的表现难尽人意。当时有部分小学教师表现出骄傲自满，文人相轻现象，还有一些教师生活自由散漫，劳动纪律差，滋生自由主义。还有部分小学教师不问政治，思想觉悟不高。

业务素质方面。小学教师整体业务素质低的问题也不容忽视，有的小学教师因为基本的文化科学知识水平不足，教学上存在着困难，影响教学质量。据1956年统计，183万多小学教师中，有80%以上达不到师范学校毕业的程度。❶ 有些教师虽然实际文化水平达到所需要的程度，也有一定的教学经验，但他们的立场观点还存在很多问题；有些教师是刚从学校毕业出来，或者从其他岗位转到学校来的，没有教学经验，现时教课就有困难。从总的情况来看，大多数教师的基本文化科学知识不足。

全面建设社会主义时期。小学教师队伍急剧地膨胀起来，大量的新教师补充到小学教师队伍中，而不合格的教师又占了很大的比重，小学教师不及中师毕业的占到80%左右。他们限于学历和经验，在工作中存在着不同程度的困难；同时，由于各科知识水平不断提高，小学教师不能胜任工作的现象比较严重。总的来说，小学教师队伍不论在政治素质、业务素质方面都存在着下滑的趋势，直接影响了小学教育的质量。国家针对这种现象，在总结经验教训的基础上，于1961年开始对小学教师进行整顿，取消合并了一些小学，辞退了一批不合格教师，加强在职教师的进修提高。这项工作到1963年已取得了显著成果。

(二) 小学教师队伍中民办教师质量难以保证

多年来，小学教师队伍中民办教师占了很大的比例，但任用民办教师缺乏统一的规定和要求，没有经过严格的考试。一般吸收的是回乡学生或中途辍学的青年，这些人中有高中毕业的、初中毕业的、还有小学毕业的，他们基本上没有经过《教育学》《心理学》的学习；再加上没机会培训，家庭负担重，在学校上班，回家干农活，没时间学习。因此民办教师的质量难以提高。

---

❶ 崔阶平，李一本. 关于函授师范和进修学校的任务和课程等问题 [J]. 人民教育，1957 (3)：14–16.

(三) 小学教师的工资低、福利差

尽管国家多次提出提高教师的工资待遇，但一直没有改变小学教师工资在各行各业中偏低的局面。小学教师长期以来，没有奖金和附加工资，而且住房紧张。特别是民办小学教师的待遇更低，生活困难，影响了他们工作的积极性。

(四) 小学教师的编制不合理

从总体上来看，这个阶段小学教师的数量是主要问题，存在着编制不合理的现象。因为我国是个多山区的国家，山区自然条件、生活条件与城市相比较差，所以条件差的乡村、山区小学教师缺编，而条件好的城市小学教师却超编。

第二节 以中师生毕业分配为主、代课教师为辅的补充阶段（1978—2000 年）

1978 年至 2000 年是中国教育事业发展的重要时期。在这个时期，中国教育事业取得了举世瞩目的巨大成就，探索建立中国特色的社会主义制度，开辟并不断探索完善中国特色社会主义教育道路，构建起基本完善的中国特色社会主义现代化教育体系，在中国教育史和人类文明史上谱写了辉煌篇章。在邓小平理论的指导下，我国教育事业发展和改革取得了显著成就，为各行各业培养出数以亿计的劳动者和上千万的专门人才，为 21 世纪国民经济建设、科学技术进步和社会全面发展奠定了基础。

一、乡村教师队伍建设的教育背景

1978 年至 2000 年，中国教育事业发展迅速，特别是乡村教育事业得到了长足发展。在这个时期，中国政府加大了对乡村教育事业的投入，加强了对乡村教师队伍建设的支持和保障，提高了乡村教师队伍的整体素质。具体来说，1978 年至 1993 年，中国政府实施了"三支一扶"计划，即每年选派一定数量的高校毕业生到西部地区任教，同时还要选派一定数量的高校尤其是师范学校新聘的教师到西部任教。这个计划对于提高乡村教师队伍素质起到了重要作用。1993年后，中国政府又实施了"农村义务教育阶段学校教师编制补充计划"，即通过公开招聘、考试录用等方式补充农村中小学教师编制。这个计划对于解决农村中小学教师短缺问题起到了重要作用。

（一）整顿小学教师队伍

据1979年统计，全国小学教师中具有中等师范或者普通高中毕业学历的只占47%。整个教师队伍中不合格人数达三分之一以上。小学毕业教小学、中学毕业教中学的现象相当普遍，"青黄不接等问题比60年代还要严重"。[1] 民办教师在小学教师中占到一半以上，小学教师队伍的质量无法保证。国家在这种背景下对小学教师队伍进行了治理整顿，1978年1月7日，国务院批准了教育部《关于加强中小学教师队伍管理工作的意见》，明确要求："加强对民办教师的管理，要本着任人唯贤，德才兼备的原则……" 1980年12月3日，中共中央、国务院在《关于普及小学教育若干问题的决定》中指出："目前民办教师比例过大，应采取适当措施，逐步提高公办教师的比例。"在这些文件的指导下，一方面对民办教师进行整顿，不合格者辞退，优秀的民办教师转为公办；另一方面加强对民办教师的培训。经过整顿，民办教师数量减少，小学教师队伍的整体素质有所提高，学历水平不断提升。

（二）小学教师队伍的建设走上法制化道路

1993年《中国教育改革和发展纲要》（以下简称《纲要》）制定了我国教育20世纪90年代发展的目标、战略和指导方针。这是我国改革开放后颁布的最有指导意义的教育改革与发展决策性文件。《纲要》提出：要进一步加强师资培养培训工作。师范教育是培养中小学师资的工作母机，各级政府要努力增加投入，大力办好师范教育，鼓励优秀中学毕业生报考师范院校。进一步扩大师范院校定向招生的比例，建立师范毕业生服务期制度，保证毕业生到中小学任教。1994年起实施的《中华人们共和国教师法》规定，国家实行教师资格制度。取得小学教师资格的条件：应当具备中等师范学校毕业

---

[1] 教育部人事司.世纪之交教师队伍建设的回顾与展望.

及其以上学历，遵守宪法和法律，热爱教育事业，具有良好的思想品德，具备本法规定的学历或者经国家教师资格考试合格，有教育教学能力，经认定合格的，可以取得教师资格。1995年颁布的《中华人民共和国教育法》规定，国家实行教师资格、职务聘任制度，通过考核、奖励、培养和培训，提高教师素质，加强教师队伍建设。1999年国务院在北京召开改革开放以来第三次全国教育工作会议，颁布《关于深化教育改革全面推进素质教育的决定》。会议的主题是：动员全党同志和全国人民，以提高民族素质和创新能力为重点，深化教育体制和结构改革，全面推进素质教育，振兴教育事业，实施科教兴国战略，为实现党的十五大确定的社会主义现代化建设宏伟目标而奋斗。到本世纪末，通过师资补充和在职培训，绝大多数中小学教师要达到国家规定的合格学历标准，小学教师中具有专科学历的教师达到了一定比例。

（三）小学教师队伍的建设受到国际大环境的影响

第一，终身教育理论的影响。终身教育是适应当代及未来社会需要的教育策略。自20世纪60年代以来，它对世界教育的理论和实践产生了深刻的影响。该理论认为，教育具有连续性的特点，它贯穿于人生的整个过程，把人生成长的各个阶段连接起来，使人生各个发展阶段呈现一体化。因此，国际上形成了教师职前教育和在职教育统一的趋势。我国是在20世纪90年代以后，开始关注终生教育理论。国家教育委员会在"九五"期间提出，对不具备合格学历的中小学教师仍按国家规定进行相应的学历教育，对已经取得合格学历的教师，必须不失时机地将培训工作重点转移到继续教育上来。1995年《中华人民共和国教育法》关于"建立和完善终身教育体系"的思想，是加强教师队伍建设的一项战略性措施。

第二，教师专业化理论的影响。教师的专业发展已成为当今教师教育改革和发展的方向和主题。教师专业发展的理论认为，教师的发展是一个连续的、动态的、终身的过程，这一过程具有阶段性。教师作为一个专业人员，要经历一个由不成熟到相对成熟的发展历程，已经踏上教学工作岗位的教师，虽然经过了职前的教育训练并获得了合格的教师资格证书，但这并不意味着他就是一个成熟的教师，教师的发展空间是无限的，成熟是相对的，而发展是绝对的。我国 1994 年 1 月开始实施的《中华人民共和国教师法》规定："教师是履行教育教学职责的专业人员"。与此同时，人们越来越认识到：教育改革的成败关键在教师，只有教师专业水平的不断提高，才能保证高质量的教育水平。教师专业化要求对我国小学教师培养模式进行制度改革，教师培养必须跳出学历教育培养的模式，转变为一种在学历教育基础上的资格证书教育，从而使师范院校从以往单纯学历教育的机构，转变为学历教育和资格证书教育相结合的综合性大学。这种教育模式，将更加充分体现教师职业的专业性和学术性的统一。

二、乡村小学教师的补充渠道

这一阶段，小学教师的组成部分除了公办教师和民办教师以外，还有小学代课教师。小学代课教师是不享受公办教师和民办教师待遇的一种特殊教师群体。

（一）乡村小学公办教师的来源渠道

1. 中等师范学校

1980 年 8 月 22 日，教育部发出《关于办好中等师范教育的意见》（以下简称《意见》），指出中等师范教育担负着培养小学、幼儿园师资的任务，是教育工作中的基本建设，各级教育行政部门应该坚持这个办学方向，努力把中等师范学校办好，扎扎实实为小学培养合格的师资。《意见》要求，根据统筹兼顾、全面规划和小学教师地方化的原则，对中等师范学校布局进行合理调整，切实办好一批重点中等师范学校，培养小学和幼儿园师资。据1984 年统计，全国有中等师范学校 1008 所，其中大部分用于培养小学师资。❶ 总之，经过这一时期的发展，中等师范教育的发展规模与小学教育事业的发展基本协调，中等师范学校的布局比较合理，各地中等师范学校办学指导思想逐步端正起来。

中等师范学校的教育目标是培养合格的小学教师。为了实现这一目标，

---

❶ 中国教育报，1984 年 9 月 25 日，第 3 版.

学校在不断调整完善中发展。1995年，全国共有普通中等师范学校897所，在校学生80万人。中等师范学校加速实现办学条件标准化，加强规范化管理，使校园环境达到了净化、绿化、美化，校园文化建设体现了思想性、艺术性、知识性、实用性和师范性；根据小学教育的需要，中等师范学校深化教育教学改革，加强教师队伍建设，培养了数以百万计的合格毕业生，为普及初等教育，特别是普及广大农村的初等教育作出了历史性的贡献。

在我国师范教育体系由三级向二级逐步调整的过程中，小学教师由中师培养的格局发生了变化，有部分高等师范院校也加入了本、专科学历的小学教师的培养工作中。高等师范专科教育学制由二、三年并存逐步过渡为三年，中等师范教育学制由三、四年并存逐步过渡为四年。2001年《国务院关于基础教育改革与发展的决定》明确提出：完善以现有师范院校为主体、其他高等学校共同参与、培养培训相衔接的开放的教师教育体系，推进师范教育结构调整，逐步实现三级师范向二级师范的过渡，有条件的地区要培养具有专科学历的小学教师。

2. 师范学校大专班

随着社会的进步，教育的发展，对小学教师的素质提出了更高的要求，师范学校大专班就是为了适应这种要求而出现的，是对中等师范学校的一种改革试验。1983年以后，经过对北京、上海、江苏、广州等省市的一些师范学校和小学教师队伍进行了调查，确认小学急需一定数量的具有大学专科学历的骨干教师，提出了举办大专班的试验方案。1984年，江苏省南通师范学校首先开办大专班；1985年秋，北京、上海、南京晓庄、无锡、广州等师范学校也分别开办专科班；学制5年，招收初中毕业生。同年和次年，上海幼儿师范学校和第四师范学校分别改为上海幼儿师范专科学校和师范专科学校，开设初等教育专业和学前教育专业专科班。1986年，国家教育委员会印发的"全国中小学师资工作会议"文件提出，"要尽可能为中小学和幼儿园造就一批素质好、有后劲、能适应三个面向要求的骨干力量""配备一定数量的高学历师资"。❶ 实践证明，师范学校大专班毕业生在知识、教育理论水平，实

---

❶ 顾明远. 教育大辞典 [M]. 上海：上海教育出版社，1990：54-55.

践、研究能力和发展潜力诸方面，均优于中等师范毕业生。到1998年全国有65所中等师范学校进行了这一探索。

1991年7月31日，教育部下发了《关于进行培养专科程度小学教师试验工作的通知》，确定了"八五"期间进行培养专科程度小学教师试验的有关政策。

1992年4月和1994年4月，教育部先后两次正式下文审核批准进行培养专科程度小学教师的试验点共计65个，其中主要放在中师的试验点60个，放在高师院校的试验点5个，招收初中毕业生的"五年一贯制"试验点35个，招收应届中师毕业生的"三、二分段制"试验点28个，招收高二结业生的"二、三"分段试验点1个。

1995年2月，教育部师范教育司下发了"五年一贯制"《大学专科程度小学教师培养课程方案（试行）》，明确了其培养目标、培养规格和课程设置等。

经过几年的改制实验和多渠道培养，到2001年，小学教师中达到专科以上学历者已占总人数的27.4%。❶

3. 小学教育本科专业

小学教育本科专业是新出现的一种教师培养模式。1998年，南京师范大学和原南京市教委在课题研究的基础上，尝试以联合办学的形式进行本科学历小学教师职前培养的试验。1999年教育部审批后统称为小学教育本科专业。目前全国已有20多所师范院校开设了小学教育本科专业。该专业的设立为我国教师教育的改革迈出了重要的一步。

小学教育本科专业的培养目标是：热爱社会主义祖国，拥护中国共产党的领导，热爱小学教育事业，具有良好的思想品德、社会公德和教师职业道德以及求实创新精神，培养德、智、体、美等全面发展，精于从事素质教育的小学教师，为其成为小学教育的骨干教师、学科带头人和优秀管理人才打下了坚实的基础。该专业的培养规格是：通过在校学习，使学生具有较为系统的小学教育理论知识和扎实的从教基本技能，具有较为扎实、系统的学科

---

❶ 教育部关于加强专科以上学历小学教师培养工作的几点意见．

专业的基本理论、基本知识和基本技能；既可胜任语文、数学课程和其他学科的教学工作，又在语文、数学教学方面有较深的研究，为其成为语文、数学学科带头人奠定基础；有较强的教育、教学的管理能力，胜任班主任工作，较强的研究能力、自我完善能力和自我发展能力。

（二）乡村小学代课教师补充渠道

1949年以后到20世纪80年代，我国的教育统计中没有对代课教师进行专门的统计。1980年全国开始整顿民办教师队伍，一些省市规定1980年12月31日后不再吸收新的民办教师，于是代课教师又成了中小学教师队伍中的一个组成部分。代课教师是指不具备公办教师和民办教师身份，不享受国家给予公办教师和民办教师的政治与经济待遇的中小学教师群体。

代课教师出现的原因，是由于在各省、自治区、直辖市停止吸收民办教师之后，有些县、乡、村（主要是乡村）因教师缺编或专任教师因产、病假造成的教师暂时短缺，而师范毕业生分配又不能立即到位，所以暂聘请人兼课。据1994年《中国教育统计年鉴》的统计数字表明，全国有代课教师76.67万人，是1986年的1.2倍，特别是乡聘、村聘的代课教师人数，由1986年的5.8万人增加到1993年的33.4万，增加了4.8倍。❶据了解，实际代课教师的人数远远大于此数。到目前为止，广大农村还有很大一部分代课教师充实着小学教师队伍。

代课教师在任教之前的身份是非常复杂的，其中回乡中学生占大多数。代课教师队伍的学历结构重心偏低，受过师范教育和高等教育的人不足20%，专科及以上学历的不足4%，这也反映出代课教师队伍的整体素质不高，且绝大多数地方没有将代课教师纳入培训计划之内，使代课教师缺乏接受继续教育和培训的机会。

（三）乡村小学民办教师的发展情况

这一时期主要是对以前形成的庞大的小学民办教师队伍进行整顿。1986年12月，国家教育委员会等多部门联合下达的《一九八六年从中小学民办教

---

❶ 孟旭，马书义. 中国民办教师现象透视[M]. 南宁：广西教育出版社，1999（10）：202.

师中选招公办教师专项劳动指标的通知》指出，今后各地一律不得再吸收新民办教师。十一届三中全会后至1990年，国务院有关部委和各级人民政府积极采取措施，各地加强了民办教师工作，确定留用的民办教师资格；辞退了一批文化水平太低，未取得教材教法考试合格证，经全面考核不能胜任教学工作的民办教师；通过整顿教师队伍、中师招收民办教师、"民转公"等形式，到1990年全国有80%左右的民办教师评聘职务，达到退休年龄的进行妥善安置，使小学民办教师从1977年的343.9万人减少到1990年的230.6万人，小学教师队伍建设取得了明显成效。

1992年8月，国家教委、国家计委、人事部、财政部联合下发了《关于进一步改善和加强民办教师工作若干问题的意见》，明确提出了解决民办教师问题的"关、转、招、辞、退"五字方针。

到1993年，全国小学民办教师的总数由1978年的343.9万人下降到192.9万人，占全国小学教师总数的比例为34.7%。小学教师队伍的发展和民办教师工作逐步趋于正常。

1997年9月，国务院办公厅发出《关于解决民办教师问题的通知》，提出要在加强管理、提高素质、改善待遇的同时，全面贯彻"关、转、招、辞、退"五字方针，逐年减少民办教师数量，确保党中央、国务院确定的"本世纪末基本解决民办教师问题"目标的实现。❶

如表3-2所示，通过积极贯彻执行国家有关政策，小学教师队伍中的民办教师数量呈稳步下降趋势。随着社会的发展，对教师素质的要求越来越高，民办教师已经成为历史，我们将永远铭记小学民办教师在普及小学教育中所做出的巨大贡献。

表3-2 我国小学民办教师数发展情况表（1978—2000年）

年份	小学（单位：万人）		
	教师数	民办数	占比（%）
1978	522.6	342.0	65.4

❶ 中国民办教师备忘录.

续表

年份	小学（单位：万人）		
	教师数	民办数	占比（%）
1979	538.2	343.5	63.8
1980	549.9	331.5	61.4
1981	558.0	325.2	58.3
1982	550.5	298.1	54.1
1983	542.5	288.1	53.1
1984	537.0	284.0	52.9
1985	537.7	275.9	51.3
1986	541.4	273.9	50.6
1987	543.4	253.8	46.7
1988	550.1	246.8	44.9
1989	554.4	237.2	42.8
1990	558.2	230.6	41.3
1991	553.2	225.6	40.8
1992	552.6	204.5	37.0
1993	555.2	192.9	34.7
1994	561.1	181.7	32.4
1995	566.41	163.2	28.8
1996	573.58	140.2	24.5
1997	579.36	110.82	19.13
1998	581.94	80.29	13.8
1999	586.05	49.66	8.47
2000	586.03	27.72	4.73

资料来源：1979年9月中华人民共和国教育部编《三十年教育统计资料》《中国教育统计年鉴》人民教育出版社、1993—2000年全国教育事业发展统计公报。

三、此阶段的成就与不足

（一）取得成就

1. 小学教师队伍整体素质不断提高

教师的思想政治水平和职业道德水平有显著提高。1991年国家教委、全国教育工会联合颁发了《中小学教师职业道德规范》，1994年颁布了《中华人民共和国教师法》，2000年教育部印发了《关于加强中小学教师职业道德建设的若干意见》。以这些法律、法规为依据，国家教委和地方各级教育行政部门广泛开展了小学教师的职业道德教育。广大教师特别是农村小学教师忠于职守，辛勤耕耘，为人师表，无私奉献，为我国教育改革和发展作出了重大贡献，涌现了一大批堪称楷模、产生重大社会影响的教师。

由于加强了师范教育和在职小学教师培训，衡量小学教师素质的一个重要指标——教师的学历水平逐年提高。小学教师中具有国家规定合格学历人数，1978年为47.1%，1985年为61%，1990年为73.9%，1991年为80.7%，1992年为82.7%，1993年为84.7%，1994年为86.59%，1995年为88.9%，1996年为90.9%，1998年为94.6%，1999年为95.9%，2000年为96.9%，2001年为96.81%，2002年为97.39%。教师队伍的职务、年龄结构逐步趋向合理，教师队伍进一步年轻化，中青年教师成为中小学教师队伍的主要力量。

2. 小学实行教师职务聘任制后提高了教师待遇

小学实行教师职务聘任制，肯定了小学教师属于专业技术人员的一部分，改变了水平高低、工作好坏在地位、待遇等方面没有区别的状况，促进了教育教学工作的完成，提高了工资待遇，调动了广大教师的积极性。民办教师也按照公办教师同样要求评聘了教师职务，明确了他们的教师资格，肯定了他们的文化知识水平和能力，为提高他们的待遇、地位和转为公办教师打下了基础。1986年重点解决部分具有中、高级职务教师的工资问题；部分教师通过职务聘任增加工资；1987年国家把小学教师工资标准提高了10%；根据教师职业特点和劳动特点，建立了班主任津贴、教龄津贴、超课时津贴等制度。20世纪90年代后期，小学教师的待遇大幅度提高，小学教师住房紧张的状况明显改善，全国城镇教师家庭人均住房面积超过城镇居民平均水平。全社会尊师重教风气逐步形成，教师重新成为受人羡慕的职业。

3. 民办教师问题基本得到解决

民办教师是具有中国特色的一种特殊的用工形式。1978年，民办教师高达464.5万人，占教师总数的55.3%。从20世纪80年代中期，各级政府按照"关、转、招、辞、退"的方针采取措施解决民办教师问题。1994 年 6 月,党中央、国务院在全国教育工作会议上明确提出在 20 世纪末基本解决民办教师问题的工作目标。据统计,20 世纪 80 年代中期以来,共有约 212 万名民办合格教师经考核考试转为公办教师,中等师范学校招收民办教师约 71 万人,经考核辞退不合格民办教师约 66 万人,离岗退休的民办教师逾 20 万人。这样,中小学民办教师问题得到基本解决,长期困扰农村教育发展的公办、民办教师并存的状况总体上结束,为教师队伍建设走上良性循环创造了条件。

(二)存在不足

1. 部分小学教师的素质还需要进一步提高

第一,一部分小学教师的道德素质不高。这主要表现为不遵守职业道德,在教学工作中没有创新能力,讲了几十年的课都是一个调,不能适应教学体制的改革,缺课、迟到、早退的现象时有发生。一些教师的思想境界不高,导致行业的不正之风,甚至个别的教师出现犯罪行为,严重损害了人民教师的形象,造成了不良的社会影响。另一方面,有一部分教师缺乏对本职工作的热爱。不能否认,大多数小学教师对自己所从事的工作是充满深厚情感并甘愿无私奉献的;但同样不容否认,相当一部分人对小学教师工作谈不上喜欢和热爱。市场经济注重实利的价值取向也深深地影响到一部分小学教师的观念和行动,使他们更加关注自身的物质利益。不少小学教师不安心于三尺讲台,他们或消极地适应工作,或草率地应付工作。

第二,有些小学教师业务素质和能力难以适应工作需要。小学为基础教育阶段,小学教师更要有良好的业务素质和能力结构,而目前小学教师队伍在这方面的表现则比较薄弱:一是文化知识结构单调,程度肤浅。据报载,武汉市 1999 年 6 月 26 日举行全市第六届教师基本技能竞赛,对 24 个应用频繁的汉字,131 名出类拔萃的小学教师只有 1 人全部答对,其余 130 人差错一般都在 3~7 个,最多错 12 个,差错率达 50%。❶ 二是有一部分小学教师知

---

❶ 转引自李建国等.当前教师队伍存在的问题及对策,载 2000 年 4 月 19 日《教育时报》.

识结构不尽合理。突出表现为本体性知识更新慢、条件性知识欠缺,实践性知识理论层次低、文化知识面不够开阔,尤为突出的是条件性知识的匮乏。据我们在北京、浙江、广西等地的调查,条件性知识掌握情况是:60%左右不及格,60~70 分约占 36%,70 分以上不足 5%。❶ 三是一部分小学没有受过正规的师范教育,所掌握的知识常常只限于自己所教学科范围内,甚至仅限于自己所教年级所教学科范围内,而主客观的诸多因素又使他们很少通过自修去深入钻研。于是,他们常常是照本宣科,离了"教参"就不会教,教学紧紧围着指定的答案转。有些教师多年使用一本教案,就连布置的作业甚至考题也不变,对其专业领域前沿的东西,包括新知识、最新研究成果不甚了解,讲课内容没有新意,不注重补充和吸收新知识,不更新教学内容。四是职业技能素养匮乏,教学方法失于科学,或满堂灌输,或猛压作业,甚至体罚学生,对人的培养和教育变成了一种机械训练过程。

第三,有些小学教师缺乏良好的心理品质。身为人师,总要以自己的心理品质去潜移默化地影响学生,进而形成学生的个体人格。然而,在目前的小学教师队伍中,我们常常看见的是以自我为中心,缺乏对学生主体性的尊重;求全责备,缺乏理解和宽容;墨守成规,缺乏激情和创造性;焦急暴躁,缺乏耐心和温情;草率敷衍,缺乏信心和责任感。

2. 小学教师的学历层次有待进一步提高

随着社会的发展、科技的进步,对小学教师素质的要求越来越高。许多教师素质测量与评价结果表明,小学教师学历越高,素质水平就越高,二者呈正相关。目前,我国小学教师学历合格率尽管提高得很快,达到了 97% 以上,但同世界大多数国家相比,中国教师的学历起点仍然偏低,许多发达国家小学教师的学历起点就是大学本科,而在我国许多学历合格的小学教师是通过第二学历达标的;从实际情况看,特别是民转公的这些教师虽然身份变了,通过学习,学历也达标了,但能力并没有多少提高,知识仍然老化,观点仍然陈旧,教学手段仍然落后,甚至仍凭一本书、一块黑板、一支粉笔、一张嘴去满堂灌、满堂写、满堂背、满堂练,远远不能适应新世纪实施素质

---

❶ 申继亮. 教育·教师·教育质量 [J]. 人民论坛, 2000 (9): 4-6.

教育，培养有创新精神和实践能力的人才的要求。把小学教师的学历提高到专科及其以上的程度，是教师专业化培养"学者型""专家型"教师的客观要求。要达到这一目标，任务还很艰巨。截至1998年年底，我国小学教师学历合格率为94.6%，其中专科学历以上的只占12.8%；至2002年小学教师中具有专科及以上学历者达到33.1%，且很多地方小学仍存在一些代课教师的现象。❶与发达国家相比，我们还有相当大的差距，还需大力发展师范教育，进一步提高小学教师的学历水平。

3. 小学教师队伍区域分布不平衡，年龄结构有断层的现象

由于经济发展和地理位置的差异，我国不同地区教育现状表现出很大差异。其中师资队伍差异是一个重要方面。教师队伍结构性矛盾突出，学段分布与学科结构不合理，区域性结构失衡，城市教师局部超编与广大农村尤其是边远贫困地区教师严重紧缺并存，余缺难以互补，教师资源配置亟待优化。2023年统计，我国592个国家级贫困县中，共有中小学教师170万人，占全国中小学教师总数的19%。其中，尚有12万小学教师，合格率分别低于全国平均水平4~5个百分点，约1/4的专任教师尚未具备基本教学能力。❷

小学教师队伍的年龄结构是反映师资队伍质量的一个重要方面。然而，我国小学教师队伍，尤其是高级教师、特级教师年龄的分布不合理，年龄偏大。据统计，2000年，中小学教师中，约有14.6%的小学高级职称教师、31%的中学高级教师，80%的中小学特级教师已退休。❸

另外，一所小学，男女教师的搭配也应有适当的比例。从男、女同志的心理特征和对少年儿童教育的需要来看，小学教师应以女同志为主，但没有男教师，也不利于某些教学活动和工作的开展。一般认为，男女比例以1：4为适宜。❹但现在小学教师队伍中男教师所占的比例越来越少，有的小学十几个教师，几乎清一色都是女教师，这对小学生形成健全的个性心理特征等

---

❶ 朱益明，贺绍禹. 我国小学与初中教师学历提升问题的初步研究 [J]. 教育发展研究，2000 (3)：31-34.
❷ 申继亮. 教育. 教师. 教育质量 [J]. 人民论坛，2000 (9)：4-6.
❸ 张志忠. 小学教师队伍的结构问题 [J]. 教育论丛（中小学教育版）1984 (2)：40.
❹ 张志忠. 小学教师队伍的结构问题 [J]. 教育论丛（中小学教育版）1984 (2)：40.

非常不利。

4. 教师待遇有待整体提高

在这一时期，我国小学教师的年平均工资增加很快，但很不平衡。在发达的城市，重点小学教师的收入特别高；而在广大农村，一般薄弱小学，教师的工资并不高，一大批代课教师所得的报酬更是少得可怜。尽管国家三令五申要解决教师工资拖欠问题，实际上在很多地方拖欠教师工资问题依然存在。经济欠发达地区，拖欠或少发教师工资现象已经习以为常，用烟酒茶糖等物品顶替工资问题也不算什么新鲜事。国家的调资政策在有些地方成了家电代名词——空调，农村小学教师的实际收入并没有明显的提高。而为了适应素质教育的新形势，这过关、那考试是不能少的，考务费是要交的；如果一个小学教师想评职称的话，他（她）必须得学习电脑，资料费、培训费大约每种都需几百元，相当于低工资者月工资数。

第三节　公开招考与专项项目并存的补充阶段（2001年至今）

自2001年以来，中国政府一直在加强乡村教育事业的发展，特别是在乡村教师队伍建设方面。为了解决乡村教师短缺问题，中国政府实施了"特岗计划"，即通过公开招聘、考试录用等方式补充农村中小学教师编制。此外，中国政府还鼓励省级人民政府建立统筹规划、统一选拔的乡村教师补充机制，为乡村学校持续输送大批优秀高校毕业生。同时，中国政府也加强了对乡村教师队伍的培训和管理，提高了他们的素质和能力。例如，教育部会同有关部门开展了"国培计划"等多项培训活动，为乡村教师提供了专业技能和知识方面的支持。

一、乡村教师队伍建设的教育背景

（一）乡村小学数量下降

从1978年以后，农村人口流动出现了一些新的特征，概括而言，主要是农村地域人口向城市集中的、持续的流动，而且随着城市化的发展，流动规模逐渐扩大且表现为单向流动特征——即人口主要从农村流向城市。据统计，从1978年到1988年，从农村向城镇转移的劳动力共1339.2万人。这一迁移的过程随着改革开放的深入和提速，规模也越来越大，流动人口从1993年的7000万增加到2003年的1.4亿，超过了全国人口总数的10%，约占农村劳动力的30%。❶

这在很大程度上影响了乡村学校的布局。乡村学龄人口的减少导致原先"村村办小学"的格局难以维继，部分省市从20世纪90年代后期便开始优化乡村中小学的布局调整。国家先后出台了相应的指导文件。2001年出台的《国务院关于基础教育改革与发展的决定》和2006年出台的《教育部关于实事求是地做好乡村中小学布局调整工作的通知》都强调要因地制宜调整乡村中小学的布局，对于交通不便的地区可以酌情保留乡村教学点，不能因为撤并村小而导致辍学等问题。针对乡村学校布局调整中出现的问题，2012年《国务院办公厅关于规范乡村义务教育学校布局调整的意见》要求科学制定乡村义务教育学校布局规划，严格规范学校撤并程序和行为，办好村小学和教学点，解决学校撤并带来的突出问题。

在政策实施过程中，许多地方认为乡村小规模学校教育质量差、效率低，无差别地进行撤销，这导致了乡村教学点的大量消失。国家也注意到偏远地区受交通等条件的影响，教学点承担着保证适龄儿童就近入学和巩固九年义务教育的重要功能，所以不断地调整政策。个别省市地区的教学点数量不降反升。比如对比2001年和2012年，山西省乡村教学点增加了313个，江西省增加了2489个，河南省增加了2872个，湖南省增加了1720个，浙江省增加了21个。但整体而言，我国乡村的在校学生数和学校数量在锐减。2000年，我国乡村小学在校学生数为8503.7万人，学校数为44万所；2006年，分别减少为6676.1万人和29.5万所；到2012年，再分别降到3652.5万人和15.5万所。❷

---

❶ 黄忠怀，吴晓聪. 建国以来土地制度变迁与农村地域人口流动 [J]. 农村经济，2012（1）：45-48.
❷ 赖昀. 乡村小规模学校教师供给研究 [D]. 重庆：西南大学，2020.

（二）乡村振兴被广泛重视

随着我国市场经济体制基本形成，综合国力空前提高，逐步进入了全面建设小康社会时期。党的十六大以后，党的工作重心开始向农村转移，农村教育受到关注。推进素质教育、普及义务教育、实行教师资格证书制度、解决农村偏远贫困地区师资短缺问题以及提高教师实施素质教育的能力，成为这一时期主要解决的问题。同时，这一阶段也是我国师范教育体系深化改革的阶段。这一阶段颁发的一系列有关农村教师教育的政策主要倾向于稳定农村师资、普及教师资格证、对农村教师进行培训等方面。如1999年1月，国务院转批教育部《面向21世纪教育振兴行动计划》，其中提出要认真解决边远山区和贫困地区中小学师资短缺问题；2001年，《国务院关于基础教育改革与发展的决定》提出支持西部地区师范院校建设，加强中小学教师继续教育工作，对贫困地区教师应实行免费培训；2005年12月，《国务院关于深化农村义务教育经费保障机制改革的通知》，要求深化农村教师人事改革，依法全面实施教师资格准入制度，加强农村中小学编制管理，坚决清退不合格和超编教职工，提高农村中小学师资水平，推行城市教师、大学毕业生到农村支教制度。

面对建设社会主义新农村的新形势和全面实施素质教育的新要求，农村教育站在了新的发展起点上。随着农村经济社会发展和农村义务教育经费保障机制的逐步建立，进一步加强农村师资力量、解决农村教师队伍建设、缩小城乡差距成为发展农村教育的当务之急。这一时期颁布的农村教师教育政策主要立足于师范教育，尝试通过免费师范生、特岗计划等政策，从数量和质量上保证农村教师来源的稳定。如2006年2月，《教育部关于大力推进城镇教师支援农村教育工作的意见》，2006年5月，《关于实施农村义务教育阶段学校教师特设岗位计划的通知》；2007年5月，《国务院办公厅转发教育部等部门关于教育部直属师范大学师范生免费教育实施办法（试行）的通知》等。这为缓解农村教师不足的问题、为西部农村地区培养教师队伍起到了一定的保障作用。

二、乡村教师的补充渠道

2000年以来，我国农村教师补充政策以公开招考为主、专项项目为辅。❶ "教师补充"一词最早出现在法律或政策文本中，是在1999年《关于师范院校布局结构调整的几点意见》之中，该政策规定：从我国国情出发，坚持独立设置师范院校主体作用，同时进一步拓宽中小学教师来源渠道，鼓励一批高水平综合大学参与培养中小学教师，通过实施教师资格制度逐步实现中小学教师补充与人才市场接轨，实现中小学教师来源多样化，以优化师资队伍结构。❷

（一）公开招考教师

党和政府更加注重中小学教师队伍建设，在2001年、2002年相继颁发了《关于制定中小学教职工编制标准的意见》和《国务院办公厅转发人事部关于在事业单位试行人员聘用制度的通知》等文件，这些文件对事业单位人员的聘任与录用做出了明确和详细的规定。2003年年底教育部召开了全国中小学教师人事工作会议，部署了改革的具体要求和计划。在针对中小学教师公开招聘制度的探索中，各地政府也相继出台了"凡进必考"措施。2009年3月25日，教育部在《关于进一步做好中小学教师补充工作的通知》中提出，"省级教育行政部门要统一掌握本行政区域内中小学教师编制需求情况，不断完善中小学教职工编制管理，及时满足教师补充需求。全面推行新任教师公开招聘制度，形成长效机制。省级教育行政部门要结合国家或地方'特岗计划'的实施，统一组织教师公开招聘考试，按规定程序择优聘用，坚决杜绝不合格人员进入教师队伍"。2010年7月29日，备受关注的《国家中长期教育改革和发展规划纲要（2010年到2020年）》全文颁布，纲要第四部分第十七章专门是有关教师队伍建设问题，纲要提出，建立教师资格证书定期登记制度，逐步实行城乡统一的中小学编制标准，并且对农村边远地区实

---

❶ 金志峰，吕武. 我国农村教师补充政策：变迁、困境及路径选择［J］. 学习与探索，2017（9）：57-62.

❷ 汪曦. 农村教师补充政策有效性研究［D］. 武汉：华中师范大学，2019.

行倾斜政策。2012年9月国务院下发了《关于加强教师队伍建设的意见》，该意见对我国各级各类教师培养培训、教师的准入标准、教师的聘用等提出了具体意见和明确要求。意见还指出我国将实行严格的教师资格和准入制度，提高教师的准入标准和教师职业的教育教学能力要求，将全面完善教师资格考试和实施定期注册制度。

（二）特岗教师

为贯彻《国务院关于进一步加强农村教育工作的决定》（国发〔2003〕19号），进一步推进西部大开发，实现西部地区基本普及九年义务教育、基本扫除青壮年文盲（以下简称"两基"）目标，教育部、发展改革委、财政部和国务院西部开发办联合制订了《国家西部地区"两基"攻坚计划（2004—2007年）》。在此背景下，2006年5月，教育部、财政部、原人事部、中央编办下发《关于实施农村义务教育阶段学校教师特设岗位计划的通知》，指出要从2006年起，用5年的时间实施通过公开招聘高校毕业生到西部地区"两基"攻坚县以下农村学校任教，引导和鼓励高校毕业生从事农村义务教育工作，创新农村学校教师的补充机制，逐步解决农村学校师资总量不足和结构不合理等问题，提高农村教师队伍的整体素质。特设岗位教师在聘任期间，执行国家统一的工资制度和标准。2006年拟安排2到3万个特设岗位教师。

自政策发布以来到2020年，特岗教师设置的数量呈增长样态。从2009年的1.6万人，逐步扩大到2012年的6万人、2015年的6.3万人。从2016年开始，招聘规模以每年1万人的速度递增，到2019年，数量已达10万人。2020年又扩大到10.5万人，到达一个峰值。2021年"特岗计划"拟招聘特岗教师8.43万人、2022年招聘6.7万人、2023年5.23万人，呈递减样态。粗略统计，实施17年以来"特岗计划"已为中西部地区乡村学校补充特岗教师110万多人。

（三）公费师范生

1997年开始，我国师范教育开始部分收费，且不再保障就业。2000年开始，师范教育进入全面收费阶段，这在很大程度上影响了师范专业的纳优能力。❶ 2007 年 5 月，国务院办公厅发布《教育部直属师范大学师范生免费教育实施办法（试行）》和教育部办公厅出台《教育部办公厅关于做好教育部直属师范大学免费教育师范生招生工作的通知》，决定在教育部直属的六所师范大学实行师范生免费教育，明确规定"部属师范大学师范专业实行提前批次录取"，并要求"到城镇学校工作的免费师范毕业生，应先到农村义务教育学校任教服务二年"。2012 年 1 月 7 日，国务院办公厅转发《关于完善和推进师范生免费教育意见》提出可以"适当增加部属师范大学免费师范生自主招生人数"，且规定"非师范专业优秀学生可按规定转为免费师范生"等免费师范生的进入和退出机制。

国家层面的师范生免费教育政策实施以后，各地纷纷效仿，实施区域性师范生免费教育政策。2008 年 9 月，上海师大招收 100 名左右的免费师范生，成为我国第一个恢复师范生免费教育的地方性大学。随后许多省市也陆续加入。

2018 年 2 月，教育部等五部门印发《教师教育振兴行动计划（2018—2022 年）》指出，要通过公费定向培养、到岗退费等多种方式，为乡村小学培养补充全科教师，为乡村初中培养补充"一专多能"教师。并将"免费师范生"改称为"公费师范生"。2018 年 7 月，教育部等四部门发布《教育部直属师范大学师范生公费教育实施办法》，将公费师范生的履约任教服务期由原来规定的 10 年调整为 6 年。并指出要"推进地方积极开展师范生公费教育工作"，规定"到城镇学校工作的公费师范生，应到农村义务教育学校任教服务至少 1 年"。

（四）实习生

2005 年，《国务院关于大力发展职业教育的决定》提出，要加强学生的生产实习和社会实践，改革以学校和课堂为中心的传统人才培养模式，中等职业学校在校学生最后一年要到企业等用人单位顶岗实习，高等职业院校学

---

❶ 张翔. 师范生免费教育政策的十年回顾与展望［J］. 国家教育行政学院学报，2017（8）：21-27.

生实习实训时间不少于半年。2007年,国家教育部《中等职业学校学生实习管理办法》中规定,中等职业学校三年级学生要到生产服务一线参加顶岗实习。教育领域也逐渐开展顶岗实习活动。事实上,为强化师范生从教技能、促进学生成长成材、服务农村基础教育和促进教育均衡发展,早在2006年5月河北师范大学率先启动了顶岗实习支教工程。不同于普通实习实训,顶岗实习需要完全履行其岗位的全部职责。

但从全国范围内看,顶岗实习的实施范围和力度比较有限。师范教育服务基础教育教学的方式主要还是通过教育实习的方式进行的。2007年7月,《教育部关于大力推进师范生实习支教工作的意见》中提出要"完善师范生教育实习制度,强化教育教学实践。高师院校要因地制宜地组织高年级师范生,到中小学进行不少于一学期的教育实习"。同时指出,"各地要将师范生实习支教与加强农村教师队伍建设紧密结合,根据实际需要,创造有利条件,积极安排和接收高师院校师范生到农村学校进行实习支教"。这在一定程度上缓解了农村教师数量不足的问题。

(五)轮岗交流教师

推进校长教师交流轮岗是党的十八届三中全会做出的决策部署。2010年7月,《国家中长期教育改革和发展规划纲要(2010—2020年)》提出加快薄弱学校改造,着力提高师资水平和实行县(区)域内教师、校长交流制度。2012年8月,《国务院关于加强教师队伍建设的意见》中提出要建立县(区)域内义务教育学校教师校长轮岗交流机制,促进教师资源合理配置,大力推进城镇教师支持农村教育。2013年,《中共中央关于全面深化改革若干重大问题的决定》将实行校长教师交流轮岗作为统筹城乡义务教育资源均衡配置、办好人民满意教育的一项战略举措,进一步突显了校长教师交流轮岗工作的重要性和紧迫性。2014年,教育部、财政部、人力资源社会保障部联合印发了《关于推进县(区)域内义务教育学校校长教师交流轮岗的意见》,提出"力争用3至5年时间实现县(市、区)域内校长教师交流轮岗的制度化、常态化",并在此文件中首次提出"县管校聘"政策作为促进校长交流轮岗的保障。

推进校长教师交流轮岗是加强边远贫困地区乡村学校教师补充配备的重要举措。2022年，陕西省交流轮岗教师达15946人，从城镇学校到农村学校交流教师9859人❶。

（六）银龄讲师

2012年8月20日，国务院制定印发了《国务院关于加强教师队伍建设的意见》。对如何全面加强教师队伍建设、创新教师管理体制、加强教师工作薄弱环节等关键问题提出了具体的任务、要求和措施，有很强的政策性、针对性和可操作性，是指导教师队伍建设的纲领性文件。其中提出，"大力推进城镇教师支持农村教育，鼓励支持退休的特级教师、高级教师到农村学校支教讲学。"

2018年7月，为了"进一步加强农村教师队伍建设，充分利用退休教师优势资源，调动优秀退休教师继续投身教育的积极性，提高农村教育质量"，教育部、财政部发布了《银龄讲学计划实施方案》，计划从2018年起至2020年，面向社会（优秀退休校长、教研员、特级教师、高级教师等）公开招募10000名讲学教师到农村义务教育学校讲学，发挥优秀退休教师的引领示范作用，为农村学校提供智力支持，帮助提升农村学校教学水平和育人管理能力，缓解农村学校优秀师资总量不足和结构不合理等矛盾，促进城乡义务教育均衡发展。在待遇方面，除了为讲学教师提供周转宿舍、配备必要的生活设施外，讲学教师年平均发放20000元左右的工作经费，并在评优表彰等方面优先考虑。2020年之后银龄讲学计划继续实施。以2023年为例，教育部、财政部联合印发的《关于做好2023年银龄讲学计划有关实施工作的通知》中提出，2023年义务教育阶段计划招募6000名讲学教师。

此外，2021年8月，教育部等九部门印发《中西部欠发达地区优秀教师定向培养计划》，开始实施"优师计划"，计划从2021年起，教育部直属师范大学与地方师范院校采取定向方式，每年为832个脱贫县和中西部陆地边境县中小学校培养1万名左右师范生，从源头上改善中西部欠发达地区中小

---

❶ 陕西省教育厅. 王海波介绍陕西省新时代教师队伍建设改革成就[EB/OL]. [2022-09-07].

学教师队伍质量，培养造就大批优秀教师。

三、此阶段存在的问题

（一）乡村教师补充取得一定成效但相关效能仍有待提升

有研究者指出，当前农村教师的补充机制尽管取得了一定的成效，但各种补充途径均存在一定的问题。具体表现为：公开招聘是基本补充方式，但补充规模受限于编制供给与岗位吸引力；"特岗计划"能有效缓解师资紧缺状况，但稳定性与专业对口率偏低；定向培养能够精准对接乡村学校需求，但培养规模有待扩大和整体质量有待提高；编外临聘教师具有较强灵活性，但聘用程序亟待规范；交流轮岗实现了师资的二次配置，但其深入推进面临"机制梗阻"。❶ 公开招聘首先成为乡村教师补充的常规渠道，它遵循的是纯粹的市场化配置方式。这使得农村教师补充机制同时受到地方教师编制数量的影响。比如县域内整体教师数量饱和，则不会举办公开招聘活动。公费师范生素质较高，但其难以下放到农村学校。往往部属院校的公费师范生留在省城或地级市，而许多省属师范院校的公费师范生则留在了地级市或县城。特岗教师、轮岗交流教师和银龄讲师更容易下放到农村学校，但该群体数量有限，难以弥补农村教师数量的不足和难以提升农村教师队伍的素质。

（二）乡村教师数量得到有效补充但补充的精准性不足

当前乡村教师的补充主要以数量补充为主，对年龄、学科等的匹配性关注不足，不能够实现乡村教师补充的精准配置，这导致当前乡村教师的补充结构不够合理。❷ 以学科的匹配性为例，由于长期以来过于注重乡村教师数量的补充，许多农村学校出现虚假超编与实质缺编之间的矛盾，也即从教师整体数量而言，农村学校的教师数量是符合国家生师比的要求的，但却呈现部分学科教师富余而部分学科教师短缺的样态。特别是对于小规模农村学校，学校只有数名学生，教师有一两名即算满编，但课程实施却存在较大问题。

---

❶ 刘善槐，朱秀红，赵垣可. 乡村振兴背景下乡村教师补充机制研究 [J]. 中国电化教育，2022（10）：20-26，46.

❷ 胡乡峰，于海波. 我国农村教师补充的现实困境与破解思路 [J]. 教学与管理，2016（19）：10-13.

有的学科教师极度缺乏，只能让其他学科背景的教师兼任。但小科课程诸如音乐、美术、体育等学科的专业化程度普遍较高，教师如果没有一定年限的专业化训练，通常很难达到足以胜任教学的水平。❶ 这极大地影响了农村学校学生的学习质量。有研究者根据现有的师资配置和学生发展情况预测了到2035年我国农村教师的需求情况：年轻教师补充需求迫切，语数外学科师资有所富余，科学、体育、综合实践等学科师资缺口严重，临时性岗位以及非专任教师岗位人员需求较大。❷ 这需要我们在农村教师的补充机制中进行相应的优化。

（三）乡村教师补充的激励力度加大但仍需继续优化

为了促使更多优秀的教师进入乡村，相关补充机制不断加大了激励力度。一方面，通过政府财政支持和补贴等方式为各种途径的乡村教师补充提供经费支持。无论是公费师范生的学费补助、农村教师的乡村补贴还是银龄讲师的福利待遇，都对许多优秀的毕业生和教师有一定的吸引力，这使得更多优秀的和高技能的人才都投入了支援乡村教育的队伍中。另一方面，乡村教师补充机制中往往会通过提供编制的方式吸引优秀人才。在教师社会地位和福利待遇逐步提升的背景下，教师编制越来越具有吸引力，这也使得许多优秀毕业生为了获得体面和稳定的工作而加入乡村教师队伍中。但值得注意的是，提升乡村教师补充的市场机制与宏观调控下的乡村教师补充渠道的潜在假设是，人们采取的是一种工具理性行动，但它忽视了义务、责任、情感、至善等非理性因素在选择中的影响。❸ 在乡村教师补充机制中，除了外在的和物质的激励，还可以综合考虑乡土情怀、乡村教师荣誉、乡村教师专业发展前景等因素，在提升乡村教师"下得去"的数量和质量的同时，保证乡村教师能够"留得住"和"教得好"。

---

❶ 赵忠平，秦玉友. 农村小规模学校的师资建设困境与治理思路 [J]. 教师教育研究，2015，27（6）：34-38，33.

❷ 王爽，刘善槐，房婷婷. 面向2035的乡村教师队伍需求结构预测与建设规划 [J]. 中国教育学刊，2021（10）：1-7.

❸ 李静美. 当前我国乡村教师补充的核心问题探讨 [J]. 教育理论与实践，2020，40（4）：50-54.

第四章 乡村教师补充机制的现状调查分析

为更深入了解乡村教师补充机制的运行现状,本研究采用抽样的方式,通过问卷调查法和深度访谈法,对国内中部(山西和湖北)、西部(陕西和四川)、东部(山东和河北)六个地区乡村教师补充机制的运行现状进行分析,探寻当前国内乡村教师补充机制的实施效果,在此基础上分析当前乡村教师补充机制的不足与原因,为探索义务教育高质量发展的乡村教师补充机制的现实路径提供有力依据。

第一节 调查对象与方法

开展调研是一项复杂而系统的工作,要做好这项工作,选好调查对象与调研方法是关键。根据本研究的研究目标与内容,考虑到样本的代表性,结合本研究团队实践调研的可行性,本研究最终确定国内中部、西部与东部六个省不同地区的具有代表性乡村中小学教师与校长作为调查对象。为确保研究的广度和深度,本研究采用定量与定性相结合的方法进行调研。为广泛而快速地摸清调查对象的基本样貌,本研究采用随机抽样的方法对其进行问卷调查,从整体上了解国内乡村教师补充机制的情况;为更进一步深入了解乡村教师补充机制的内在原因与影响因素,本研究对各地区具有代表性的个体进行深度访谈,进一步探明国内乡村教师补充机制的全貌。

一、调查对象

根据研究目标与内容,本研究采用抽样方式,对国内中部、西部、东部部分省市作为调研区域。研究团队经过前期搜集相关资料，结合研究团队实践的可行性与样本的代表性，确定了本研究的调查对象分别为山西省、湖北省、陕西省、四川省、山东省与河北省六个省不同地区具有代表性的乡村中小学教师与校长。以下将对调查对象所在地区、问卷调查对象与访谈对象分别进行说明。

(一) 调查对象所在区域基本情况介绍

1. 山西省义务教育基本概况

山西省，位于中国华北，东与河北省为邻，西与陕西省相望，南与河南省接壤，北与内蒙古自治区毗连，总面积15.67万平方千米，共辖11个地级市，117个县（市、区）。截至2022年年底，山西省常住人口为3481.35万人，全省共有普通小学4208所，另有小学教学点1236个，招生356434人，在校生2301805人，毕业生382149人，小学学龄儿童净入学率99.99%。普通小学教职工170907人，小学阶段教育专任教师167962人，专任教师学历合格率99.99%。全省共有普通初中1403所，其中，初级中学938所、九年一贯制学校465所。招生374595人，在校生1093643人，毕业生380278人，初中学龄儿童净入学率99.96%。普通初中教职工117585人，初中阶段教育专任教师103536人，专任教师学历合格率99.93%。❶

近年来，山西省始终将义务教育作为重大民生工程，抓住国家和省实施重大工程的机遇，大力改善办学条件，推动全省所有县（市、区）通过县域义务教育基本均衡国家督导评估认定，从基本均衡向优质均衡迈进。全面改善贫困地区义务教育薄弱学校基本办学条件项目、义务教育薄弱环节改善与能力提升项目，两个项目涉及117个县（市、区）、近1150所项目学校，累计投入达120亿元，取得显著办学效益和社会效益。❷ 但仍存在以下问题：第一，部分县大校额、大班额问题依然突出。有多所学校超过2000人甚至超过3000人，部分县区小学班级、初中班级超过45人班数较多，最大班额超过55人。第二，学校办学条件依然存在缺口。一些县有多所学校占地面积不

---

❶ 山西省教育厅网站. 山西省2022教育事业发展统计公报 [EB/OL] [2023-04-04].
❷ 山西省教育厅：兜底线 补短板 提能力 推进义务教育优质均衡发展 [EB/OL]. [2022-02-18].

足，部分学校体育运动场地面积不足，部分学校校舍建筑面积不足，部分县学校功能教室数量不足，教学仪器设备配备未达到省定标准。第三，教师队伍建设仍存在不足。部分县存在教师空编现象，临聘教师数量较多。各地普遍存在教师队伍结构性短缺问题，主要是音乐、体育、美术、科学、外语、信息技术等学科教师不足，一些地方教师年龄结构老化，特别是在农村学校问题更为突出，个别县45岁及以上教师比例较高。一些地方教师队伍交流制度不健全，交流条件设置不合理，交流的校长、教师占总数的比例不到3%。❶

2. 湖北省义务教育基本概况

湖北省，地处中国中部地区，东邻安徽，西连重庆，西北与陕西接壤，南接江西、湖南，北与河南毗邻，东西长约740千米，南北宽约470千米，总面积18.59万平方千米，共辖12个地级市、1个自治州、39个市辖区、26个县级市、37个县（其中2个自治县）、1个林区。截至2022年末，湖北省常住人口5844万人。❷

20世纪八九十年代，湖北省就把"两基"教育（即基本普及九年义务教育、基本扫除青壮年文盲）作为教育发展战略的"重中之重"。1998年湖北扫盲工作通过国家验收，标志着全省基本完成扫除青壮年文盲的历史任务，青壮年文盲率由1978年的16%下降到2.1%，被国家评为全国扫盲先进单位。2000年，全省102个县（市、区）基本普及九年义务教育，"普九"人口覆盖率达到100%；2007年顺利通过国家"两基"验收。从2010年起，湖北省实施"义务教育均衡发展行动计划"，到2017年，全省112个县（市、区）全部实现义务教育基本均衡，位居全国前列，并通过国家验收，义务教育实现了由"普及"到"均衡"的飞跃。全省城乡义务教育学生统一实行了"两免一补"，全面改善义务教育薄弱学校基本办学条件取得重大进展，义务教育向城乡一体化方向发展。2017年，义务教育学校9964所（含教学点2601个），在校生503.28万人。小学毛入学率101.5%，初中毛入学率106.9%；

---

❶ 山西省人民政府网.山西省人民政府2022年履行教育职责自评情况报告［EB/OL］［2022-10-08］.
❷ 湖北省人民政府网.湖北省情概况（2022年）［EB/OL］［2022-03-25］.

小学毕业生升学率为100.33%，40年来提升10个百分点；初中毕业生升学率95.9%，40年来提升52个百分点；九年义务教育巩固率达到97.4%。❶

3. 河北省义务教育基本概况

河北省，环抱首都北京市，东与天津市毗连并紧傍渤海，东南部、南部衔山东省、河南省，西倚太行山与山西省为邻，西北部、北部与内蒙古自治区交界，东北部与辽宁省接壤，总面积18.88万平方千米，共下辖11个地级市，共有49个市辖区、21个县级市、91个县、6个自治县。截至2022年末，河北省常住人口为7420万人，全省共有小学11604所，在校生684.4万人，普通初中2516所，在校生308.9万人。小学学龄儿童毛入学率达102.48%，初中阶段毛入学率达107.68%，九年义务教育巩固率达97.65%。全省小学本专科及以上学历专任教师40.8万人，占该级教育专任教师比重为98.8%。普通初中本科及以上学历专任教师20.8万人，占该级教育专任教师比重为90.0%。❷

尽管如此，河北省城镇义务教育资源紧张问题仍然存在，尤其是今年以来，在民办义务教育在校生比例压减等任务要求下，存在较大的大班额反弹风险，而由此导致的城乡义务教育发展不均衡问题逐渐凸显。为此，河北省下大力推动义务教育优质均衡发展，进一步推动义务教育城乡一体化发展，财政资金和社会资源向农村学校倾斜，编制《河北省义务教育薄弱环节改善与能力提升工程项目规划（2021—2025）》，加快补齐农村义务教育办学条件短板。制定《河北省义务教育薄弱环节改善与能力提升补助资金管理办法》，着力提高财政教育资金使用效益。按照年度规划，扎实开展义务教育优质均衡发展县创建工作，以省级评估验收促全面提升。❸

4. 山东省义务教育基本概况

山东省，地处中国华东地区的沿海，濒临渤海和黄海，自北而南与河北、河南、安徽、江苏4省接壤，总面积15.58万平方千米，共下辖16个地级

---

❶ 湖北省统计局. 改革开放40年湖北经济社会发展成就系列报告之十六. [EB/OL] [2018-10-12].
❷ 河北省人民政府网. 截止2021年河北九年义务教育巩固率达97.65% [EB/OL] [2022-10-13].
❸ 河北省人民政府网. 河北省人民政府2021年履行教育职责自评情况报告. [EB/OL] [2022-09-16].

市，共58个市辖区、26个县级市、52个县、664个街道、1092个镇、68个乡。截至2022年，常住人口10162.7万人，全省共有义务教育阶段学校12365所，其中小学9063所，初中3302所（含九年一贯制学校1130所），共招生255.50万人，其中小学教育招生130.64万人，初中教育招生124.86万人，义务教育在校生1157.96万人，其中小学教育在校生760.62万人，初中教育在校生397.34万人。全省义务教育阶段学校共有教职工80.12万人，其中小学41.04万人，初中（含九年一贯制学校）39.09万人。全省共有义务教育专任教师78.41万人，其中小学教育46.76万人，初中教育31.66万人。小学教育生师比为16.27∶1，专任教师学历合格率为100%，专科及以上学历所占比例为99.26%；初中教育生师比为12.55∶1，专任教师学历合格率为99.93%，本科及以上学历所占比例为95.30%。❶

目前，山东省义务教育优质均衡发展程度与国家评估标准存在差距，部分县大校额问题突出、学校功能室不足、班额标准化率不高、师资配备不均衡，乡村学校办学质量低、生源稳定率差等问题仍然存在。为推进义务教育优质均衡发展，山东省新建改扩建城乡义务教育学校308所、新增学位30万个，实施义务教育薄弱环节改善与能力提升工程，规划总投入482.45亿元。❷

5. 四川省义务教育基本概况

四川省，位于中国西南地区内陆，地处长江上游，与重庆、贵州、云南、西藏、青海、甘肃和陕西等7省（自治区、直辖市）接壤，总面积48.6万平方千米，辖21个地级行政区，其中18个地级市、3个自治州。2022年末，常住人口8374万人，共有普通小学5213所，招生88.4万人，在校生545.0万人。普通初中3353所，招生92.3万人，在校生277.5万人。为支持各地完善城乡义务教育经费保障机制、优化义务教育资源配置、改善义务教育薄弱环节与能力提升，建立省级义务教育质量监测机制，四川省安排中央和省级义务教育补助资金178亿元，推动创建全国义务教育优质均衡发展先行县

---

❶ 山东省教育厅网.2022年山东省教育事业发展统计公报.［EB/OL］［2023-05-19］.
❷ 山东省政府网.山东省人民政府关于履行教育职责情况的自评报告［EB/OL］［2022-09-30］.

6个、省级督导评估试点县区8个,全省183个县(市、区)义务教育教师工资待遇均实现两个"不低于"要求。❶

四川省主要存在音乐、体育、美术、信息技术、科学、英语等学科专任教师短缺,义务教育优质资源配置不充分,区域、城乡、校际发展不平衡,农村教育资源利用率不高问题,存在"城挤乡弱村空"现象,部分城区学位紧张,寄宿制学校供需矛盾突出,城镇学校尤其是寄宿制学校新建、改建、扩建任务重等情况。为此,四川省采取如下措施,一是完善中小学教职工编制动态调整和挖潜创新加强管理工作制度,加大缺编区域统筹力度。二是加大短缺学科教师招聘支持力度,2021年以来新招录中小学教师5.8万人,按规定对音体美等学科教师实行考核招聘。开展"三区"支教、校对校和组团式帮扶,实施公费师范生、地方优师专项师范生定向培养计划,年度定向培养音体美、信息技术等学科教师346名,小学科学教师100名,心理健康教师120名,优先满足乡村振兴重点帮扶县紧缺学科教师需求。三是着力优化各类教育资源配置,加快建设寄宿制学校,盘活用好乡村教育闲置资源,持续化解大班额,有效解决"城挤乡弱村空"问题。提升保教质量,推进幼小科学衔接。深入推进学区制治理、集团化办学,推动义务教育质量整体提升。遴选义务教育优质共同体领航学校,探索优质均衡发展先行县创建,推动义务教育优质均衡发展。❷

6. 陕西省义务教育基本概况

陕西省,位于中国内陆腹地,黄河中游,东邻山西、河南,西连宁夏、甘肃,南抵四川、重庆、湖北,北接内蒙古,总面积205624.3平方千米,共下辖10个地级市(其中省会西安为副省级市)、31个市辖区、7个县级市、69个县。截至2022年末,陕西省常住人口3956万人,共有小学4407所,招生482716人;在校生2988032人,毕业生457702人,小学学龄儿童净入学率99.97%。小学教职工(不含九年一贯制学校,十二年一贯制学校小学段)

---

❶ 四川新闻网.四川省2022年统计公报[EB/OL][2023-03-22].
❷ 四川省教育厅网.关于《2022年四川省人民政府履行教育职责自评报告》的公示[EB/OL][2022-10-17].

182692人，专任教师187963人，专任教师学历合格率99.99%。全省共有初级中学1666所，招生457239人；在校生1271445人，毕业生388756人，初中阶段毛入学率103.83%。初中教职工122845人，专任教师106155人，初中专任教师学历合格率99.98%。❶

为推进义务教育优质均衡发展，陕西省指导各地持续巩固基本均衡成果，落实控辍保学"七长"责任制、辍学"月报制"和"销号制"、校地帮扶"双百工程"，对22个县开展了义务教育优质均衡省级过程性督导，打出学位供给、质量提升和招生改革"组合拳"，全省累计落实校建资金116.25亿元。❷

（二）问卷调查对象

由于本次调研涉及范围较广，考虑到实际调研情况，本次问卷调查选择问卷星通过网络进行发放，调研组成员进行分工，分别负责一个省份，委托各省部分地市的教育部门进行发放。由于网络问卷的局限，本次问卷调查并不能确保每个学校的全体教师全部完成，因此问卷对象的数量分布并不能代表该地的教师结构。为更好地获取真实有效的数据，本次调研不要求填学校具体地区，只需填写学校层次，并向调研对象保证数据将匿名处理。本次调查的乡村学校基本情况如下：

本次调研的乡村学校包括乡镇中心小学、乡镇初中、村完小以及教学点，由表4-1可知，大部分的学校类型属于乡镇中心小学与村完小，占比分别为45%与43.33%，教学点与乡镇初中较少，占比为5%与6.67%；在学生人数方面，48.33%的乡村学校学生数超过200人，13.33%的乡村学生人数为101-150人，乡村小规模学校（指不足100人的村小学和教学点）和乡镇寄宿制学校（以下统称两类学校），是农村义务教育的重要组成部分，本次调研中乡村小规模学校占比35%，随着小规模学校撤点合并工作的推进，乡村小规模学校在整体中数量逐渐减少，但乡村小规模学校仍是乡村学校的重要

---

❶ 陕西省人民政府网. 2021年陕西省教育事业发展统计公报［EB/OL］［2022-09-20］.
❷ 陕西省人民政府网. 陕西省人民政府2020年履行教育职责情况自查自评报告［EB/OL］［2021-09-10］.

组成部分；专任教师方面，61.67%的乡村学校专任教师在10人以上，26.67%的乡村学校专任教师在8~10人，8.33%的乡村学校专任教师在5~8人，3.33%的乡村学校专任教师仅有3~5人；代课教师人数方面，53.33%的乡村学校代课教师人数为10人以上，25%的乡村学校代课教师人数为8~10人，10%的乡村学校代课教师人数为4~7人，代课教师人数为1~3人的乡村学校占比10%。

由以上分析可知，本次调研的乡村学校大部分学校为乡镇中心小学和村完全小学，教学点和乡镇初中较少，随着乡村小规模学校撤点合并工作的进行，乡村小规模学校逐渐减少，为35%，大部分乡村学校专任教师都在10人以上，代课教师人数在10人以上的也比较多，可见当前很多乡村学校专任教师仍然比较缺乏。

表4-1 乡村学校基本概况

所在学校类型	乡镇中心小学	村完小	教学点	乡镇初中	—
百分比（%）	43.33	45	5	6.67	—
学生数	不足50人	50~100人	101~150人	151~200人	超过200人
百分比（%）	11.67	23.33	13.33	3.33	48.33
专任教师人数	3人及以下	3~5人	5~8人	8~10人	10人以上
百分比（%）	0	3.33	8.33	26.67	61.67
代课教师人数	0	1~3人	4~7人	8~10人	10人以上
百分比（%）	1.67	10	10	25	53.33

问卷调查具体对象分别为乡村学校的校长与教师，通过对回收问卷进行初步分析，本次问卷调查对象分布如下：

参与本次调研的乡村学校教师男性占比21.18%，女性占比78.82%；年龄上，30岁以下的教师最多，占比34.72%，56~60岁的教师最少，占比1.75%；职称上，占比最多的为二级教师，约为45.41%，职称占比最少的为正高级职称，约为2.84%；学历上看，大部分教师为本科学历，约为86.68%，学历为高中（中专）的占比最少，约为0.44%；所在学校类型上看，最多的为乡镇小学或初中，占比73%，较少的是村完小和村小教学点，占比25.1%；教龄上，5年以下的教师占比最多，为40.17%，11~15年的教师占比最少，为4.15%；户籍来源上，本县外乡与外县（市、区）的占比最多，分别为34.28%与31.66%，本村的占比最少，仅为5.9%。基于以上分析，可见本次问卷调查对象的背景结构具有层次性，教师的年龄、学历、职称、教龄跨度较大，说明本次调研对象覆盖面较广，基本涉及了所有层次类型的乡村教师，问卷数据基本可以代表整个乡村教师群体样貌。

（三）深度访谈对象

为进一步了解乡村教师补充机制相关利益者的看法，深入探明乡村教师补充机制的内在机理与影响因素，调研组采用随机分层抽样的方式，在东中西部六省份分别选择层次类型不同的乡村学校，并根据问卷对象分布结构特点，按照性别、年龄、学历、职称、教龄等进行随机分层抽样，保证了深度访谈对象的背景信息也具有差异性，可以获取来自不同背景特征的被试的真实看法与观点。访谈采用半结构化访谈，具体访谈形式包括面对面访谈、电话访谈以及其他社交平台访谈，本研究对访谈对象的个人信息进行保密。

二、调查方法

为更好摸清我国乡村教师补充机制的现状与症结，本研究采用定量与定性相结合的研究方法。定量研究采用问卷调查法，根据研究目标与内容分别设计校长问卷与教师问卷，可广泛快速地探明国内乡村教师补充机制的整体样貌；定性研究采用访谈法，为进一步了解我国乡村教师补充机制的内在机制与影响因素，本研究分别设计了校长访谈提纲与教师访谈提纲，从第一线人员口中获取乡村教师补充机制的症结与解决思路。

（一）问卷调查法

问卷调查法是目前国内外人文社科与自然科学研究调查中较为普遍使用的一种研究方法，通过向研究对象发放问卷的形式采集数据，并对处理后的数据通过专业处理软件进行统计性分析进而得出相关科学结论的量化研究方法。本研究根据研究目的与内容，选取山西省、湖北省、陕西省、四川省、山东省与河北省六个省不同地区具有代表性的乡村中小学校长与教师，通过问卷调查国内乡村教师的基本情况、补充方式、结构、数量、质量与退出情况，考查与分析当前乡村教师补充机制运行的现状。

首先，根据研究目标与内容，课题组一起讨论编制了《乡村教师补充机制调查问卷（校长卷）》与《乡村教师补充机制调查问卷（教师卷）》。其中，《乡村教师补充机制调查问卷（校长卷）》主要内容包括乡村学校的基本概况、乡村教师补充概况、乡村补充教师的编制情况、乡村补充教师的流失情况、乡村教师退出情况、乡村教师专业发展情况、乡村教师补充的问题以及乡村教师稳定的措施。《乡村教师补充机制调查问卷（教师卷）》主要内容包括乡村教师个人信息、乡村教师补充渠道、乡村教师编制情况、乡村教师退出机制、乡村教师专业发展情况、乡村教师福利待遇、乡村教师职业吸引力、乡村教师补充效果。

其次，课题组成员合作分工向问卷调查对象通过网络发放问卷，并进行回收。由于疫情原因，本次调研数据收集工作受到一些阻碍，大部分问卷与访谈数据的获取都在线上展开，线上收集数据的优势在于快捷方便、不受时空地域限制、组织简单，但也存在相应的弊端，比如被试对象难以进行限制，网络安全等。

（二）访谈法

访谈法是研究者通过面对面口头交谈或者电话访谈等原始方式直接从被访谈者获得原始资料数据的一种研究方法。本研究在东中西部六省份分别选择层次类型不同的乡村学校，并根据问卷对象分布结构特点，按照性别、年龄、学历、职称、教龄等进行随机分层抽样，对乡村学校的校长、副校长、教导主任、教师进行半结构性访谈，获取不同主体对当前乡村教师补充机制现状的看法与建议，更深刻全面地了解乡村教师补充机制的内在机制与影响因素。

首先，根据研究目标与内容，课题组一起讨论编制了《乡村教师补充机制访谈提纲（校长版）》与《乡村教师补充机制访谈提纲（教师版）》。访谈提纲主要从各个方面深入地了解乡村教师补充机制的现状、原因、影响因素以及各方主体对乡村教师补充机制的看法与建议，可以更深入地了解各个主体对乡村教师补充机制的态度与想法。其次，课题组成员合作分工对访谈对象进行半结构性访谈，并进行记录。访谈方式大多数为电话访谈或微信访谈，少数为面对面访谈。

第二节 数据收集与整理

调查对象与调研方法的确定是调研实施顺利开展的前提，调研数据的收集与整理则是调研工作实施的关键步骤。本次调研问卷的收集与分析于2022年1月至2022年7月完成，课题组成员根据各自分工合作完成。经过课题组各成员协力合作，本次调研尽力克服各种困难完成问卷调查和访谈。本次调研访谈对象共72名，其中教师共40名（男、女教师各20名），校长、副校长和教导主任共32名。

数据的收集与整理工作几乎同步进行，本次调研数据的整理与分析包括对问卷数据的分析以及访谈资料的梳理分析。问卷数据的分析主要用Excel进行描述性统计分析，访谈数据由于基本上都进行了录音，课题组成员先将访谈录音转为文本形式，之后再对文本进行梳理，将主要观点进行归纳整理，形成逻辑层次清楚的文本，以便进一步综合分析。

一、数据收集

（一）问卷数据收集

本次调研问卷的收集于2022年1月至2022年7月完成。由于疫情原因，本次绝大多数问卷通过问卷星在线进行发放，课题组委托各省市教育部门协助向调研目标地区的乡村学校的校长与教师发送网络问卷，共发放并回收问卷5180份，其中校长问卷600份，教师问卷4580份，通过对问卷回答者时间进行删选，剔除不合格问卷18份，有效问卷共5162份。整体来看，问卷回收数量符合预期，问卷覆盖面较广。

（二）访谈数据收集

访谈数据的收集于 2022 年 1 月开始，根据受访者时间进行安排调整，整个访谈数据采集截止到 2022 年 12 月。本研究在东中西部六省份分别选择层次类型不同的乡村学校，并根据问卷对象分布结构特点，按照性别、年龄、学历、职称、教龄等进行随机分层抽样，对乡村学校的校长、副校长、教导主任、教师进行半结构性访谈。访谈方式大多数为电话访谈或网络访谈，为保证访谈质量，访谈前会与受访者沟通合适的时间，并选择适宜的环境进行访谈，以得到更为真实的访谈结果。访谈多为一对一的访谈，根据受访者的具体情况，个别可能会进行多次访谈。结合访谈相关需要，如果有必要，从实物资料上了解的信息可以通过访谈进一步探究，从访谈上了解到的内容也可以通过文件搜集来进一步验证，从问卷调查中得到的结论也同样通过实物资料和访谈进行验证、补充和深入探究。

二、数据整理分析

（一）问卷数据整理分析

本次回收问卷数据主要利用 Excel 进行描述性统计分析与比较分析，对样本背景、样本特征与行为进行分析。通过统计样本的背景特征，经分析，样本特征有较大的差异性，分布面较广。之后，再对问卷数据进行描述性统计与比较分析，从整体上了解国内乡村教师补充机制的现状。

（二）访谈数据整理分析

本次回收的访谈录音数据一共有 72 份，对本次访谈数据，首先，以访谈日期与受访者身份加数字进行编码，如 20220101 校长 01。其次，课题组成员进行相应分工，将访谈录音转化为文字稿，72 份访谈录音共转化为文字约 7.6 万字，作为原始资料匿名保存，再对每份文字稿进行分类整理，形成逻辑层次清楚的文本，将主要观点进行有条理的呈现。最后，课题组成员再对类似观点进行综合分析，将大部分教师共同认可的观点与建议进行汇总与罗列，以便分析。

第三节 调查结果分析

本研究选择国内东中西部六省不同地区的具有代表性乡村中小学教师与校长作为调查对象，综合采用问卷法、访谈法等对多所中小学学校的校长、教师进行调查，主要从乡村教师补充渠道、补充数量、补充结构、补充质量、补充乡村教师的编制情况、专业发展支持以及补充乡村教师的流失与退出机制情况全面呈现当前乡村教师补充机制的运行情况。通过对现状的分析，发现当前乡村中小学教师补充机制在实际运行中主要存在以下问题：乡村教师补充渠道以公开招聘为主、其他渠道占比较少，补充数量不足，补充结构不合理，补充质量有待提升，补充乡村教师的专业发展支持不足，工作压力较大，福利待遇有待提升，优秀教师流失严重，教师退出机制不健全。

一、乡村教师补充机制现状分析

（一）乡村教师补充渠道

由图4-1可以看出，当前乡村教师的补充方式主要以公开招聘为主，占比45.41%，其次为特岗教师，占比21.62%，还有11.14%的补充渠道为工作调动，6.11%的乡村教师补充渠道为学校自主聘任，5.46%的补充渠道是定向师范生分配，4.15%的补充渠道为其他方式，交流轮岗与公费师范生的方式占比较少，分别为3.93%和1.53%，三支一扶与城市支教的方式占比最少，分别为0.44%和0.22%。可见，当前乡村教师补充的渠道主要为公开统一招聘与特岗教师招聘，通过其他渠道补充的数量较少。

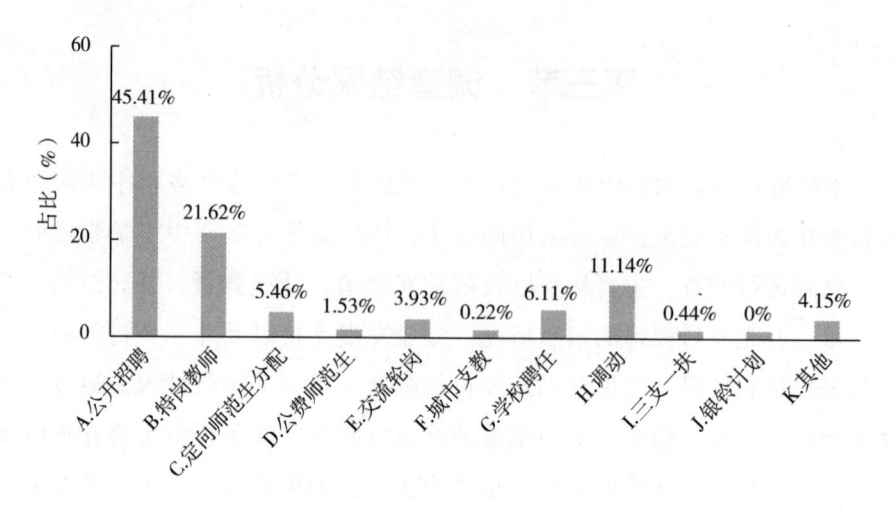

图 4-1 乡村教师补充渠道

(二) 乡村教师补充数量

由图4-2可知，44.32%的教师认为所在学校教师数量能够满足学校教学需求，41.7%的教师则认为所在学校教师数量不能满足学校教学需求，13.97%的教师则对此表示不清楚，以上侧面反映出当前乡村教师补充数量仍然存在不足。由图4-3可以看出，60%的校长认为学校每年新补充的教师只有少数科目教师进来，35%的校长认为学校每年新补充教师人数足够，还有5%的校长表示学校每年新补充教师不仅没有补充而且有流失，以上说明当前乡村教师每年新补充数量不足，大部分学校每年都没有足够的教师补充进来。

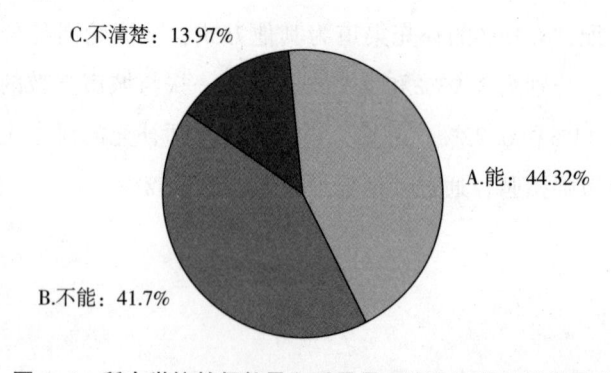

图 4-2 所在学校教师数量和质量是否能满足学校教学需求

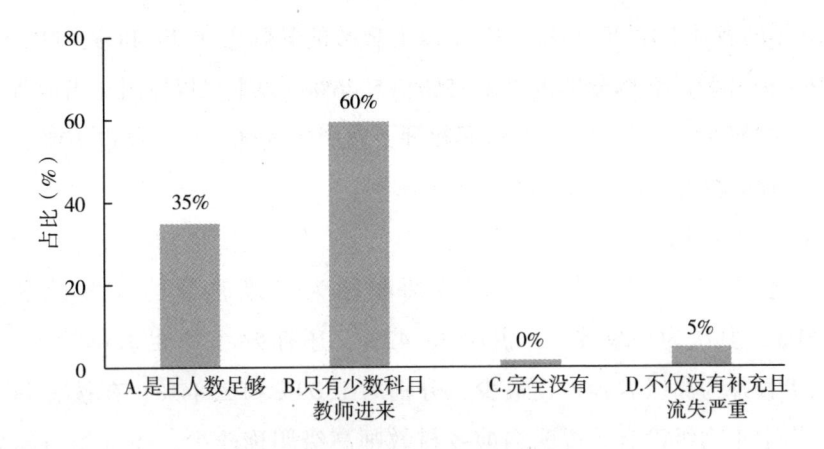

图 4-3　学校每年新教师补充情况

访谈中我们也了解到，有的乡村学校一直存在人手不足的情况。T 老师谈道："今年我们学校有两个老师都休了产假，一时间也没有招到合适的教师，还有一个老师请了长期事假，我们的工作量一下就大了，每天都挺累的。"

（三）乡村教师补充结构

乡村教师补充结构现状主要从年龄结构、性别结构、教龄结构、职称结构、学历结构、户籍结构、编制结构与学科结构进行分析。

1. 年龄结构

由表 4-2 可知，乡村学校的教师 30 岁以下、31~40 岁、41~50 岁、51~60 岁的教师分别占 34.72%、33.19%、24.89%、7.21%，其中 30 岁以下教师占比最多，其次为 31~40 岁教师，年轻及中年教师构成了乡村学校的主体，说明当前乡村教师的年龄结构比较合理。

2. 性别结构

由表 4-2 可知，乡村教师大部分为女性，占比 78.82%，男性仅占 21.18%。说明总体上，性别结构明显失衡。调研组在实地调研考查中也发现，在青年教师中女教师比例会更大，说明随着时间推移，未来教师群体的性别结构将更加失衡。

3. 教龄结构

调查发现，乡村学校教师教龄在 5 年以下的人数最多，为 40.17%，教龄

5~10年的教师占比20.74%,20年以上教龄的教师占比29.48%,11~15年和16~20年教龄教师分别占比4.15%和5.46%。以上可以看出,当前青年教师是乡村教师的主力,其次为资深教师,而中年教师较少,仅占10%,说明乡村教师的教龄结构存在断层,分布不均。

4. 职称结构

由表4-2可知,当前乡村教师职称为二级教师的人数最多,为45.41%,其次为一级教师,占比26.42%,还有24.24%的教师没有职称,而三级教师与高级教师占比最少,分别为1.09%和2.84%,在接受调查的教师当中正高级没有。说明当前乡村教师高级职称较少,还有相当部分的教师没有职称。

5. 学历结构

由表4-2可以看出,当前乡村教师学历最多的为本科学历,占比86.68%,其次为大专学历,占比10.7%,研究生学历与高中学历占比较少,分别为2.18%和0.44%,说明当前乡村教师高学历的人数较少。

6. 户籍结构

由表4-2可以看出,大部分乡村教师来自本县外乡或本乡(镇)外村(屯),分别占比34.28%和28.17%,来自外县乡村教师占比31.66%,来自本村(屯)的乡村教师占比最少,为5.9%。可见大部分乡村教师都来自本县,来自外县的乡村教师较少。

表4-2 乡村教师补充结构现状

性别	男教师	女教师	—	—	—
百分比(%)	21.18%	78.82%	—	—	—
年龄	30岁以下	31~40岁	41~50岁	51~60岁	—
百分比(%)	34.72%	33.19%	24.89%	7.21%	—
教龄	5年以下	5~10年	11~15年	16~20年	20年以上
百分比(%)	40.17%	20.74%	4.15%	5.46%	29.48%
职称	一级教师	二级教师	三级教师	高级教师	—
百分比(%)	26.42%	45.41%	1.09%	2.84%	—

续表

学历	高中	大专	本科	研究生	—
百分比（%）	0.44%	10.7%	86.68%	2.18%	—
户籍	外县	本县外乡	本乡（镇）外村（屯）	本村（屯）	—
百分比（%）	31.66%	34.28%	28.17%	5.9%	—

7. 编制结构

由图4-4可知，83.33%的学校新补充的教师都能有编制，16.67%新补充的教师则有可能存在没有编制的情况；由图4-5可知，46.67%的校长认为新补充教师任期满后，没有编制的会为其解决编制问题，33.33%的校长对此表示不确定，20%的校长认为新补充教师任期满后无法为其解决编制问题；由图4-6可知，47.82%的教师认为本校教师编制刚好合适，46.51%的教师认为本校编制存在缺编问题；综上，不难发现，当前补充乡村教师的编制还存在一些缺编问题，新补充教师任期满后也有一部分无法为其办理入编。可见，乡村教师的身份难以得到保障，这势必影响乡村教师的职业吸引力，使得乡村教师补充留任受到影响。

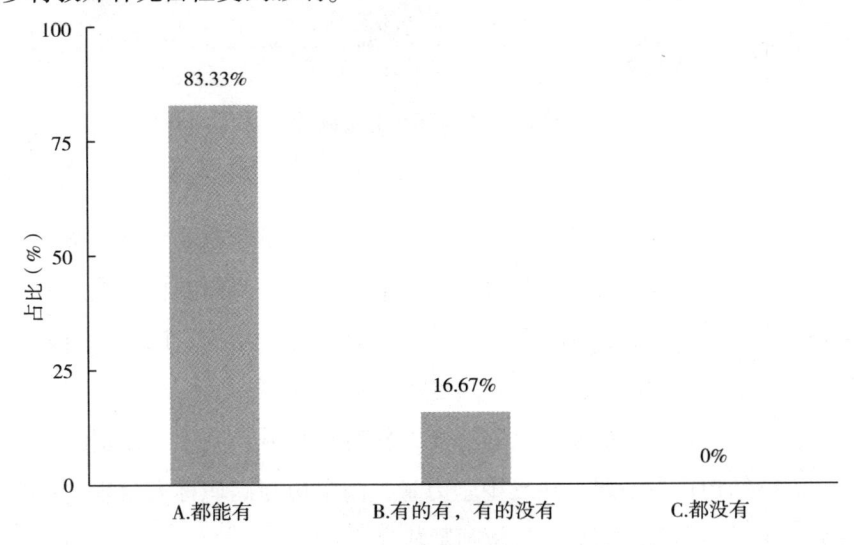

图4-4 学校新补充的教师是否都能有编制

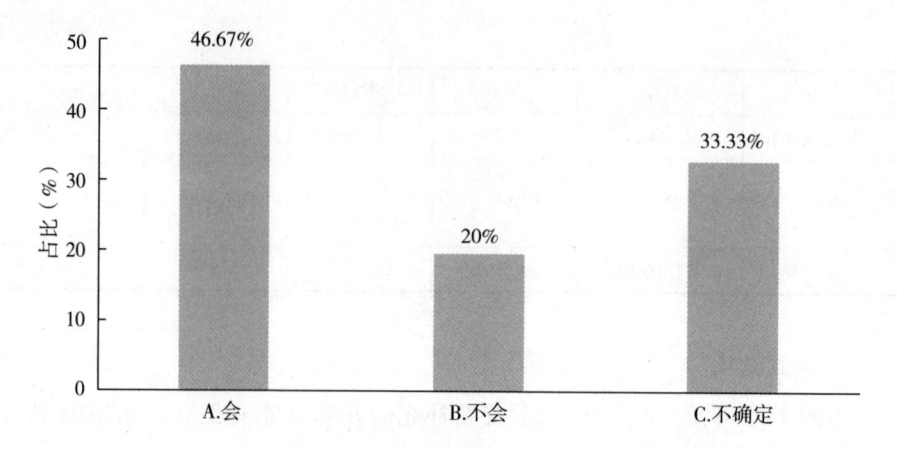

图 4-5 新补充教师任期满后想继续留校任教，没有编制是否会给予其编制

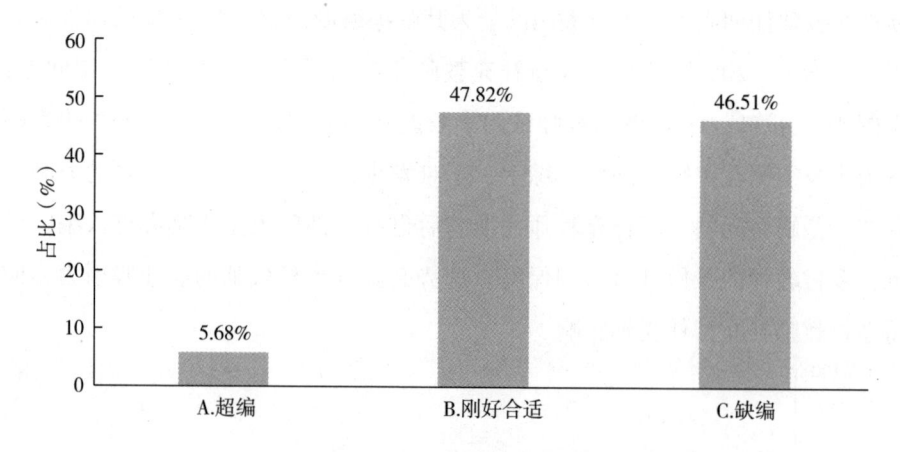

图 4-6 乡村学校教师编制情况

8. 学科结构

由图 4-7 可知，乡村教师学科占比排序由高到低依次为语文、数学、科学、英语、政治、体育等其他学科，由图 4-2 可知，当前乡村学校急需补充的学科从高到低依次为数学、语文、音乐、体育、美术等，说明当前语文数学学科的教师仍然紧缺，音体美教师也较为紧缺。

基于以上分析，当前乡村教师补充结构有待提升。其中，性别结构失衡严重；教龄结构存在断层，缺乏中坚力量；高学历与高职称人员较少；学科结构分布也不够合理，部分学科教师紧缺。

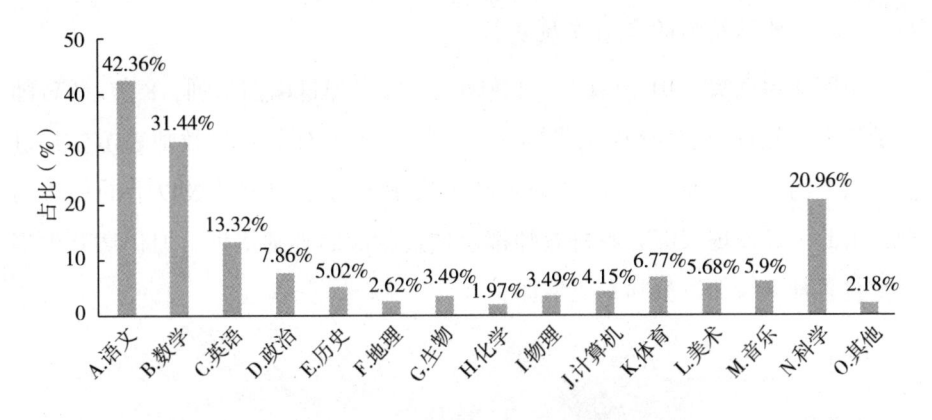

图 4-7　乡村教师补充的学科结构

（四）乡村教师质量补充

对于乡村教师质量补充，由图 4-2 可知，44.32%的教师认为所在的学校教师质量能够满足学校教学需求，41.7%的教师则认为所在学校教师质量不能满足学校教学需求，13.97%的教师则对此表示不清楚，由此侧面体现出当前乡村教师补充质量有待提升。由图 4-8 可知，71.67%的校长认为定向培养的教师质量很好，说明大部分定向培养的教师质量很好。通过访谈了解到，很多校长认为乡村教师补充质量良莠不齐，公开招聘、定向培养等渠道补充的乡村教师专业素养相对高一些，而很多临聘教师或代课教师，学历相对较低，专业素养相对不高，使得这一部分的乡村教师质量相对较低。

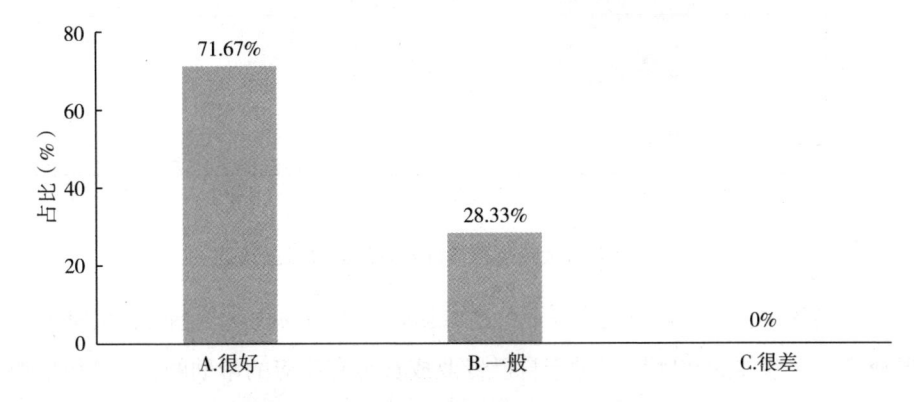

图 4-8　定向培养的教师质量满意度

（五）乡村教师的专业发展支持

由图 4-9 可知，91.7% 的乡村教师表示曾参加过岗前培训，8.3% 的教师表示没有参加过岗前培训；由图 4-10 可知，85.15% 的乡村教师表示参加过县级以上的相关培训，14.85% 的教师则表示没有参加过县级以上的相关培训；由此可以发现大部分乡村教师都参加过相应的教师培训，但仍然有少部分乡村教师未参加过教师专业培训。

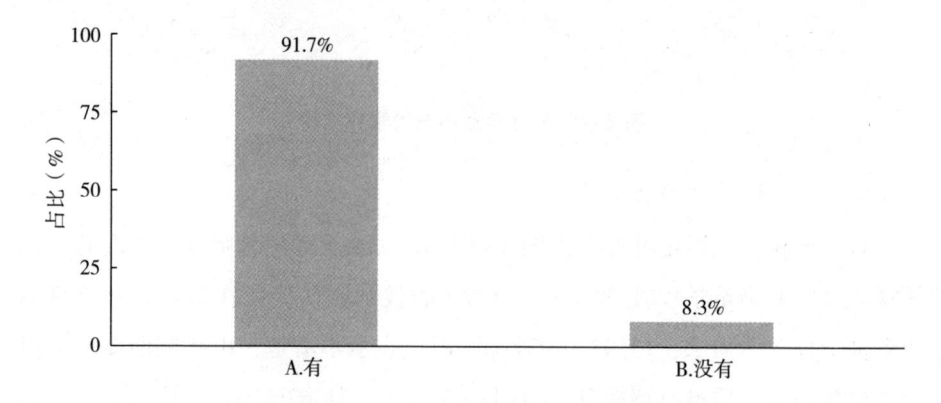

图 4-9　乡村教师是否参加岗前培训

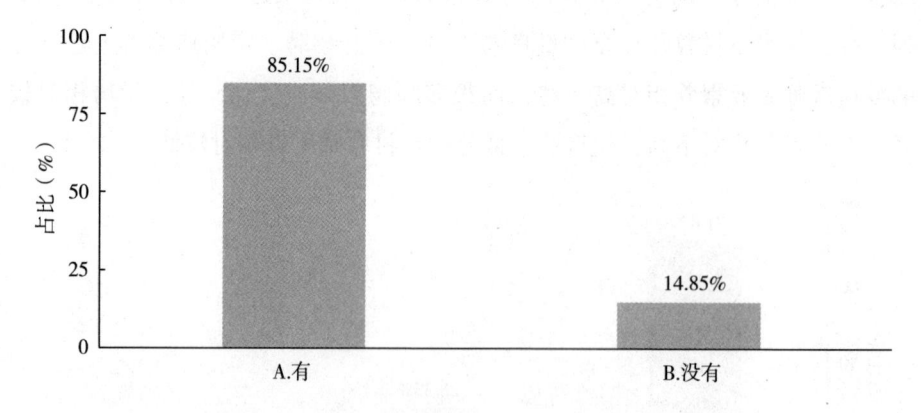

图 4-10　乡村教师是否有机会参加县级以上培训

在访谈中，一些教师也谈到了自己参加教师培训的收获与感受，大部分教师感觉每次参加的教师培训对于自己专业成长是有相应的帮助的，"参加培训的时候经常会学习到一些新的教育理念和方法，平时我自己没有时间和精力去探索这些，只有在培训的时候才能了解到。"但也有一些教师感觉有些时候培训并没有很强的针对性,难以满足一些个性化需求,"我不是数学专业毕业的,我原来是汉语言文学专业的,但是到学校后主要教授数学,因此在专业基础上与其他数学教师有一些差距,但是我和其他专业老师的各种培训都是一起进行的,学习的内容也都一样,有些理论名词我甚至都没听过,总感觉有些力不从心。"可见乡村教师的一些培训难以照顾到所有教师的个性化需求。

综上,对于补充乡村教师的专业发展支持,由于近年来"国培计划"的实施给了乡村教师更多的参训机会,几乎覆盖了全部乡村教师,大部分乡村教师都能参加相应的培训,但仍有极少数教师未能参加培训,同时一些培训难以照顾到所有乡村教师的个性化需求,这些不足一定程度上会制约乡村教师的专业发展。

(六)乡村教师的福利待遇情况

由图4-11可知,33.19%的乡村教师年收入为4万~5万元,32.1%的乡村教师年收入为3万~4万元,21.18%乡村教师年收入为5万元以上;由图4-12可以看出,43.23%的乡村教师月生活补助为700~900元,21.18%的乡村教师月生活补助为300元以下,15.28%的乡村教师月生活补助为500~700元,仅有7.64%的乡村教师表示月生活补助在900元以上;由图4-13可知,64.41%的乡村教师表示学校有为其提供住宿,但住宿条件一般,14.63%的乡村教师表示学校提供的住宿条件很好,13.76%的乡村教师表示学校提供的住宿条件很差,还有7.21%的乡村教师表示学校没有为其提供住宿。

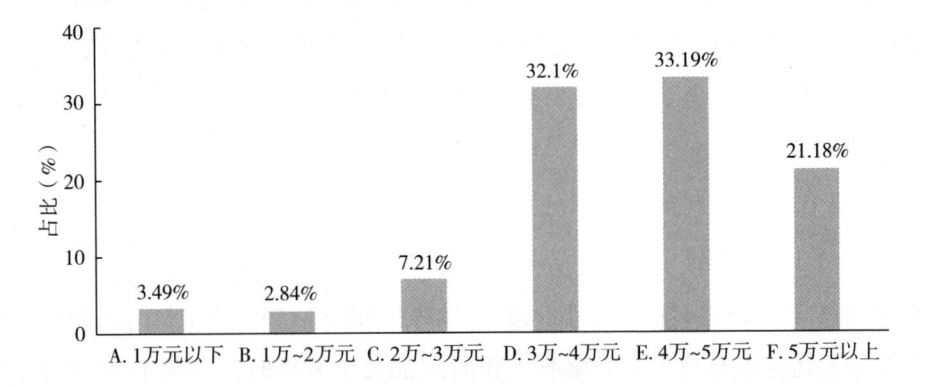

图4-11 乡村教师年均收入

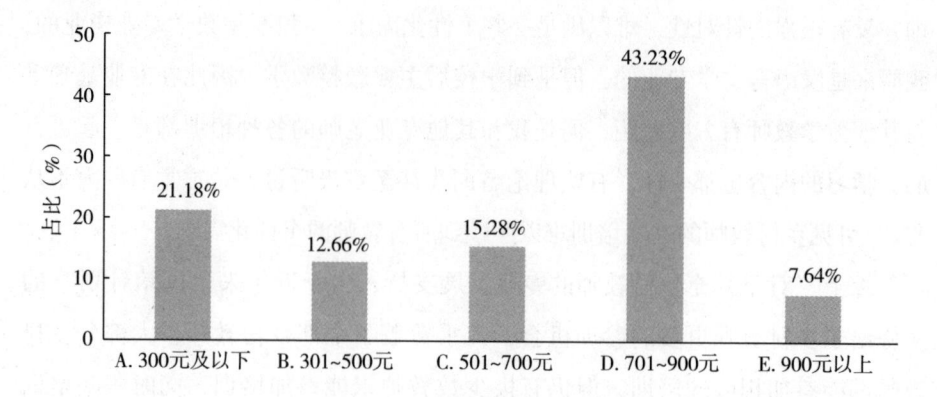

图 4-12 乡村教师每月补助情况

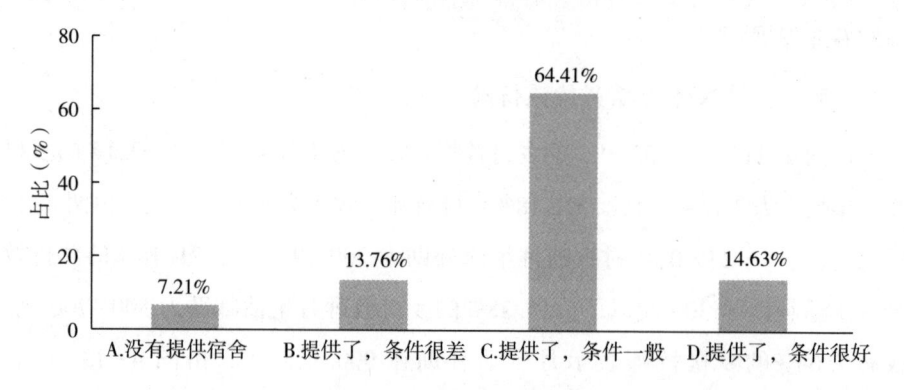

图 4-13 乡村教师住宿条件

综上可知，从乡村教师收入水平来看，大部分乡村教师的年收入水平处于中等水平，与城市教师收入有一定差距；从月生活补助来看，大部分乡村教师月生活补助在 700 元以上，但仍有少部分乡村教师月生活补助少于 300 元；从住宿条件来看，大部分乡村教师住宿条件一般，还有少部分教师学校未提供住宿。

（七）乡村教师的工作压力

由图 4-14 可知，52.84% 的乡村教师日工作时间为 8~10 小时，38.21% 的乡村教师日工作时间为 10 小时以上，8.95% 的乡村教师日工作时间为 8 小时以下，可见大部分乡村教师日工作时间都大于 8 小时；由图 4-15 可知，42.58% 的乡村教师表示工作压力比较大，30.35% 的乡村教师表示工作压力很大，24.67%的乡村教师表示工作压力一般，仅有2.4%的乡村教师表示其工作压力不太大或者不大，可见大部分教师都认为其工作压力比较大。

综上，大部分乡村教师都表示其工作时间与工作压力强度都比较大。

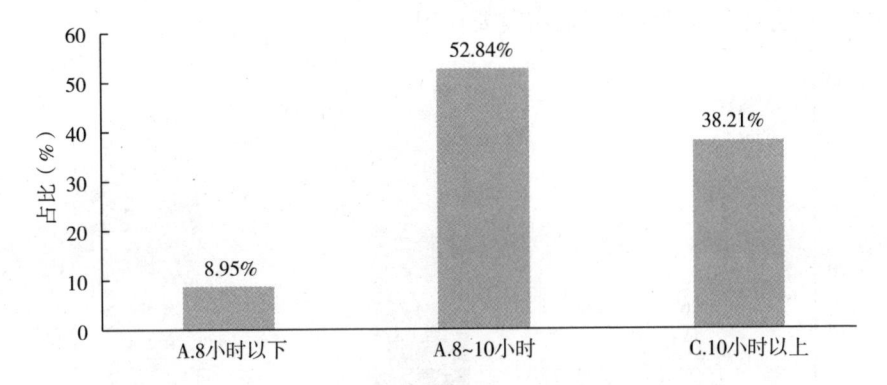

图4-14 乡村教师日工作时间

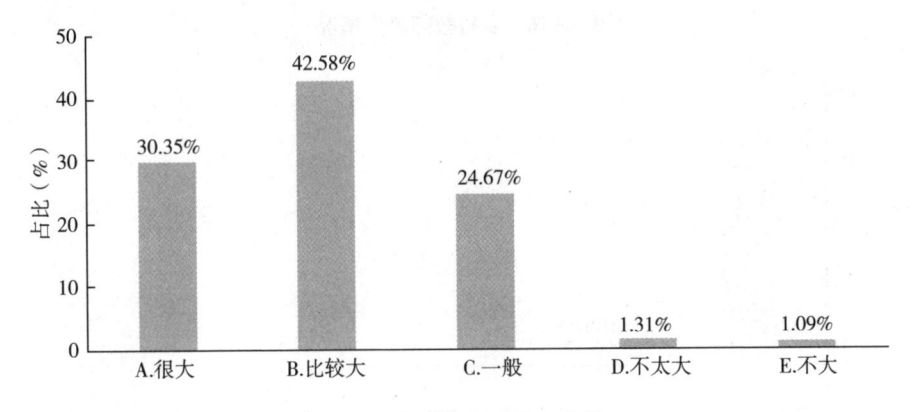

图4-15 乡村教师工作压力情况

（八）乡村教师的流失情况

由图4-16可知，46.67%的校长与41.67%的校长认为乡村教师流失情况不太严重或者不严重，11.67%的校长认为乡村教师流失很严重，由此看出，目前乡村教师流失情况不太严重；由图4-17可知，流失乡村教师中78.33%的流失取向为城市学校。

教师流动本应属于职业行为的正常状态，但是对于本来就缺少优秀师资的乡村学校来说无异于雪上加霜，分析其原因主要是乡村教师经济待遇比城市教师差、乡村教育的社会化环境和城市差距较大,乡村教师参加学习的机会相对较少也制约了教师专业发展。由于近年来国家政策在各个方面鼓励支持乡村教师,使得乡村教师流失现象有所缓解,大部分教师都还坚守在自己的岗位,这对乡村学校的发展有重要作用。

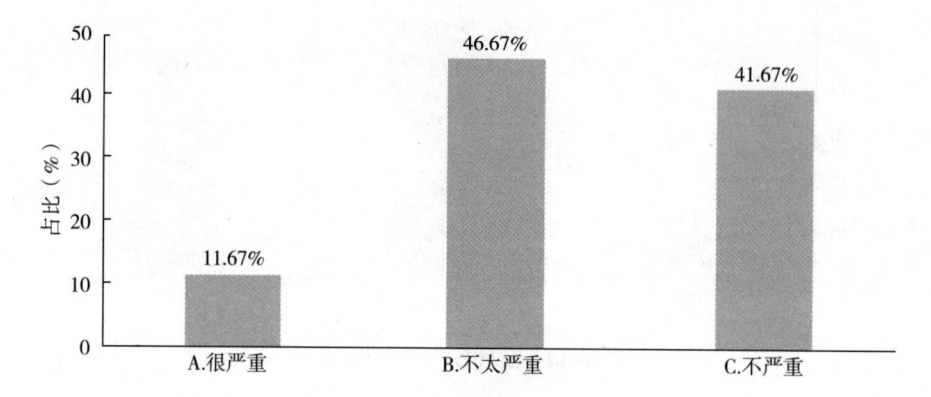

图 4-16 乡村教师流失情况

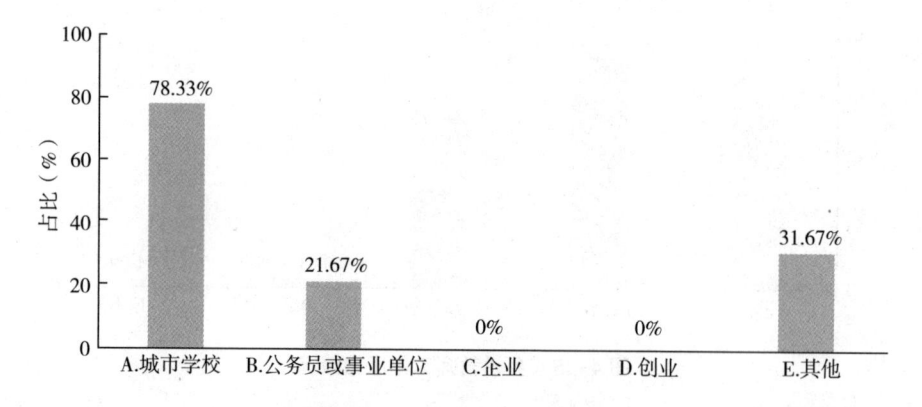

图 4-17 流失教师去向情况

(九)教师的退出机制情况

"由于学校人员进出管得过死,教师流动困难,优秀教师进不来,不合格教师又出不去,无法形成有效的竞争淘汰机制。学校人事依然是教师编制,能干的教师进不来,不能干的教师流不出去,限制了教师的正向流动,致使教师流向经济发达的沿海地区或大城市,农村及经济欠发达地区情况尤为严重。而且大多数城市中小学校的教师严重超编,而农村中小学校的教师却严重缺编。"❶ 由此可见，乡村教师退出机制是乡村教师补充机制中不可或缺的一部分。乡村教师补充与退出机制是协调乡村教师"入"和"出"在整个农村教育系统中的一种运作方式，它包括乡村教师补充与退出的内在动力机制和外部保障机制。因此乡村教师退出机制的良好运转对乡村教师补充机制有着良性的推动作用，属于乡村教师补充机制不可缺少的保障机制。

由图4-18可知，44.76%的乡村教师基本可以得到有效退出，但仍有28.17%和20.96%的乡村教师偶尔能或者完全不能获得有效退出，这说明当前的退出机制有待进一步改善，一些不合格人员占据着教师岗位，缺乏正常的退出渠道，无法腾出编制补充年轻、优秀教师，因此乡村教师的退出机制对于教师的补充有重要影响；由图4-19可知，62.23%的教师认为中小学教师退出机制负责部门可以做到各司其职，15.28%和10.92%的教师则认为中小学教师退出机制负责部门偶尔能或完全不能做到各司其职，说明中小学教师退出机制负责各部门的工作有待进一步提高；由图4-20可知，认为中小学教师退出机制不符合和基本符合当地实际的占比分别为34.06%和24.04%，认为中小学退出机制基本符合和完全符合当地实际的占比分别为32.97%和8.73%，表明当前中小学退出机制总体不太符合当地实际。

综上，当前中小学教师退出机制整体有待进一步完善，中小学教师退出机制各部门的工作有待进一步提升，退出机制需结合当地实际情况进行修订。由图4-21可知，当前中小学退出机制还存在的问题按严重程度排序依次为：教师考核评价指标和方式单一、教师退出后保障体系的不完善、忽视代课教师的贡献、辞退教师的方式过于简单粗暴、政策在实施过程中存在"变形"现象、教师退出后的补充机制不健全、教师师德考察及退出机制不规范等。此外，由图4-22可知，对于教师退出后保障机制的问题按严重程度排序依次为：教师再就业、培训等不完善，跟进的保障措施不健全，对弱势群体关注不够，各类保险落实不到位等。由此，进一步优化完善乡村教师退出机制是亟须解决的问题。

---

❶ 薛正斌，胡德海. 中小学教师流动的实然与应然[J]. 当代教育科学，2007（13）：45，50.

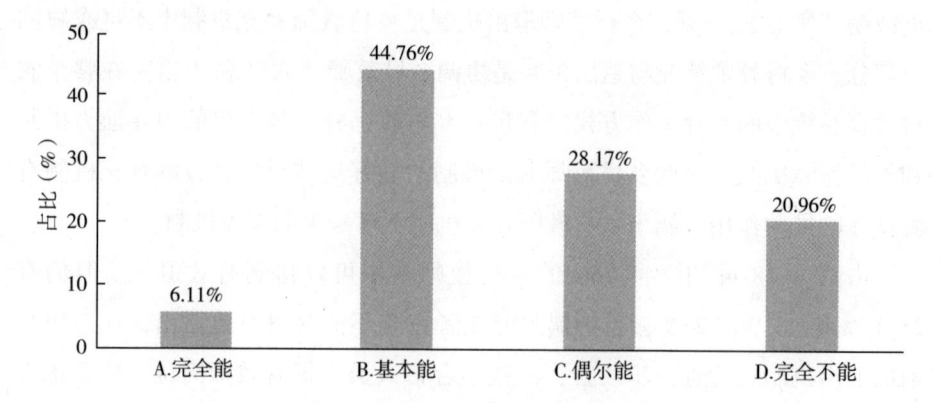

图 4-18　不合格教师是否可以得到有效退出

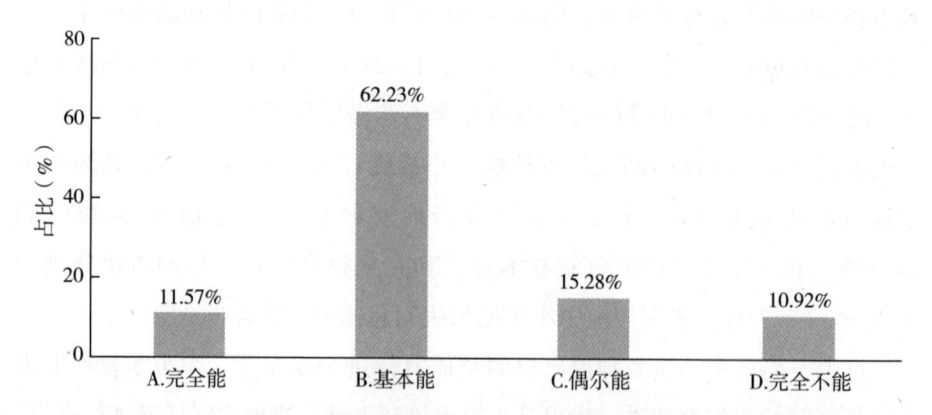

图 4-19　中小学教师退出机制负责各部门是否可以做到各司其职

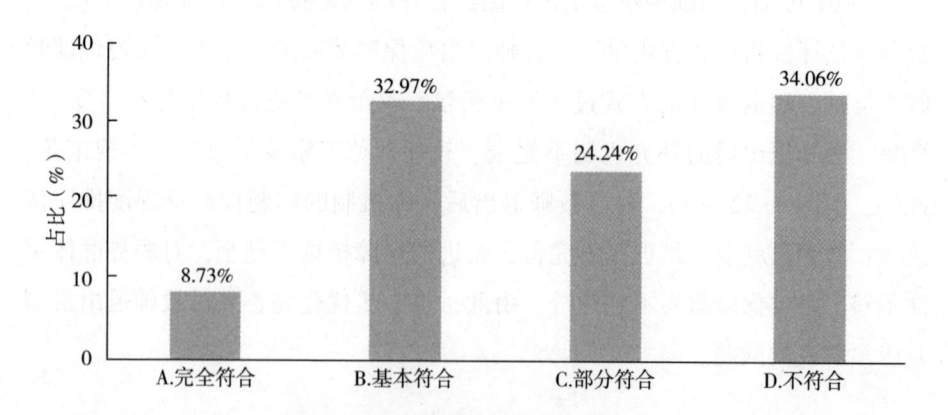

图 4-20　退出机制是否符合当地实际

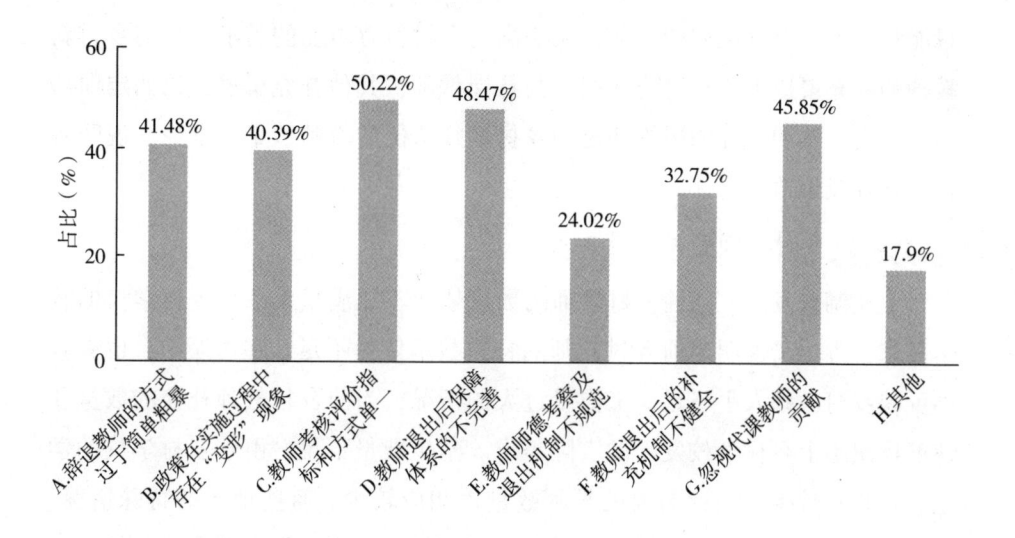

图 4-21 中小学教师退出机制还存在的问题

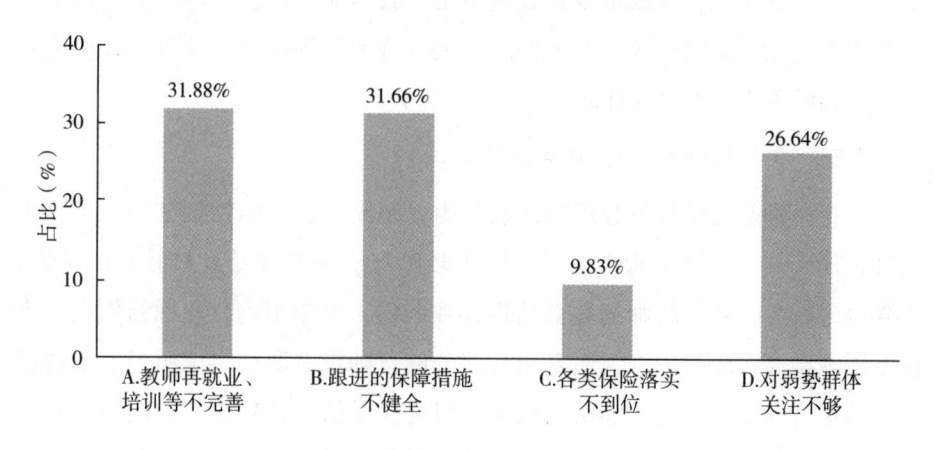

图 4-22 教师退出后保障机制的问题

二、乡村教师补充机制存在的问题

根据以上乡村教师补充机制的现状分析，发现当前乡村教师补充机制存在以下问题：

（一）乡村教师补充渠道不均衡

乡村教师的招聘主要依靠政府和学校组织的公开招聘，而这种方式往往只能吸引到一部分优秀的人才，无法满足乡村教育事业的需求。目前乡村新教师的补充渠道主要来自公开招聘与特岗教师，其他补充渠道，比如定向培养、三支一扶和教师轮岗等补充到乡村教师队伍的教师数量非常少，说明乡村教师补充渠道不均衡。

（二）乡村教师补充数量不足

上述调查发现，当前乡村教师的数量依然不能满足大部分乡村学校的教学需求，进一步说明当前乡村教师的补充数量依然不足。在访谈中，也有教师反映乡村教师人手不足，工作量过大的情况，当前乡村教师补充的数量和速度还跟不上乡村学校发展的实际需求。学生数量不足，由于乡村学校的学生数量相对较少，因此需要的教师数量也相应较少。有些地区的特殊情况，如少数民族地区、偏远山区等，学生数量可能并不少，但由于交通不便、生活条件恶劣等原因，导致了教师数量不足，教师流失严重。再加上乡村学校的师资力量相对薄弱，教师的工作压力大、待遇低等因素，导致了许多优秀的城市教师不愿意到乡村任教。

（三）乡村教师补充结构不合理

乡村教师补充结构不合理具体表现为：补充乡村教师性别结构失衡，男教师比例偏低；教龄结构上，当前青年教师与资深教师是乡村教师的主力，中年教师较少，乡村教师的教龄结构存在断层，分布不均；职称结构上，当前乡村教师高级职称较少，还有相当部分的教师没有职称，说明当前乡村教师职称结构还不够合理；学历结构上，研究生学历占比较少，说明当前乡村教师高学历的人数较少；户籍结构上，大部分乡村教师都来自本县，来自外县的乡村教师较少，说明当前乡村教师户籍结构也不够均衡；编制结构上，当前补充乡村教师的编制还存在一些缺编问题，更为严重的是一些学校急需的学科教师进不来，不能胜任工作的非教学人员清理不出去，存在结构性缺编问题；学科结构上，当前语文数学学科的教师仍然紧缺，音体美教师也较为紧缺，说明当前乡村教师学科结构存在不均衡问题。

（四）乡村教师补充质量有待提升

在专业素养方面，新补充教师的专业素养均不如成熟教师，且在编制和专业上差异性明显。一些代课教师、非编制教师的专业素养发展水平明显不如其他教师，缺乏创新意识和实践能力，难以适应新时代的教育改革和发展。因此，当前乡村教师补充质量有待提升。

（五）乡村教师福利待遇不高

从乡村教师收入水平来看，大部分乡村教师的年收入水平处于中等水平，与城市教师收入有一定差距；从月生活补助来看，大部分乡村教师月生活补助在700元以上，但仍有少部分乡村教师月生活补助少于300元；从住宿条件来看，大部分乡村教师住宿条件一般，还有少部分教师学校未提供住宿。在访谈中很多乡村教师对职业认同感并不强，与城市中小学教师相比，乡村教师无论是住宿条件还是收入都相对较差，而且乡村交通条件、住宿环境都相对较差，大部分新教师都很难适应农村的艰苦条件，身心发展都受到了不小的影响，此外，新教师的住宿问题及婚恋问题都对新教师的生活状态产生影响，使得很多乡村教师流向城市，影响岗位的稳定性。

（六）乡村教师工作压力较大

大部分乡村教师都表示其工作时间与工作压力强度都比较大，访谈中一些乡村教师表示有时候同时要教学好几门科目，另外还身兼行政职务，加班是经常的事，经常感觉身心疲惫。大量存在一些教非所愿、教非所专等教学状况，都在某种程度上影响新教师教育教学的工作积极性，同时更关系到教学质量水平的问题。乡村教师的工作压力也是很多乡村教师对自身身份认同感不强的原因之一，同时也是很多乡村教师流失的原因所在。

（七）乡村教师退出机制不完善

当前中小学教师退出机制不够完善，还存在很多问题，比如乡村教师退出机制需进一步本土化、教师考核评价指标和方式单一、教师退出后保障体系的不完善、忽视代课教师的贡献、辞退教师的方式过于简单粗暴、政策在实施过程中存在"变形"现象、教师师德考察及退出机制不规范、教师退出后的补充机制不健全等。此外，对于教师退出后的保障机制也需进一步完善优化。乡村教师退出机制的完善对于乡村教师的补充机制的良性循环起着不可或缺的推动作用，因此当前乡村教师的退出机制亟须进一步优化完善。

第四节 问题与对策

通过全面分析国内乡村教师补充机制现状,我们发现了当前乡村教师补充机制仍存在诸多问题。通过进一步的深度访谈与实地走访,了解多方面主体的意见看法,本研究认为乡村教师补充机制问题存在的原因主要有:乡村教师外部生存环境较差、乡村教师政策支持力度不强、乡村教师福利待遇不高、乡村教师扎根乡土信念感不强与乡村教师退出机制不完善。因此,要改善乡村教师外部生存环境、增强乡村教师政策支持力度、大幅提高乡村教师福利待遇、培育乡村教师扎根乡村信念感、完善乡村教师退出机制,进一步推动乡村教师补充机制的有序良好运行,解决乡村教师补充难的问题。

一、乡村教师补充机制现存问题的原因分析

(一) 乡村教师外部生存环境较差

由图4-23可知,43.33%的校长认为乡村教师补充遇到的主要问题是地理位置偏远、办学条件差。由此可以看出,乡村自然环境恶劣,工作条件艰苦是影响乡村教师补充成效的重要因素。大部分乡村的交通条件不方便,信息较为闭塞,住宿与生活环境条件也相对较差,使得很多乡村教师不愿意安心留任在当前岗位,而是寻找机会就流动到城市学校,形成了乡村教师向城市的单向流动,进一步加剧了教育的不均衡,而教师流向教育系统之外,对当地教育事业更是一种严重的损失。农村小学条件艰苦,环境差、待遇低是造成教师补充不足的主要原因。

(二) 乡村教师政策支持力度不强

1. 职称与编制政策未向乡村教师倾斜

由图4-23可知,15%的校长认为乡村教师补充遇到的问题主要是教师职称评定难,无晋升机会,6.67%的校长认为乡村教师补充遇到的问题主要是教师编制结构不合理,新补充教师无编制。编制结构不合理,乡村教师职称评定难说明当前乡村教师政策方面还存在相应问题。

厘清政策内在发展逻辑与规律,提升政策的精准度是解决问题的关键。当前乡村教师补充政策体系更倾向于按照城市标准制定乡村标准,一定程度上忽视了乡村教师受独特乡村环境与条件规约的现实情况。因此,要确保乡村教师补充机制的良好运行,乡村教师政策支持力度需要提升。

2. 乡村教师补充方式政策需进一步拓宽

上述分析可知,当前乡村教师补充渠道较为单一,主要补充方式为公开招聘与特岗教师,其他方式补充的数量较少,这使得乡村教师数量依然难以满足当前教学需求。因此,当前乡村教师补充政策需要进一步拓展与优化。据调查,很多校长表示定向培养的乡村教师质量较高,而且留任意愿较强,但当前由定向培养方式进行补充的乡村教师数量却很少,因而在乡村教师补充政策上应结合实际需求进行精准化调整与优化,进一步推动乡村教师补充机制的良好运行。

(三) 乡村教师福利待遇不高

由图4-23可知,41.67%的校长认为乡村教师补充遇到的主要问题是工资低、福利待遇不足。教育经费投入不足、教师待遇偏低,农村教师缺乏坚守的动力。乡村教师生活环境较差,使得很多乡村教师留任意愿不强,工资低、住宿等福利待遇不高更加剧了一部分乡村教师想要逃离乡村的愿望。根据调查,很多乡村教师的工作压力也比较大,教学任务与其他事务繁杂,大部分教师认为当前的工资福利待遇与自己的工作压力付出不成正比,造成了内心的不平衡,留任意愿不强。由于待遇低,新分配的教师不愿意到农村学校任教,各学科尤其是音体美等艺术类和计算机教师紧缺。

(四) 乡村教师扎根乡土信念感不强

在访谈中,很多外县乡村教师表示,无法融入乡村生活,在乡村找不到归属感使得他们没有扎根乡土的想法,只要有合适的机会就会离开。乡村教师的独特属性是"在地性","在地性"是对乡村教师基于"乡土"的"职业"表达,是乡村教师传统与现代融合共生的体现。然而,当前乡村教师却存在着日常生活区阻隔于乡村空间、情感归属脱嵌于乡村文化、发展理路悬浮于乡村场域等在地性消褪的问题。因此,当前乡村教师扎根乡村的信念感也是乡村教师补充机制无法良好运行的原因之一。

（五）乡村教师退出机制不完善

乡村教师退出机制对于补充机制的良好运行起着关键作用，然而当前中小学教师退出机制不够完善，还存在很多问题，比如乡村教师退出机制需进一步本土化、教师考核评价指标和方式单一、教师退出后保障体系的不完善等，因此当前乡村教师的退出机制的诸多问题也是导致乡村教师补充困难的重要原因。

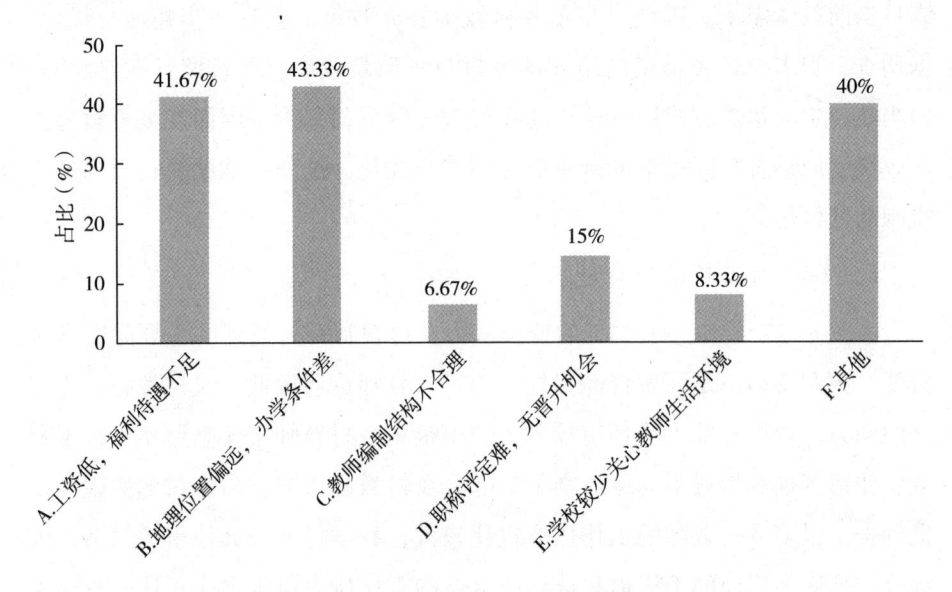

图4-23 乡村教师补充遇到的最大问题

二、完善乡村教师补充机制的对策

根据上述原因，要改善乡村教师外部生存环境、增强乡村教师政策支持力度、大幅提高乡村教师福利待遇、培育乡村教师扎根乡村信念感、完善乡村教师退出机制，进一步推动乡村教师补充机制的有序良好运行，解决乡村教师补充难的问题。

（一）改善乡村教师生存环境

乡村教师生存环境恶劣是乡村教师补充遇到的主要问题。在地性是乡村教师与乡村之间作用关系在不同空间层面的具体体现，离开乡村本体，在地性将会变得虚无不存，因为"空间并不是人生存的简单的、机械的、被动的活动背景与环境，空间与人的生存是内在关联、相互塑造的"。❶ 乡村的生存环境相较城市环境，在交通、网络、公共服务设施方面有着天然劣势，但乡村的风景、空气、乡土人情比起城市有着独特的魅力。因此，改善乡村环境要扬长补短。一方面，当地政府与学校要积极改善乡村教师外部生存环境，开展乡村学校周边软硬环境综合治理，实现公共休闲和5G网络的提档升级与全域覆盖，打造绿色自然、宜人宜居的乡村环境；另一方面，相关部门要向乡村教师宣传当地乡村特色美景与文化，引导乡村教师发现乡村独特的美，积极融入乡村生活，了解当地的风土人情，积极适应乡村环境。

（二）优化乡村教师支持政策

1. 推行弹性编制管理

编制是对乡村教师身份的认可与保障，也是乡村教师留任的重要影响因素。但当前的编制制度较为死板，不符合乡村教师的实际需求，因此，要推行弹性编制制度，助力乡村教师留任发展。由于乡村学校规模差异较大，编制投放不能粗放型管理，各个乡村学校需要的学科教师也有所不同，因此，编制投放需精准优化，要根据"总量控制、统筹城乡、结构调整、有增有减"的原则，相关政府部门要结合生师比、班师比、学科需求定向定量投放，设置教师编制比例，通过学区和县域内编制资源统一调配方式保障配置，保证农村学校各项工作的有序开展。此外，防止城市学校通过选拔或招聘等"掐尖"方式抽调优秀乡村教师的流动失序现象，县教育主管部门需对新生代教师实施双向选择制度，设立任教服务期，以契约形式保障留教。此外，还需规范城市学校，建立底线评估制度，对未经组织人事部门和教育行政部门同意抽调、挖抢新生代乡村教师的学校停止评优资格。❷

---

❶ 容中逵，阴祖宝. 乡村教师在地性的意义澄明与实现图景［J］. 教师教育研究，2023，35（3）：19-24.

❷ 朱燕菲，陈彩霞. 新生代乡村教师缘何"流"与"留"？——双向推拉理论视角的阐释［J］. 教师教育研究，2023，35（4）：88-94.

2. 优化职称评审制度

职称对于激励乡村教师工作热情、安心扎根乡村工作有着不可替代的作用。乡村教师在专业能力、专业发展等方面与城市教师有着不小的差距，但当前的教师职称评审制度并未给乡村教师予以倾斜。建立能够体现岗位职责、工作绩效和实际贡献的农村教师职务评审政策，创新农村中小学教师激励制度，鼓励农村教师扎根基层、安心任教，鼓励农村教师献身农村教育，这能起到金钱等物质奖励不能起到的作用。例如，任教十年以上的农村教师，在职称评审上，重点考查实际工作业绩，论文可不作发表要求。再如，为了使农村教师有向上的空间和专业发展的空间，在特级教师评定上，应适当特殊倾斜，对于在乡镇、村小工作了三十年的教师，只要达到了"师德"和"专业能手"的评选指标，就可以评定，对论文要求可适当降低。

3. 优化拓展乡村教师补充政策

（1）深化定向培养教师政策。

当前乡村教师补充困难的一个主要原因在于补充渠道主要为公开招聘与特岗教师，但公开招聘的教师很多是外县教师，扎根乡村意愿不坚定，乡村教师的流失较为严重，这就使得乡村教师补充的教师并不是真正需要的教师。而通过定向培养本土教师，培育一批真正愿意扎根乡村且质量高的乡村教师是当前乡村教师补充最为关键的任务。因此，要大力改善当前乡村教师补充不足的现状，首要任务是深化定向培养。

地方公费师范生定向培养为县域层面解决乡村教师"引不来""留不住"问题带来曙光。因此，各省份要大力推进该政策，省人力资源和社会保障部门要充分重视县教育部门上报的师资补给需求，严禁挤占挪用，探索"下得去""用得着""留得住"的师资培养模式，适度放宽农村教师招聘条件，重点定向培养本土的师范院校毕业生充实到乡村教师队伍，鼓励地方土生土长的优秀毕业生回到该区工作。

（2）完善特岗计划。

在特岗和补员计划中，同等条件下，优先录取师范生，在面试环节上，增加服务农村意识的考核，并告知考生工作环境和任务的艰苦程度，以利于双向选择。在面试时适当扩大面试比率,出现缺席面试者,可以依分补录。面试上岗后,要加强沟通交流,尽可能改善待遇,做到感情和待遇留人,稳定特岗教师。在人员流动方面,建议建立省级特岗教师交流平台,因为属地、结婚等原因,允许特岗教师可以在省教育厅规划下进行县与县之间的流动。在入编安置上,降低入编难度,三年期满,自动入编。

(3) 完善城乡交流或帮扶制度。

通过城乡定期交流或帮扶活动,实现城乡优质资源共享,优势互补,均衡发展。扎实搞好城乡教育互动帮扶,按照"以城带乡、整体推进、城乡一体共发展"的原则,坚持互动帮扶,实施集团化、捆绑式发展。大力引导大学生去农村偏远地区支教,实行城镇教师到农村学校任教制度,教师职称评定应有农村学校任教经历。实行定期支教,按城镇专任教师5%的比例,组织城镇教师到农村支教。鼓励城乡学校骨干教师之间定期轮岗,新聘任的教师须先到师资紧缺农村学校任教,加强城市教师与乡村教师间的交流,建立城市教师到农村学校、薄弱学校巡回授课制度。开展中小学校长定期交流,通过完善校长任期制、改革选拔任用方式、推进挂职交流,提高农村学校校长的领导力。同时,要完善相应配套优惠政策,如对参与轮岗或对口支援的校长、骨干教师在工资待遇、职称评定、职务评聘等方面给予特殊优惠。

(三) 大幅提升乡村教师福利待遇

乡村学校要想留住人才,必须大幅提高农村教师的待遇。首先,应依法保障农村中小学教师工资待遇,确保义务教育教师不低于当地公务员平均工资水平,农村学校教师绩效工资可高于城区教师绩效工资,并实施工资总水平的变化,实行绩效动态调整。其次,政府部门应推行差别化生活补助。现存"按教龄""按职称"的绩效工资及"按距城公里数"的补助标准不利于乡村教师留教。乡村学校需完善薪酬分配制度,如按工作强度、教学质量提升绩效工资,增加住房和交通补贴额度。最后,政府应进一步完善住房、医保、教育及出行优惠政策,如县城优惠购房、医疗保障倾斜、子女教育费用减免、公共交通出行优惠等,最大程度降低"抵抗低收入保护性流动"的发生。

(四) 培育乡村教师扎根乡村信念

调查中，那些愿意扎根乡村，并且乐于在乡村工作的教师往往都有着扎根乡村，为乡村发展贡献的信念，真正把乡村作为自己的家来对待。因此，大力培育内发型粘力、筑牢理想信念是助推乡村教师扎根留教的根本要义与关键路径。乡村教师树立扎根乡村的信念归根到底就是要对乡村文化认同并产生乡土情感。所以，要树立乡村教师扎根乡村的信念，就要强化乡村教师乡土情怀的培育。

针对来源不同的乡村教师，可采取不同情感培育策略：对本土化乡村教师，可以"濡化"为主，发挥地缘、人缘、亲缘优势，通过代际间的习得与传承，激发乡村教师骨子里的"原初信仰"，以培养乡村教师的桑梓情谊，弥合因都市文化宰制造成的与乡村文化的疏离抗拒心理；对非本土化乡村教师，可以"涵化"为主，通过对当地乡村地方性知识的学习和体悟，实现乡村教师原有文化系统和现有乡村文化系统的交流、整合及适应，使乡村教师获得对现有乡村文化的认同和理解。此外，乡村教师情感的生成离不开乡村社会在物质、精神等方面的外部支持和保障。乡村社会必须大力振兴乡村文化，加强乡村历史文化遗产保护、非物质文化遗产发掘和民间艺术传承等，扭转乡村文化的颓势局面，为乡村教师回归乡土、获得文化滋养、产生情感共鸣奠定基础。最重要的是，乡村教师要增强实质性参与、与乡村之间建立千丝万缕的联结，保持良性互动特别是非正式互动，生发出助益乡村社会发展的行动。此外，可以通过成功示范的吸引与感染，特别是发挥"新乡贤"的榜样作用，为乡村教师塑形正面形象，打造涵养乡村教师情感的乡村文化生态。

(五) 完善乡村教师退出机制

建立农村中小学教师退出机制，就是要打破不合格教师出不去，优秀教师进不来、留不住的局面。首先，废除教师资格证书终身制，实施中小学教师资格证书更新制度，通过对在职教师的定期考核来确定其是否具备继续担任教育教学任务的能力和资格。其次，对现行补充制度中的退出程序进行完善。例如，完善公费师范生退出制度。对那些不想以公费师范生身份继续读书的学生在培养过程中实行奖励与淘汰制度,对那些不安心从教或不适合从教人员,建立详细的具有可操作性的有偿退出制度程序,避免由于制度缺陷而造成对农村基础教育的伤害。最后,合理合规合情清退代课教师。对那些有着丰富的教育教学经验,在学历和教师资格证方面都合格的代课教师给予参加教师公开招聘的机会,使其身份合法化;对那些有着丰富的教育教学经验,但学历或教师资格证不达标的代课教师,给予学习进修机会,帮助其实现学历达标和考取教师资格证的目标;对那些确实难以达到教师基本要求的代课教师,在充分尊重其人格和确保其合法权益的基础上进行清退。❶

---

❶ 叶红英. 农村中小学教师补充长效机制研究 [J]. 重庆教育学院学报, 2012, 25 (4): 5-7.

第五章 乡村教师补充机制中工作环境对教师组织行为影响的实证研究

随着国家对农村教育的重视程度不断提高,越来越多的人开始关注乡村教育的发展。然而,由于乡村教育资源匮乏、工作环境艰苦等原因,乡村教师面临着巨大的工作压力。因此,了解乡村教师的组织行为,对于提高他们的工作效率和生活质量具有重要意义。例如,付出—回报失衡、敬业度、留任意愿、组织支持感和工作满意度等都是与乡村教师组织行为密切相关的变量,为了深入了解乡村教师的组织行为,本书采用科学的研究方法进行调查和分析。通过对乡村教师组织行为进行研究,可以发现一些普遍存在的问题,可以进一步探讨乡村教师的心理健康问题和社会因素的关系,为建设一支"素质高""结构优良""留得住"的高质量乡村教师队伍提供科学依据。

第一节 付出—回报失衡对乡村教师敬业度的影响

付出—回报失衡是指高努力付出和低奖赏回报之间的失衡,对乡村教师敬业度的影响是一个复杂的问题。研究表明,付出—回报失衡显著负向影响乡村教师敬业度和工作满意度;工作满意度显著正向影响敬业度,工作满意度在付出—回报失衡和敬业度关系之间起到部分中介作用。

一、问题提出

乡村教育是乡村振兴战略的基础性工程,教育兴则乡村兴。教师是乡村教育发展的"灵魂",其对工作的敬业度直接影响着乡村教师能否"教得好、有发展"。教师敬业度是"在工作角色扮演中,教师把自我和工作角色相融合，对工作、教学团队和学校认同、承诺并全身心投入的程度"❶。已有研究表明，工作敬业度高的员工充满正能量，他们热情、乐观、思想丰富，当他们对工作充满热情，他们的忠诚会使他们克服困难，在工作中不断创新，并尽力出色完成工作，而且也愿意留任。乡村教师的敬业度越高，在工作中投入的时间和精力就会更多，责任心就会越高，从而提高教育质量。但是，相对于城市教师而言，乡村教师所处的环境更艰苦，享受的待遇不高、任教科目多、工作量大任务重，缺乏来自社会的尊重和关爱等原因影响了乡村教师的工作热情，加上他们对自己从事乡村教育工作的重要价值缺乏充分的认识和认同，使得乡村教师的工作满意度不高，职业认同感和忠诚度不强。周大众（2017）研究指出由于付出—回报不对等，许多乡村教师的敬业水平维持在较低的水平上，对乡村教育的开展和学生成长极为不利。已有的研究发现，乡村教师敬业度不高会影响乡村教育质量的提升，因此，研究乡村教师的敬业度提升有着重要的现实意义。为了更加全面深刻探讨付出—回报失衡与乡村教师敬业度的关系，需要进一步考察付出—回报失衡对乡村教师敬业度产生的边界条件。本研究引入工作满意度，将其作为一种个体特质资源变量，讨论工作满意度在付出—回报失衡与乡村教师的敬业度之间起到的中介作用，进而探究影响乡村教师敬业度的内在影响机制。

二、文献回顾与研究假设

（一）付出—回报失衡与乡村教师敬业度

Kahn（1990）研究认为敬业度是员工扮演工作角色时，在体力、认知和情感方面投入精力并表现自我的程度。❷乡村教师敬业度是指从事乡村教育教学的专业人员专注于教育教学工作并投入自身角色扮演的程度。概观乡村教师敬业度的影响因素，付出—回报失衡可能是重要的风险因素，付出—回报失衡是指个体在工作中付出和回报不对等引起的失衡感，该失衡感可通过

---

❶ 卢冬君. 基于组织行为学理论的中小学教师敬业度分析 [J]. 教育研究与实验，2015（3）：73-76.

❷ Kahn W A. Psychological Conditions of Personal Engagement and Disengagement at Work [J]. Academy of Management Journal, 1990, 33（4）：692-724.

计算付出—回报比和过度投入从内外两方面加以测量。Kahn（1990）认为，员工的敬业度根据所感知到的工作角色中获得的利益而改变，当员工感知到的回报和认可程度高时，其敬业水平更高，反之，敬业水平降低。Maslash（2001）指出，适当的工作回报和认可对敬业度的提高具有重要作用，当员工感知到回报与认可，对敬业度的提高具有重要作用，而当员工所感知到的回报与认可不能满足其期望时，容易导致员工工作倦怠的产生。Wolter et al.（2021）对警察的研究发现付出和回报之间的不平衡与敬业度的减少有关，虽然付出不是降低敬业度的原因，但尊重和安全奖励能够促进敬业度。Hwang et al.（2019）的研究发现高的付出回报失衡比与敬业度呈显著负相关。宋爱军（2017）认为分配公平通过影响教师的经济性回报满意度，对教师敬业度产生积极作用，而程序性公平则通过影响经济性和心理性回报满意度作用于教师敬业度。因此，本研究提出以下假设：

假设1：付出—回报失衡显著负向影响乡村教师敬业度。

（二）付出—回报失衡与工作满意度

付出—回报失衡模型（Siegrist，1996）认为工作压力源来自劳动者在工作中的投入与其感知到或预见到会获得的工作奖励、酬劳等因素之间的不平衡。工作中的奖酬包括：与工作相关的薪水、社会地位、工作稳定性以及专业发展等各个方面。乡村教师在较艰苦的工作环境中付出劳动希望得到公平的回报，如果回报与其努力不匹配将会使乡村教师产生不公平感，从而导致消极的情绪，工作满意度下降。Li，Yang，Cheng，Siegrist和Cho（2005）对中国医生的研究表明，付出—回报失衡与工作不满意呈正相关关系。张建江等（2016）研究得出付出—回报失衡是影响机械装备密闭空间作业人员工作满意度的重要因素。多项研究表明，教师所从事的是一项高付出的行业，并验证了特岗教师付出—回报失衡与工作满意度呈显著负相关。因此，本研究提出以下假设：

假设2：付出—回报失衡显著负向影响乡村教师工作满意度。

（三）工作满意度与乡村教师敬业度

工作满意度是指个体对其工作及各方面的看法，工作满意度带来的影响主要是积极正面的，主要可分成个体和组织两个层面：个体层面包含工作态度、投入、敬业等；组织层面多强调工作绩效本身[1]。洛克（Locke，1976）认为工作满意度是指个体从个人的工作评估或者工作经验中获得的愉悦感和积极性的情感。Weiss 和 Gropanzano（1996）认为工作满意度是一个人对他的工作和工作情景做出的意义积极的价值评价。教师工作满意度是指教师对其工作及其所从事的职业以及工作条件与状态的一种总体的、带有情绪色彩的感受与看法。Harter 等（2002）研究认为工作满意度对员工的态度和行为有着重要的预测作用，而敬业度则是驱动这种结果的行为变量，满意度与敬业度呈现正相关。有研究发现对直接上级、同事、工作挑战性、发展机会和授权型等方面的工作满意度对敬业度有显著预测作用。黄威等（2016）研究表明员工满意度对敬业度具有一定的预测作用，工作本身满意度、同事满意度、报酬满意度对工作敬业度影响较大，工作本身满意度、同事满意度对组织敬业度影响较大。卢冬君（2015）认为在教师的工作环境中，教师教学协同合作对教师的士气和工作满意度有重要的作用，而这些工作态度又和教师的敬业度显著相关。因此，本研究提出以下假设：

假设3：工作满意度显著正向影响乡村教师敬业度。

（四）工作满意度中介作用

梳理以往关于工作满意度与教师敬业度的文献发现，教师工作满意度不仅是预测教师敬业行为的重要指标，它还是教师在工作中付出劳动，并获得相应的薪酬、福利、工作保障、尊重认可等解释变量与教师敬业度之间的中介变量，传递着薪酬、福利和工作保障等解释变量对教师敬业度的影响效应。具体来说，一方面，付出—回报失衡可以影响乡村教师对工作的情感反应、情绪体验和态度，进而影响工作的敬业度。如工作中高付出—低回报不利于教师职业压力的缓解，还易造成教师压抑、焦虑、情感枯竭等消极情感，那么这会影响到教师的态度和行为，进而表现出敬业度不高。当教师付出—回报感到公平时，乡村教师会更愿意投入工作，因为他们获得了一种工作满足

---

[1] 李恺，万芳坤. 乡村振兴背景下乡村教师工作满意度研究——基于心理契约的视角［J］. 华中农业大学学报（社会科学版），2019（4）：123-135.

感。另一方面，现有的研究指出工作满意度提升后，教师可以有更充沛的精力专注到工作中，而工作满意度是教师敬业的重要内在因素，决定了教师对工作的敬业与否，以及对工作的敬业程度。已有研究表明，工作满意度是幼儿教师组织公平感与工作投入的中介变量。因此，本研究提出以下假设：

假设4：工作满意度在付出—回报失衡与敬业度关系之间起中介作用。

三、研究方法

（一）研究对象

通过在线问卷对S省117个县的乡村教师进行调查，由各地市教育局进行问卷链接发放，历时一个月（2022年2月—2022年3月），共收集问卷1305份，剔除无效问卷89份，得到有效问卷1216份，有效率93.2%。1216名乡村教师的基本信息包括性别、学历、教龄和家校分布情况，见表5-1。

表5-1 被试人口学资料统计表（$N=1216$）

变量	类别	人数（百分比）	变量	类别	人数（百分比）
性别	男	182（15.0%）	学历	大专	88（7.2%）
	女	1034（85.0%）		本科	1090（89.6%）
教龄	3年以下	85（7.0%）		研究生	38（3.1%）
	3~5年	163（13.4%）	家校分布情况	同一县/市	542（44.6%）
	6~10年	128（10.5%）		同一省不同县/市	668（54.9%）
	10年以上	840（69.1%）		不同省	6（0.5%）

（二）研究工具

1. 付出—回报失衡量表

《付出—回报失衡问卷》使用李健等翻译的Siegrist教授研制的（Effort-Reward Imbalance，ERI）中文短板问卷（23个项目）。ERI包括三个分量表：付出、回报和内在投入。采用5级计分，从"1=完全不同意"到"5=完全同意"。ERI模型表明，付出高回报低会导致工作压力，较高的ERI比率表示身体或精神的高风险状况。

2. 工作满意度量表

《工作满意度量表》采用李恺和万芳坤（2019）编制的乡村教师工作满意度量表，此量表主要参考了明尼苏达的工作满意度问卷和陈云英等的教师工作满意度问卷。共26个项目，分为工作压力、物质回报、工作环境、精神回报四个维度，采用5级计分，从"1=非常不满意"到"5=非常满意"。总量表的内部一致性系数为0.825，四个维度的内部一致性系数分别为0.839、0.883、0.915、0.903，表明该量表具有良好的信度。验证性因子分析表明，该量表会聚效度（AVE）=0.569，大于0.5，各维度的因子载荷在0.461到0.882，表明该量表具有良好的效度。得分越高，表明教师工作满意度越高。

3. 敬业度量表

《敬业度量表》采用Schaufeli等（2006）编制的UWES-9量表，该量表共9题，分为三个维度：活力、奉献与专注，如"工作时，我感到自己强大并且充满活力"。采用7级评分，从"0=从来没有"到"6=总是"，得分越高，表明敬业度越高。总量表的组合信度为0.939，三个维度的cronbach α分别为0.832，0.859和0.842，表明该量表具有良好的信度。验证性因子分析表明，敬业度量表会聚效度（AVE）=0.805，大于0.5，各维度的因子载荷在0.868到0.938，显示该敬业度量表具有良好的效度。

（三）数据分析方法

数据采用SPSS 24.0进行描述统计、t检验和方差分析，运用AMOS 26.0进行结构方程模型分析、中介效应检验。

四、研究结果

（一）t检验和方差分析

（1）家校在同一县/市的乡村教师和家校在不同县/市的乡村教师的敬业度没有显著区别，$t=0.625$，$p=0.532$。

（2）家校在同一县/市的乡村教师工作满意度（$M=86.017$）要显著高于家校在不同县/市的乡村教师的工作满意度（$M=83.707$），$t=3.040$，$p=0.002$。

（3）不同教龄的乡村教师敬业度没有显著区别，$F=1.678$，$p=0.170$。

(4) 不同教龄的乡村教师工作满意度有显著区别，$F=4.785$，$p=0.003$。三年以上教龄的乡村教师工作满意度最低（$M=83.783$，$SD=12.814$）。三年以上教龄的乡村教师工作满意度显著低于 1~2 年教龄的乡村教师工作满意度，$t=-3.253$，$p=0.004$ 和 2~3 年教龄的乡村教师工作满意度，$t=-3.099$，$p=0.013$。

（二）中介效应分析

本研究的中介效应结构模型如图 5-1 所示。

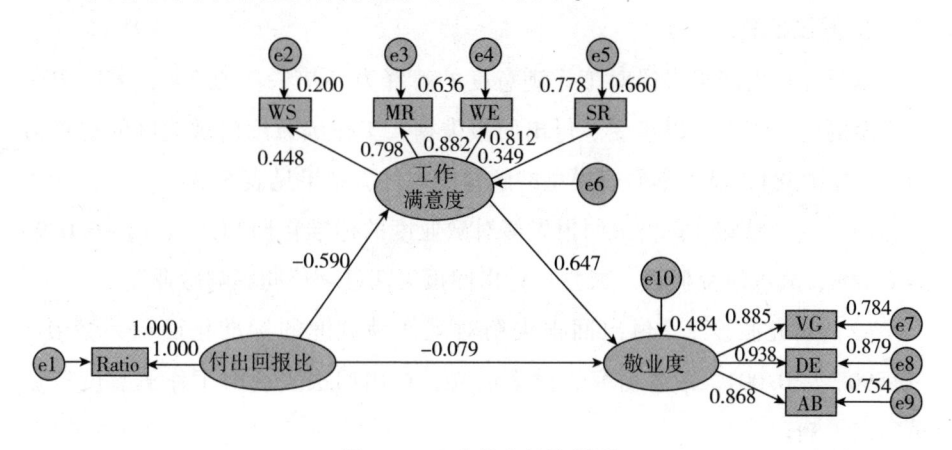

图 5-1 中介效应结构模型

1. 模型拟合度

本研究利用结构方程模型分析所有的路径假设，结果如下，卡方值（χ^2）= 25.284，卡方值/自由度（χ^2/df）= 1.487，拟合优度指标（GFI）= 0.941，近似误差均方根（RMSEA）= 0.017，标准化残差均方根（SRMR）= 0.055，塔克-刘易斯指标（TLI）= 0.926，比较拟合指标（CFI）= 0.955，结果显示模型具有较好的拟合度（见表 5-2）。

表 5-2 付出回报失衡、工作满意度和敬业度模型拟合度指标（Fit Index）

拟合度指标	理想要求标准	研究模型拟合度
卡方值 MLχ^2	越小越好	25.284
自由度 df	越大越好	18
卡方值/自由度 Normed Chi-sqr（χ^2/df）	$1<\chi^2/df<3$	1.487

续表

拟合度指标	理想要求标准	研究模型拟合度
拟合优度指标 GFI	>0.9	0.941
近似误差均方根 RMSEA	<0.08	0.017
标准化残差均方根 SRMR	<0.08	0.055
塔克-刘易斯指标 TLI（NNFI）	>0.9	0.926
比较拟合指标 CFI	>0.9	0.955

2. 假设检验

本研究付出回报失衡对工作满意度的解释力（R^2）为 0.349，表明本研究模型的解释能力可以接受。付出回报失衡、工作满意度对敬业度的解释力（R^2）为 0.484，显示本研究模型的解释能力佳，结果见表 5-3。

（1）研究假设 1：付出回报失衡对敬业度的标准化回归系数 $\beta=-0.079$，$p=0.008$，故本研究假设 1 成立：付出回报失衡显著负向影响敬业度。

（2）研究假设 2：付出回报失衡对工作满意度的标准化回归系数 $\beta=-0.590$，$p<0.001$，故本研究假设 2 成立：付出回报失衡对工作满意度有显著负向影响。

（3）研究假设 3：工作满意度对敬业度的标准化回归系数 $\beta=0.647$，$p<0.001$，故本研究假设 3 成立：工作满意度对敬业度有显著正向影响。

表 5-3　付出回报失衡、工作满意度和敬业度回归分析

DV	IV	Unstd.	β	S. E.	z-value	p	R^2
工作满意度	付出回报失衡	-0.349	-0.590	0.026	-13.570	***	0.349
敬业度	付出回报失衡	-0.160	-0.079	0.060	-2.643	0.008	0.484
—	工作满意度	2.221	0.647	0.174	12.748	***	—

注　*** $p<0.001$。

3. 中介作用

本研究采用 Bias-Corrected Bootstrap 和 Percentile Bootstrap 程序对中介效应进行检验。本研究中间接效应 95% 的置信区间不包含 0，Bias-corrected ［-0.433，-0.334］，Percentile ［-0.431，-0.333］，表明中介效应成立。直

接效应95%的置信区间也不包含0，Bias-corrected [-0.140, -0.014]，Percentile [-0.142, -0.018]，说明工作满意度在付出回报失衡与敬业度之间起到部分中介作用，见表5-4。因此，假设4成立，付出回报失衡通过影响乡村教师的工作满意度从而对其敬业度产生影响。

表 5-4　中介效应分析

效应	系数乘积			自助 5000 次 95% 置信区间					
				偏差校正			百分位数		
	效应值	SE	Z	下限	上限	p	下限	上限	p
间接	-0.382	0.025	-15.280	-0.433	-0.334	0.002	-0.431	-0.333	0.002
直接	-0.079	0.032	-2.469	-0.140	-0.014	0.020	-0.142	-0.018	0.017

五、讨论和建议

本研究通过问卷调查数据对付出—回报失衡、乡村教师敬业度和工作满意度三者之间的关系进行了结构方程模型检验，得出以下主要结论：

（一）讨论

1. 付出—回报失衡显著负向影响乡村教师敬业度

本研究结果显示，付出—回报失衡可以负向预测乡村教师敬业度，这一结论验证 Kahn（1990）等提出的在工作中的付出与回报不能平衡时可能会削弱个人敬业度，相反，在工作中付出与回报达到平等互利时可以增强个人敬业度。根据资料保存理论，当个体投入大量的固有资源，比如时间、精力等，却得不到应有的资源回报时，此时为了达到心理平衡，就有可能表现出不敬业的行为。乡村教师在工作中感知到自己的贡献获得了相应的回报和认可时，即付出—回报处于均衡状态时，其敬业水平更高，反之，乡村教师在工作中付出—回报处于失衡状态时，其敬业度降低。上述分析也表明，付出—回报失衡是导致乡村教师不敬业的原因之一，这也是对乡村教师敬业度影响因素研究的有益补充。

2. 工作满意度显著正向影响乡村教师敬业度

工作满意度的工作压力、物质回报、工作环境和精神回报四个维度与乡村教师敬业度之间存在显著相关性，能够预测敬业度。乡村教师在艰苦的工作环境中努力工作所得到报酬小于期望时，他们会认为学校没有能对其付出给予合理的回报，那在以后的工作中，他们会减少工作投入，敬业度降低；当乡村教师所得到的物质回报等于或高于期望时，他们会感受到学校的认可和支持，进而积极投入工作，敬业度得以提高。工作压力满意度会正向影响敬业度，乡村教师对所从事的工作没有太大的压力感，感觉自身的能力能够胜任教育教学工作，能够在工作中获得成就感和保持愉悦的心理状态，工作本身满意度就高，能够激发他们的工作兴趣，提高工作效率，减少懈怠现象，从而努力在教育教学工作中全力付出和奉献，敬业度就高。

3. 乡村教师付出—回报失衡通过工作满意度间接影响其敬业度

工作满意度在付出—回报失衡对乡村教师敬业度的影响中起部分中介作用。数据分析显示，直接效应和间接效应分别为-0.079和-0.382。说明付出—回报失衡并非是简单的直接作用于乡村教师的敬业度，而是通过两条途径实现的。一条是付出—回报失衡对乡村教师的直接路径；另一条途径是付出—回报失衡通过提高乡村教师工作满意度从而提升其敬业度的间接路径。这为付出—回报失衡影响乡村教师敬业度提供了新机制。首先，付出—回报失衡能够显著负向预测工作满意度，即付出—回报失衡程度越高的乡村教师工作满意度越低。当面临付出—回报失衡的情况时，乡村教师的工作满意度就会发生变化，付出程度越高，工作满意度越低，回报程度越高，工作满意度越高。其中影响力最大的是回报，也就是说，乡村教师对工作满意与否大部分取决于工作中得到的回报。这与以往大多数的研究结果一致，比如申奥雷（2019）研究得出基层公务员长期的付出—回报失衡会影响其工作满意度，严重的还可能会产生离职。其次，乡村教师付出—回报失衡比越大，工作满意度越低，敬业度也越低；反之，付出—回报比越小，工作满意度越高，敬业度也越高。

（二）建议

1. 缓解付出—回报失衡以提升乡村教师敬业度

关注乡村教师的付出—回报平衡感受，对有失衡感的教师给予关心和帮助，以缓解失衡感带来的工作不敬业。首先，提高乡村教师福利待遇以增加回报补偿机制，当前乡村教师绩效工资在分布过程中更多与职称、教龄等因素有关，和工作中付出时间长、任务重关系较弱，并不能体现多劳多得。为此，要制定合理的薪酬分配制度，兼顾学历、工作时间、工作负荷，同时还要区分乡村艰苦环境的具体情况，形成合理的补助体系，让辛苦付出的乡村教师能够获得合理的回报。其次，适当减轻乡村教师工作负担。有研究表明乡村教师工作负荷较重，尤其是寄宿制乡村学校，教师不仅要上课还要照顾学生的饮食起居。

可以根据乡村学校的规模科学合理增加编制，以缓解乡村教师繁重的工作负担，提高乡村教师的工作满意度，这有利于调动乡村教师的工作积极性和投入更多的精力，更加敬业。另外，建立可信赖的校园文化提升乡村教师的敬业度。有研究表明提高员工敬业度的关键在于建立信赖文化。与低信赖乡村学校文化中的教师相比，身在高信赖乡村学校文化的教师工作效率高，工作时精力充沛，与同事配合较好，愿意为乡村学校付出更多努力。

2. 发挥工作满意度在乡村教师敬业度中的桥梁作用

学校应重视教师的满意度，使乡村教师由满意逐渐变为敬业，自愿地努力工作。提高乡村教师的满意度进而增进敬业度，首先准确了解乡村教师的需求，有的放矢进行教师激励。在给予乡村教师加薪、奖励特殊待遇之外，更应该关注乡村教师的内在动机。维克多·弗兰可尔曾说过"追寻生命的意义是人类内在的原始动机"。真正的敬业是让乡村教师了解工作的意义，包括如何做好教育工作，乡村教师工作对整个社会有何重大意义等，把自己与工作的深层意义建立联系，他们就会更加敬业，也就是找到工作的意义是敬业的前提。带着意义工作是提高爱岗敬业、健康幸福和创新的主要驱动力。其次，提高乡村教师的工作满意度是一个系统工程，乡村教师的需求得到有效的满足，满意度才能得到一个层次的提升，乡村教师的满意度是一个不断改进的过程。比如给予乡村教师充分的自主权。设立学校管理的流程，允许教师用自己的方式去完成目标，进行教育教学，宽松的管理环境，可以让教师把精力放在自己最关心的方面，可以激发乡村教师的创新能力。

第二节　付出—回报失衡对特岗教师留任意愿的影响

特岗教师的付出—回报失衡是影响其留任意愿的重要因素，探究其对留任意愿的影响具有重要意义。研究发现，特岗教师付出—回报失衡显著负向影响其留任意愿；付出—回报失衡显著负向影响其工作满意度；特岗教师工作满意度显著正向影响其留任意愿；特岗教师工作满意度在付出—回报失衡和留任意愿之间起部分中介作用。

一、问题提出

自2006年"特岗教师计划"实施以来，特岗计划已累计招聘超过95万名特岗教师。作为新一代农村教师，特岗教师已成为发展农村教育、实现农村振兴的重要力量，为中西部农村学校和教学点注入了新鲜血液，从整体上提高了农村教育教学水平，有力推动了农村教育质量的提升。特岗教师工作的中西部农村地区，自然条件相对较差、经济落后、生活不便，导致特岗教师的教育活动具有工作强度大、负担重，回报低的特点；这种高付出、低回报的特性使特岗教师队伍的不稳定极其突出。而科学合理的特岗教师付出—回报机制可以实现农村学校和特岗教师利益的协调统一，减缓特岗教师的流失并吸引更多的优秀大学毕业生加入特岗教师队伍行列。因此，探讨特岗教师的合理付出—回报机制，可以提升特岗教师的留任意愿，稳定特岗教师队伍。

特岗教师的留任意愿是指对其身份感到满意，并想要维持这种特岗教师身份，通过深思熟虑后决定继续留在组织中的行为[1]。已有的研究证明留任意愿是离职行为的有力预测变量，可以正向预测留任率，是预测特岗教师流动流失的一个重要指标。如何能使特岗教师期满后继续留任、继续服务农村教育，是当前学界研究和关注的焦点问题。有研究表明工作满意度是乡村教师队伍稳定性的"晴雨表"，李志辉等的研究认为农村教师工作满意度是影

---

[1] Tett R. P., Meyer J. P. Job satisfaction, organizational commitment, turnover intention, and turnover: Path analyses based on meta-analytic findings [J]. Personnel Psychology, 1993 (46): 259-293.

响其离职意向的重要因素，提高教师工作满意度是维系教师队伍稳定性的必要条件。本研究除了探讨付出—回报失衡对留任意愿的影响外，还将检验付出—回报失衡是否通过影响工作满意度从而影响留任意愿，进而探究影响特岗教师留任的内在影响机制。

二、文献回顾与研究假设

（一）特岗教师付出—回报失衡与特岗教师留任意愿

付出—回报失衡模型最初是由德国生物医学家赛格里斯特（Siegrist）于1996年提出，认为个体在工作中的付出—回报是一个社会交换过程，当两者失去平衡时，就会导致一系列工作压力的反映的产生。❶ 莫利亚（Maria）等（2010）以意大利673名教师为样本进行的调查结果显示：教师职业的付出—回报体现出明显的不平衡感。刘东芝（2018）对584名中小学教师调查的结果显示：我国教师职业总体呈现高付出—低回报倾向。已有的研究表明，付出—回报失衡容易使人们产生工作压力和离职意向。我国学术界对特岗教师留任问题的研究源自2006年"特岗教师计划"颁布以后。唐一鹏和王恒（2019）通过构建二元逻辑回归模型研究得出：乡村教师教学和额外工作负担重、压力大，专业发展得不到保障，乡村学校物质条件匮乏，基础设施不健全等，这种付出与回报的不平衡，阻碍了特岗教师的留任。因此本文提出以下假设：

假设1：特岗教师付出—回报失衡与留任意愿呈显著负相关。

（二）特岗教师付出—回报失衡与特岗教师工作满意度

20世纪90年代，付出—回报失衡模型开始应用于研究心理和健康问题，并逐渐转向组织行为学方向，其中职业倦怠、工作满意度等被用作衡量工作压力的核心指标。Jonge, Bosma, Peter & Siegrist（2000）在荷兰的研究发现，高付出、低回报以及付出—回报失衡均会导致工作满意度下降。Li, Yang,

---

❶ Siegrist J. Adverse health effects of high-effort/low-reward conditions [J]. Journal of occupational health psychology, 1996, 1 (1): 27.

Cheng, Siegrist & Cho（2005）对中国医生的研究表明，付出—回报失衡与工作不满意呈正相关关系。穆洪华等（2016）研究得出我国中学教师付出—回报失衡维度的满意度最低。申奥蕾（2019）研究表明付出—回报失衡与基层公务员工作满意度呈负相关关系。张建江等（2016）对机械装备密闭空间作业人员研究认为，付出—回报失衡影响工作满意度，付出对外部满意度和总体满意度具有负向预测作用，回报对内部满意度、外部满意度和总体满意度具有正向预测作用，因此本文提出以下假设：

假设 2：特岗教师付出—回报失衡与特岗教师工作满意度呈显著负相关。

（三）教师工作满意度在付出—回报失衡与特岗教师留任意愿之间的中介作用

梳理以往有关工作满意度和教师留任的文献发现，教师的工作满意度一方面是预测教师离职意向的指标，邢俊利（2019）研究表明寄宿制学校教师的工作满意度与离职意向呈显著负相关，教师工作满意度对离职意向有较强的负向预测作用。傅福英、周晓倩（2019）调查了江西省农村小学英语教师职业认同、工作满意度与离职意向的总体水平，认为教师工作满意度与离职意向之间呈显著的负相关；另一方面是教师职业认同等解释变量与教师留任之间的中介变量，李维、许佳宾（2018）通过对 2637 名县域义务教育教师的调查数据分析后发现工作满意度在教师主观地位认同与其转岗意向之间起部分中介作用。皮丹丹等（2018）通过对 326 名新生代中学教师进行问卷调查得出新生代中学教师的工作价值观能直接影响离职倾向，也能通过工作满意度间接影响离职倾向，因此本文提出以下假设：

假设 3：特岗教师工作满意度与留任意愿呈显著正相关。

假设 4：特岗教师工作满意度在特岗教师付出—回报和特岗教师留任之间起中介作用。

三、研究方法

（一）研究对象

本文研究对象为 2009—2019 年到山西省乡村任教的特岗教师。本次调研采用分层抽样的方式，根据经济发展程度、空间地理分布以及地区划分等实际情况，从山西省四个地区各抽取两个县，每个县抽取四所学校，通过问卷星在线网络调查进行问卷收集。本次调查工作历时四个星期，共得到有效问卷 1382 份。1382 个研究对象的基本信息，包括性别，学历，教龄，任职学校，任职学校所在地，家校分布情况详见表5-5。

表 5-5　研究对象基本情况分布表

基本信息	类别	人数（百分比）	基本信息	类别	人数（百分比）
性别	男	195（14.1%）	任职学校	小学	899（65.1%）
	女	1187（85.9%）		初中	356（25.8%）
学历	大专	98（7.1%）		九年一贯制学校	127（9.2%）
	本科	1242（89.9%）	任职学校所在地	县城	541（39.1%）
	研究生	42（3.0%）		乡镇	479（34.7%）
教龄	1年以下	88（6.4%）		农村	362（26.2%）
	1~2年	183（13.2%）	家、校分布情况	同一县/市	606（43.8%）
	2~3年	145（10.5%）		同一省不同县/市	767（55.5%）
	3年以上	966（69.9%）		不同省	9（0.7%）

（二）研究工具

1. 付出—回报失衡量表

《付出—回报失衡问卷》（*Effort-Reward Imbalance*，ERI）由德国的 Siegrist 教授研制，本研究使用的简体中文短版《付出—回报失衡问卷》（C-S-ERI）。该问卷共16题，1至3题为付出（Effort），4至10题为回报（Reward），11至16题为内在投入（Overcommitment），采用5级评分，从"1 = 完全不同意"到"5 = 完全同意"，付出/回报比（Effort/Reward Ratio）= 付出得分/（回报得分 * 0.4286），得分越高，表明压力越大。

2. 工作满意度量表

《工作满意度量表》采用李恺和万芳坤（2019）编制的乡村教师工作满意度量表，此量表主要参考了明尼苏达的工作满意度问卷（MSQ）和陈云英等的教师工作满意度问卷。该量表共26题，分为工作压力、物质回报、工作环境、精神回报四个维度,采用 5 级评分,从"1=非常不满意"到"5=非常满意"。总量表的内部一致性系数为 0.939,四个维度的内部一致性系数分别为 0.843、0.882、0.909、0.901,表明该量表具有良好的信度。验证性因子分析表明,工作满意度量表会聚效度(AVE)= 0.558,大于 0.5,各维度的因子载荷在 0.431 到 0.890,显示工作满意度量表具有良好的效度(表 5-6)。教师工作满意度得分越高,表明教师工作满意度越高。

表 5-6 工作满意度量表和留任意愿量表验证式因子分析

维度	次维度	Unstd.	β	S.E.	C.R.	p	Std.	CR	AVE
工作满意度	工作压力	1.000	0.431	—	—	—	0.431	0.827	0.558
	物质回报	2.307	0.777	0.148	15.626	***	0.777	—	—
	工作环境	2.546	0.890	0.157	16.198	***	0.890	—	—
	精神回报	2.459	0.805	0.156	15.794	***	0.805	—	—
留任意愿	工作倦怠	1.000	0.791	—	—	—	0.791	0.757	0.512
	组织忠诚	0.834	0.745	0.030	27.815	***	0.745	—	—
	离职倾向	0.794	0.596	0.037	21.709	***	0.596	—	—

注 *** $p<0.001$。

3. 留任意愿量表

《留任意愿量表》采用 Mak and Sockel(2001)的员工留任量表,该量表从工作倦怠、组织忠诚和离职倾向三个维度对员工留任进行界定,共 18 题,采用 5 级计分,从"1=非常不同意"到"5=非常同意",工作倦怠 1 至 10 题和离职倾向 15 至 18 题采用反向计分。总量表的内部一致性系数为 0.947,三个维度的内部一致性系数分别为 0.961、0.836、0.867,会聚效度(AVE)为 0.512,各维度的因子载荷在 0.596 至 0.791,表明该量表具有良好的信、效度(表 5-6)。量表得分越高,表明留任意愿越强。

(三)数据分析方法

数据采用 SPSS 24.0、AMOS 21.0 进行信效度检验、描述性统计、相关分析、t 检验、方差分析和中介效应的检验。

结构方程模型分析采用最大似然法进行,数据必须符合多元正态的假设及大样本。由于本研究模型有多个次构面，因此 SEM 分析时在不损及信、效的情形下，采用构面题目取均值代表该构面的方式，精简研究架构。因此，应用 Hair et al. (1998) 的建议，构面符合信度水平后，可以将构面取均值代表该构面进行模型简化后续的分析。经模型精简后再以 SEM 进行模型估计，此法可降低模型卡方差异值，简化分析模型，最重要的是估计值几乎不会产生偏误。因此，本研究次构面信度均达到一致性的水平，进行项目打包后，进行结构模型分析。

四、研究结果

（一）方差分析

单因素方差分析表明：

（1）工作学校和自己家乡为同一县/市的教师留任意愿要显著高于不同县/市的教师（$t=1.884$, $p=0.004$）。

（2）工作学校地理位置（县城周边、乡镇、农村）对特岗教师留任意愿没有显著影响（$F=1.600$, $p=0.202$）。

（3）小学、初中、九年一贯制学校特岗教师留任意愿有显著差别（$F=14.055$, $p<0.001$）。小学特岗教师留任意愿要显著高于初中特岗教师（$t=3.946$, $p<0.001$）；九年一贯制学校特岗教师留任意愿显著高于初中特岗教师（$t=3.748$, $p=0.003$）；小学特岗教师留任意愿和九年一贯制特岗教师没有显著差别（$t=0.198$, $p=0.863$）。

（4）不同教龄的特岗教师留任意愿有显著差别（$F=5.000$, $p=0.002$）。3 年以上教龄特岗教师留任意愿最低（$M=60.353$, $SD=12.167$）。1 年以下教龄和 1~2 年教龄的特岗教师留任意愿显著高于三年以上教龄特岗教师（$t=4.306$, $p=0.001$；$t=2.423$, $p=0.013$）；1 年以下教龄和 1~2 年教龄特岗教师留任意愿没有显著差别（$t=1.883$, $p=0.231$）；2~3 年教龄和 3 年以上教龄特岗教师留任意愿没有显著差别（$t=1.226$, $p=0.256$）。

（二）相关分析

通过相关分析，得出付出回报比、工作满意度、留任意愿各维度的相关系数，相关分析结果如表 5-7 所示。从结果中可以看出，付出回报比（RATIO）、工作压力（WS）、物质回报（MR）、工作环境（WE）、精神回报（SR）、工作倦怠（BO）、组织忠诚（LO）、离职倾向（TU）之间的相关值皆达显著水平。

表 5-7 付出回报比、工作满意度、留任意愿各维度相关分析

维度	均值	标准差	样本数	RATIO	WS	MR	WE	SR	BO	LO	TU
RATIO	0.996	0.418	1382	1.000	—	—	—	—	—	—	—
WS	2.846	0.527	1382	-0.374**	1.000	—	—	—	—	—	—
MR	3.021	0.674	1382	-0.564**	0.523**	1.000	—	—	—	—	—
WE	3.595	0.649	1382	-0.436**	0.323**	0.691**	1.000	—	—	—	—
SR	3.682	0.693	1382	-0.333**	0.277**	0.549**	0.755**	1.000	—	—	—
BO	3.480	0.798	1382	-0.607**	0.264**	0.498**	0.516**	0.479**	1.000	—	—
LO	4.339	0.706	1382	-0.437**	0.338**	0.588**	0.639**	0.566**	0.527**	1.000	—
TU	3.226	0.840	1382	-0.409**	0.197**	0.361**	0.345**	0.274**	0.602**	0.422**	1.000

注 ** $p<0.01$。

（三）中介效应分析

本研究的中介效应结构模型图如图 5-2 所示。

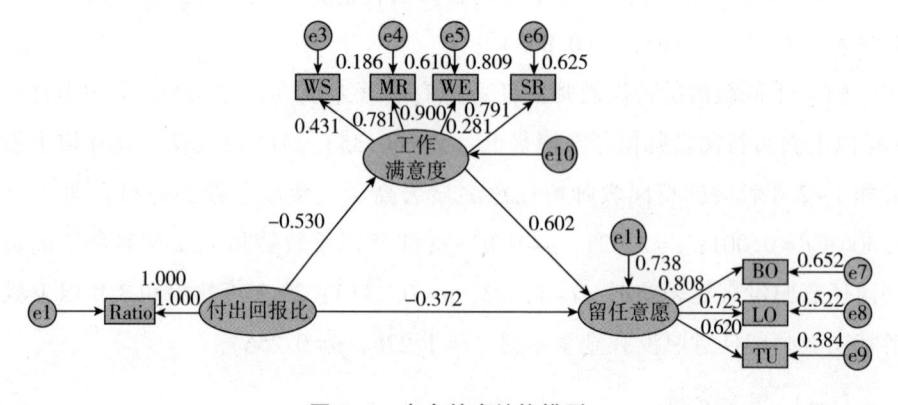

图 5-2 中介效应结构模型

1. 模型拟合度

利用结构模型分析所有研究的路径假设，SEM 分析的结果如下表，卡方值（χ^2）= 27.020，卡方值/自由度（χ^2/df）= 1.501，拟合优度指标（GFI）= 0.966，调整后的拟合优度指标（AGFI）= 0.947，近似误差均方根（RMSEA）= 0.019，标准化残差均方根（SRMR）= 0.076，塔克-刘易斯指标（TLI）= 0.982，比较拟合指标（CFI）= 0.988，显示模型具有较好的拟合度，见表5-8。

表 5-8　付出回报比对留任意愿拟合度指标（Fit Index）

拟合度指标	理想要求标准	研究模型拟合度
卡方值 MLχ^2	越小越好	27.020
自由度 df	越大越好	18
卡方值/自由度 Normed Chi-sqr（χ^2/df）	$1<\chi^2/df<3$	1.501
拟合优度指标 GFI	>0.9	0.966
调整后的拟合优度指标 AGFI	>0.9	0.947
近似误差均方根 RMSEA	<0.08	0.019
标准化残差均方根 SRMR	<0.08	0.076
塔克-刘易斯指标 TLI（NNFI）	>0.9	0.982
比较拟合指标 CFI	>0.9	0.988

2. 假设检验

本研究付出回报比对工作满意度解释力（R^2）为 0.281，显示本研究模型解释能力可以接受。付出回报比、工作满意度对留任意愿解释力（R^2）为 0.738，显示本研究模型解释能力佳，见表5-9。

(1) 研究假设 1：付出回报比对于工作满意度之标准化回归系数 $\beta=-0.530$，$p<0.001$，达显著水平，故本研究假设 1 付出回报比对于工作满意度有显著负向影响，假设成立。

(2) 研究假设 2：付出回报比对于留任意愿之标准化回归系数为 $\beta=-0.372$，$p<0.001$，达显著水平，故研究假设 2 付出回报比对于留任意愿有显著负向影响，假设成立。

(3) 研究假设 3：工作满意度对于留任意愿之标准化回归系数为 $\beta = 0.602$，$p<0.001$，达显著水平，故研究假设 3 工作满意度对于留任意愿有显著正向影响，假设成立。

表 5-9　付出回报比、工作满意度、留任意愿回归分析

DV	IV	Unstd.	β	S.E.	z-value	p	Std.	R^2
工作满意度	付出回报比	-0.288	-0.530	0.022	-13.303	***	-0.530	0.281
留任意愿	付出回报比	-0.574	-0.372	0.040	-14.435	***	-0.372	0.738
—	工作满意度	1.707	0.602	0.128	13.303	***	0.602	—

注　*** $p<0.001$。

3. 中介作用

本研究采用 Bias-Corrected Bootstrap 和 Percentile Bootstrap 程序对中介效应进行检验。本研究中间接效应 95% 的置信区间不包含 0，Bias-corrected [-0.383, -0.237]，Percentile [-0.393, -0.248]，表明中介效应成立。直接效应 95% 的置信区间也不包含 0，Bias-corrected [-0.463, -0.287]，Percentile [-0.457, -0.282]，说明工作满意度在付出回报失衡与留任意愿之间起到部分中介作用，见表 5-10。因此，假设 4 成立，付出回报失衡不仅直接显著影响特岗教师留任意愿，而且通过工作满意度对特岗教师留任意愿产生间接效应。

表 5-10　中介效应分析

效应	系数乘积			自助 5000 次 95% 置信区间			
				偏差校正		百分位数	
	点估计	SE	Z	下限	上限	下限	上限
间接	-0.492	0.037	-11.967	-0.383	-0.237	-0.393	-0.248
直接	-0.574	0.047	—	-0.463	-0.287	-0.457	-0.282

注　Ratio：付出回报比，JB：工作满意度，RT：留任意愿。

五、讨论和建议

（一）讨论

本研究以山西省117个县的1382名特岗教师为研究对象，通过结构方程模型方法验证特岗教师付出—回报比、工作满意度以及留任意愿三者关系的检验发现，特岗教师的付出—回报比显著地影响着特岗教师的工作满意度（假设1）；特岗教师的付出—回报比和工作满意度均显著地影响着特岗教师的留任意愿（假设2和假设3）；特岗教师的工作满意度在特岗教师付出—回报比与留任意愿的关系中表现出显著的中介作用（假设4），即特岗教师的付出—回报比通过特岗教师工作满意度间接地影响其留任意愿。具体结论如下：

1. 特岗教师付出—回报比与工作满意度显著地影响着教师留任意愿

特岗教师付出—回报比重点探讨特岗教师的付出、回报和对工作投入心力，付出即在工作中花费的时间和精力，回报指特岗教师职业前景、工作尊重、工作安全和收入等以及全身心投入的程度。研究发现，39.9%的特岗教师处于付出大于回报状态，主要是因为特岗教师所在的乡村学校生存环境艰苦、教学条件落后，学校规模小，每个特岗教师承担的教学科目多、任务重、工作量大、投入的时间也比较长，再加上现阶段各种评估检查，使特岗教师处于应接不暇的高付出境地；与此同时，特岗教师所任教的学校大多属于经济落后地区，且特岗教师和在编教师相比缺少学校的补助、津贴，收入相对更低，就社会地位而言处于底层，这些让他们感受不到作为教师的尊严和价值。再加上特岗教师外出培训学习的机会基本没有，繁重的教学工作使他们无暇顾及教学反思，专业发展机会的缺失、专业指导的缺位使特岗教师专业发展难以实现，这种高付出低回报的不平衡状态，是特岗教师在转正前不愿继续留任的一个重要原因。

特岗教师工作满意度是指特岗教师根据自己工作评价标准体系对工作压力、物质回报、工作环境和精神回报各个构面满意与否的一种态度和情感体验，其影响教师的工作积极性与工作投入，进而影响教育教学质量与稳定性，因此，提高教师工作满意度是维系教师队伍稳定性的必要条件。有研究表明，教师工作满意度和离职意向之间存在显著的负相关，且工作满意度可以有效预测个体离职意向。本研究发现，特岗教师的工作满意度对其留任意愿产生强烈影响，从一定程度上说明了特岗教师工作满意度越高，离职意向越低，留任意愿就越强，而本研究结果表明工作满意度可以作为留任意愿的有效前测变量，与以前的研究结果一致。

2. 特岗教师的付出—回报比通过工作满意度间接影响其留任意愿

工作满意度在特岗教师付出—回报比和留任意愿中起到中介作用，说明特岗教师付出—回报比对留任意愿的影响作用通过两条路径实现。一是付出—回报比对留任意愿影响的直接路径；二是付出—回报比通过作用于工作满意度进而影响特岗教师留任意愿的间接路径。这一结论揭示了特岗教师付出—回报比对留任意愿的作用机制，表明付出—回报比与留任意愿之间不是单纯的线性关系，二者之间存在中介变量的影响，特岗教师付出—回报失衡通过负向影响工作满意度从而影响特岗教师留任意愿。也就是特岗教师付出回报比越失衡，工作满意度越低，留任意愿越低，反之，付出回报比越小，工作满意度越高，留任意愿越高。

(二) 建议

针对以上结论，本研究建议从以下几个方面着手提升特岗教师的留任意愿。

1. 缓解付出—回报失衡，增强特岗教师留任意愿

特岗教师所从事的是一种复杂工作，需要全身心投入脑力、体力和情感，具有高付出—低回报倾向。在市场经济条件下，特岗教师是否愿意安心从事农村教育事业，并在自己工作岗位上能够付出多大的精力投入教育教学工作中，取决于从事教育事业和付出教育劳动所能得到的报酬，而"付出与报酬不对等"的特岗教师自我评价会降低其留任意愿。因此，各地政府和教育行政部门首先从特岗教师工作量和情感付出方面给予政策关照，根据农村学校的生师比和班师比科学合理核定教师编制，要考虑到农村小规模学校工作头绪多任务重的特点，增加农村学校教师的编制数，切实在工作总量上为特岗教师减负，缓解职业压力；制定有针对性的特岗教师保护法，能够有效保障特岗教师的合法权利。其次，还应在社会尊重、薪酬待遇、晋升前景和工作环境等方面给予特岗教师更多的回报。正如习近平总书记强调的"必须把教育事业放在优先位置，让教师成为最受社会尊重的职业"，特岗教师作为一支特殊的教师队伍，政府和教育行政部门要做好制度设计，优化特岗教师的待遇保障、关心特岗教师的健康、维护特岗教师的权益，促进特岗教师专业发展，增强特岗教师的职业认同感和幸福感，为特岗教师营造良好的教学工作环境等，切实降低特岗教师的职业压力，由此增强特岗教师的留任意愿。

2. 提升工作满意度增强特岗教师留任意愿

首先，精准化设计特岗教师留任的激励机制。在义务教育领域进一步推进并逐步形成"越往基层、越是艰苦，地位待遇越高"的激励机制，各地根据实际情况制定有差别的特岗教师补助政策。积极关注特岗教师的精神需求，农村学校要接通网络、丰富图书馆资料，为特岗教师交流学习提供方便，创造条件举办一些跨校的乡村教师文体或联欢活动，增进教师间的情感交流，建立特岗教师的荣誉制度，让特岗教师真正感受到职业的认同感和尊重感。其次，提高特岗教师薪酬待遇。当前薪酬待遇仍是影响特岗教师工作满意度的关键变量，尤其是分配不公平影响更大，Williams，McDaniel 指出：薪酬比较是影响薪酬满意度的决定因素，与他人的比较与薪酬水平满意度高度相关。在调查中显示，大多数特岗教师收入只有财政拨款的专项补贴，和同一学校的公办教师和代课教师相比较没有班主任津贴、加班费、交通补助等。福利待遇低、同工不同酬是影响特岗教师岗位稳定性的主要因素。因此，健全法规政策，切实提高特岗教师的薪酬待遇，确保特岗教师的收入水平不低于当地公务员平均收入水平且和同一学校的其他公办教师收入相当。再次，提供专业发展机会。为特岗教师提供必要的岗前培训、在职培训和职业生涯培训，教育部和当地的教育行政部门要为特岗教师提供专业发展的机会，要设立专项培训学习费用，确保特岗教师有专业发展的空间。最后，良好的工作环境是影响特岗教师工作满意度的重要因素，因此，农村教育政策制定者和学校管理者应积极营造公平公正的绩效考核氛围，使特岗教师在学校决策中有参与的机会以及诉求表达的通道，帮助特岗教师与同事之间建立良好的人际关系，更好地满足特岗教师专业发展的需求。

3. 发挥工作满意度在特岗教师留任意愿中的桥梁作用

工作满意度在特岗教师付出—回报失衡对留任意愿的影响中起到中介作用，教育行政部门和学校应清晰地意识到工作满意度的桥梁作用，并有针对性地进行干预，对当前存在的困境进行纾解。一方面对特岗教师管理做到"以人为本"，关注特岗教师的工作满意度的提升，采取倾斜的政策措施使特岗教师在工作中付出的劳动，能够得到相应的奖励、尊重和认可，获得归属感等，能够充分感受到自己的工作投入有满意的回报。另一方面学校要经常组织特岗教师开展富有意义的业余文化活动，丰富特岗教师的生活内容，增加教师之间的交流沟通，营造良好的工作生活环境，激发特岗教师积极从事教育教学工作，促进其工作满意度提升。另外，加强对特岗教师的职业培训，培养他们爱岗敬业的情怀，增强职业认同感等。通过以上几个方面对工作满意度的调节，提高特岗教师工作满意度，从而指导其降低付出—回报失衡水平，增强留任意愿。

第三节 组织支持感对交流轮岗教师敬业度的影响

组织支持感是指教师对学校组织支持的主观感知，可以分为物质性组织支持和情感性组织支持。其中，物质性组织支持除了福利待遇外，还包括保障教学工作顺利开展的教辅工具、教学设备、教学技能训练等资源支持，而情感性组织支持则表现为学校对教师的关心、理解、尊重和信任等。交流轮岗是指在不同学校之间进行的一种教师流动形式，旨在提高教师的专业素养和综合素质，促进教育公平和优质教育资源共享。研究表明，组织支持可以提高交流轮岗教师的心理安全感，从而提高其敬业度，增强其职业发展动力和创新能力。

第五章 乡村教师补充机制中工作环境对教师组织行为影响的实证研究

一、问题提出

义务教育均衡发展的关键是师资力量的均衡。2014年颁布的《关于进一步加强县域内义务教育学校校长教师交流轮岗工作的实施意见》中指出,通过教师交流轮岗缩小城乡师资差距,促进教师资源的均衡配置。2017年教育部印发《县域义务教育优质均衡发展督导评估办法》要求全县每年交流轮岗教师的比例不低于符合交流条件教师总数的10%。随着教师交流轮岗制度的全面实施,其教师交流效果和质量越来越受到教育学界的关注,然而这项政策的实施仍面临诸多现实困境,如交流轮岗教师归属感较低,敬业度不高等问题。已有研究表明,教师的敬业度直接影响到教师在教育教学中付出多少个人资源和能量以及在何种程度上做出这样的努力,从而影响工作绩效和教育质量。组织支持和领导给员工提供的关心、支持的力度和数量会通过影响员工的工作安全感知来影响敬业度。对交流轮岗教师而言,普遍存在的不稳定性会在一定程度上影响教师的敬业度,而教师敬业度的高低直接影响交流轮岗效果的优劣。本研究通过探索组织支持感对交流轮岗教师敬业度的影响以及心理安全感的中介作用,以期提高交流轮岗教师的工作投入。

二、文献回顾与研究假设

(一)组织支持感与敬业度

1986年,Eisenberger等最先提出组织支持理论。他们研究得出员工与组织之间在彼此的期待与需求中建立了双方互动关系。组织支持感(Perceived Organizational Support)是员工知觉到组织对其贡献的评价、对其幸福感的关注,形成的员工对组织支持综合的、整体的认知,是组织支持理论的核心。[1]员工对组织的期待与需求包含两个要点:贡献和幸福。McMillan(1997)对

---

[1] Eisenberger Robert, Huntington Robin, Hutchison Steven, et al. Perceived organizational support [J]. Journal of Applied Psychology, 1986, 71 (3): 500.

Eisenberger 的组织支持感概念进行了拓展，加入了工具性支持。[1] 这里需要明确的是，虽然组织支持感描述组织对员工的"给予"和"付出"，但却是通过员工的"感知"来发挥作用的。大量研究表明，组织支持感对员工敬业度有积极的影响，即员工的组织支持感越高，其敬业度就越高。组织对员工的工作支持力度越大，其对工作的积极性和工作效率则越高。当组织认同员工价值时，员工感受到组织对他们的尊重和理解，会把组织利益置于个人利益之上，进而表现出较高的敬业度。当组织关心员工利益时，员工会感激这种关心，渐渐产生对组织浓厚的感情，进而获得归属感，心甘情愿地努力工作。但也有研究表明，相对于工作支持和认同价值两个维度而言，利益关怀虽正向影响员工敬业度，但其影响效果并不显著。依据已有研究结论提出以下假设：

假设1：组织支持感对交流轮岗教师的敬业度具有显著的正向影响。

（二）组织支持感与心理安全感

心理安全感的个体层面是个人会对自己行为的人际风险进行评估进而决定采取潜在行动。心理安全感是员工即使在组织中自由地展现真实的自我，也不用担心会危及其个人地位、形象或职业发展的一种信念。心理安全感是塑造员工在工作场所中如何表现的心理条件之一，可以视为一种安全氛围，即员工认为他所处的工作环境不会带来风险。组织给予员工组织支持时，员工会感受到重视，会觉得组织就是他们强大的后盾，会产生一种踏实、安全的感觉。员工的心理安全主要来自于员工所感知到的来自组织和领导的关心和支持。当员工在支持性的工作环境时，他们感觉到安全从而更愿意表达自己的想法和意见。Xu Dingxin（2021）的研究表明，在新冠疫情形势下，组织支持感通过影响护士的心理安全感来提高其工作敬业度。O'donovan（2020）的文献回顾表明组织支持、包容性的领导行为和良好的人际关系可以促进心理安全。基于此，本研究提出以下假设：

假设2：组织支持感对交流轮岗教师的心理安全感具有显著正向影响。

---

[1] McMillan Rita Clay. Customer satisfaction and organizational support for service providers [M]. University of Florida，1997.

(三) 心理安全感与敬业度

1990年，Kahn最早对敬业度（engagement）开展了理论研究。他提出，敬业行为是个体在工作角色扮演中投入自我的行为，包括生理投入、认知投入和情感投入。❶ Maslach和Goldberg（1998）则从工作倦怠的对立面理解敬业度，分为活力、卷入、效能3个连续维度。❷ Schaufeli（2006）将敬业度定义为以活力、奉献、专注为特征的与工作相关的积极心理状态。❸ 心理安全感是员工在组织工作中对自身行为表现所可能承担人际风险的一种感知。个体对不确定性的体验会对认知、情感和行为产生影响。在工作情境中，员工不可避免地要应对不确定性。如果员工预估不确定性不会带来负面影响，其心理安全感高。研究表明，心理安全感可以提高员工工作投入度。当员工拥有足够的心理安全感，其对工作中的不确定性的体验是积极的，进而产生积极工作认知、情感和行为，提高其工作的敬业度。基于现有研究提供的间接证据，本研究提出以下假设：

假设3：交流轮岗教师的心理安全感对其敬业度具有显著正向影响。

(四) 心理安全感的中介作用

本研究将心理安全感作为中介变量，探讨组织支持感与交流轮岗教师敬业度的关系。具体来说，一方面，组织支持感可以深入影响员工的内在心理状态，进而影响工作投入状况。员工在组织中如果感受到组织重视其在组织中的贡献和对其工作的支持，如交流轮岗教师积极的发展培训机会、工作指导和工作认可等，那么这会影响到员工的内在心理状态，进而决定个体对行为的选择。当员工获得组织支持时，员工会更愿意投入工作，因为他们获得了一种心理安全感。另一方面，现有的研究指出心理安全感提升后，员工可

---

❶ McMillan Rita Clay. Customer satisfaction and organizational support for service providers [M]. University of Florida, 1997.
❷ Maslach Christina, Goldberg Julie. Prevention of burnout: New perspectives [J]. Applied and preventive psychology, 1998, 7 (1): 63-74.
❸ Schaufeli Wilmar B, Bakker Arnold B, Salanova Marisa. The measurement of work engagement with a short questionnaire a cross-national study [J]. Educational and psychological measurement, 2006, 66 (4): 701-716.

以有更充沛的精力专注到工作中,而心理安全感是员工敬业的重要内在因素,决定了员工对工作的敬业与否、以及对工作的敬业程度。已有研究表明,心理安全感在组织支持感与工作敬业度间的中介作用,但是现有研究大多是基于企业、医院等领域,在教育领域的研究较少,因此,本研究聚焦我国基础教育领域,为组织支持感如何影响交流轮岗教师的工作敬业度提供潜在的心理解释机制。

假设4:心理安全感在组织支持感与交流轮岗教师敬业度之间起中介作用。

三、研究方法

（一）调查对象

通过问卷星进行在线调查,调查时间为2021年11月到12月,共收回问卷2120份,剔除无效问卷857份,得到有效问卷1263份,有效率59.6%。样本分布在山西省117个县市区,1263名交流轮岗教师的基本信息包括性别、教龄、交流轮岗时间,交流轮岗学校所在地,交流轮岗学校性质（详见表5-11）。

表5-11 被试人口学资料统计表（$N=1263$）

变量	类别	人数（百分比）	变量	类别	人数（百分比）
性别	男	217（17.2%）	交流轮岗时间	1年以下	352（27.9%）
	女	1046（82.8%）		1~2年	365（28.9%）
教龄	1~3年	106（8.4%）		2~3年	154（12.2%）
	4~10年	225（17.8%）		3年以上	392（31.0%）
	11~15年	279（22.1%）	交流轮岗学校所在地	县城	676（53.5%）
	15年以上	653（51.7%）		乡镇	266（21.1%）
交流轮岗学校性质	小学	991（78.5%）		农村	321（25.4%）
	初中	272（21.5%）	—	—	

（二）研究工具

1. 组织支持感量表

《组织支持感量表》采用宝贡敏（2011）编制的中国员工感知组织支持量表。该量表共31题，分为6个维度：组织制度保障、组织制度支持、主管任务导向型支持、主管关系导向型支持、同事工作支持和同事生活支持，如"领导愿意倾听我工作中遇到的问题"。采用5级评分，从"1=从未出现"到"5=总是出现"，得分越高，表明组织支持感越强。总量表的组合信度0.948，六个维度的cronbach α 分别为0.835、0.926、0.942、0.974、0.942和0.961，表明该量表具有良好的信度。验证性因子分析表明，组织支持感量表会聚效度（AVE）=0.752，大于0.5，各维度的因子载荷在0.762到0.938，显示组织支持感量表具有良好的效度（详见表5-12）。

2. 心理安全感量表

《心理安全感量表》采用May等（2004）编制的量表，该量表已在国外教师群体中有了广泛的应用，在我国企业员工、学生等群体中应用较广，但在教师群体的应用仍较少，Higgins等（2012）和陈耘等（2022）都证实了该量表在教师群体的适用性。该量表有三道题目，这些题目是测量员工在工作中是否能自在地表达自己的观点，或者工作中是否存在威胁环境，如"我不敢在工作中表达自己的意见"。采用5级评分，从"1=非常不同意"到"5=非常同意"，第2、3题采取反向计分，得分越高，表明心理安全感越高。该量表的cronbach α 为0.788，表明该量表具有良好的信度。

3. 敬业度量表

《敬业度量表》采用Schaufeli等（2006）编制的UWES-9量表，该量表被认为是一种可靠和有效的评估工具，在9个国家样本中，所有项目的cronbach α 值从0.85到0.94（中位数：0.91），总 α 值为0.90，并被翻译成多种语言版本，广泛应用于各个行业领域，并证明了其在教师群体中的可靠性。该量表共9题，分为三个维度：活力、奉献与专注，如"我对工作富有热情"。采用7级评分，从"0=从来没有"到"6=总是"，得分越高，表明敬业度越高。总量表的组合信度为0.944，三个维度的cronbach α 分别为

0.897、0.901 和 0.895，表明该量表具有良好的信度。验证性因子分析表明，敬业度量表会聚效度（AVE）= 0.848，大于 0.5，各维度的因子载荷在 0.884 到 0.954，显示该敬业度量表具有良好的效度（详见表 5-12）。

表 5-12 组织支持感和敬业度量表验证性因子分析

维度	次维度	Unstd.	β	S.E.	C.R.	p	CR	AVE
组织支持感	组织制度保障	1.000	0.762	—	—	—	0.948	0.752
	组织制度支持	1.275	0.827	0.040	31.891	***	—	—
	主管任务导向型支持	1.266	0.938	0.034	37.320	***	—	—
	主管关系导向型支持	1.406	0.931	0.038	37.004	***	—	—
	同事工作支持	1.087	0.887	0.031	34.785	***	—	—
	同事生活支持	1.009	0.846	0.031	32.803	***	—	—
敬业度	活力	1.000	0.924	—	—	—	0.944	0.848
	奉献	1.011	0.954	0.016	62.087	***	—	—
	专注	0.972	0.884	0.019	50.706	***	—	—

注　***$p<0.001$。

（三）数据分析方法

数据采用 SPSS 24.0、AMOS 26.0 进行信效度检验、描述统计、相关分析、t 检验、方差分析和中介效应检验。由于本研究模型具有多个次构面，因此采用 Hair（2010）的建议，在进行结构方程模型分析时，构面符合信度水平后，在不损及信、效度的情况下，可以采用每个构面取均值的方式简化分析模型，估计值几乎不会产生偏误。本研究在次构面信度均达到一致性水平后，将项目打包进行结构方程模型分析。

四、研究结果

（一）方差分析和 t 检验

（1）在不同地域（县城、乡镇和农村）交流轮岗的教师敬业度有显著差别（$F=4.606$, $p=0.010$）。在农村交流轮岗教师的敬业度要显著高于在县城交流轮岗教师的敬业度（$t=2.243$, $p=002$）；在乡镇和县城交流轮岗的教师敬业度没有显著差别（$t=0.678$，$p=0.391$）；在乡镇和农村交流轮岗的教师敬业度没有显著差别（$t=-1.565$，$p=0.084$）。

（2）在不同地域（县城、乡镇和农村）交流轮岗的教师感知到的组织支持有显著差别（$F=5.653$，$p=0.004$）。在农村交流轮岗的教师感知到的组织支持要显著高于在县城交流轮岗的教师（$t=6.331$，$p=0.002$）；在乡镇交流轮岗的教师感知到的组织支持要显著高于在县城交流轮岗的教师（$t=4.884$，$p=0.026$）；而在农村和在乡镇交流轮岗的教师感知到的组织支持没有显著差异（$t=1.448$，$p=0.565$）。

（3）交流轮岗了不同时长的教师敬业度有显著差异（$F=9.288$，$p<0.001$）。交流了1~2年的教师敬业度显著高于交流1年以下，2~3年，3年以上的教师（$t=2.052$，$p=0.048$；$t=3.354$，$p=0.015$；$t=4.013$，$p<0.001$）。交流了3年以上的教师敬业度最低。

（4）交流轮岗了不同时长的教师感知到的组织支持有显著差异（$F=23.350$，$p<0.001$）。交流了3年以上的教师感知到的组织支持显著低于交流了1年以下，1~2年的教师（$t=-13.794$，$p<0.001$；$t=-16.816$，$p<0.001$）。

（5）不同教龄的交流轮岗教师敬业度没有显著差别（$F=0.837$，$p=0.474$）。

（6）在不同学校交流（小学和初中）的教师敬业度没有显著差别（$t=-0.484$，$p=0.629$）。

（二）相关分析

通过相关分析，得出组织支持感六维度，心理安全感和敬业度三维度的相关系数，结果如表5-13所示。结果显示，组织制度保障（POS1）、组织制度支持（POS2）、主管任务导向型支持（POS3）、主管关系导向型支持（POS4）、同事工作支持（POS5）、同事工作支持（POS6）、心理安全感（PS）和活力（VI）、奉献（DE）、专注（AB）之间的相关皆达显著水平。

表5-13 组织支持感、心理安全感和敬业度各维度相关分析

维度	均值	标准差	POS1	POS2	POS3	POS4	POS5	POS6	PS	VI	DE	AB
POS1	11.693	3.110	1									
POS2	14.096	4.870	0.721***	1								
POS3	23.127	6.395	0.749***	0.800***	1							
POS4	32.920	10.727	0.678***	0.788***	0.894***	1						
POS5	16.099	3.871	0.644***	0.670***	0.807***	0.811***	1					
POS6	20.316	4.706	0.603***	0.646***	0.748***	0.766***	0.904***	1				
PS	11.135	2.549	0.341***	0.347***	0.423***	0.419***	0.416***	0.391***	1			
VI	16.044	3.853	508***	0.555***	0.632***	0.643***	0.647***	0.635***	0.384***	1		
DE	16.710	3.772	0.504***	0.533***	0.615***	0.614***	0.662***	0.656***	0.407***	0.880***	1	
AB	15.984	3.915	450***	0.496***	0.571***	0.584***	0.590***	0.586***	0.341***	0.813***	0.848***	1

注：***$p<0.001$。

(三) 中介效应分析

本研究的中介效应结构模型如图 5-3 所示。

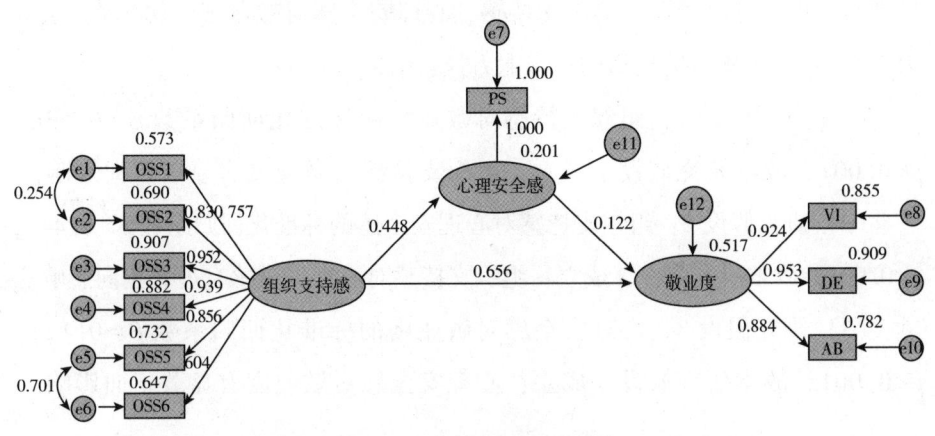

图 5-3　中介效应结构模型

1. 模型拟合度

本研究利用结构方程模型分析所有的路径假设,结果如下,卡方值 (χ^2) = 42.800,卡方值/自由度 (χ^2/df) = 1.381,拟合优度指标 (GFI) = 0.959,调整后的拟合优度指标 (AGFI) = 0.927,近似误差均方根 (RMSEA) = 0.077,标准化残差均方根 (SRMR) = 0.040,塔克-刘易斯指标 (TLI) = 0.974,比较拟合指标 (CFI) = 0.982,结果显示模型具有较好的拟合度 (见表 5-14)。

表 5-14　组织支持感、心理安全感和敬业度模型拟合度指标 (Fit Index)

拟合度指标	理想要求标准	研究模型拟合度
卡方值 MLχ^2	越小越好	42.800
自由度 df	越大越好	31
卡方值/自由度 Normed Chi-sqr (χ^2/df)	1<χ^2/df<3	1.381
拟合优度指标 GFI	>0.9	0.959
调整后的拟合优度指标 AGFI	>0.9	0.927
近似误差均方根 RMSEA	<0.08	0.077
标准化残差均方根 SRMR	<0.08	0.040
塔克-刘易斯指标 TLI (NNFI)	>0.9	0.974
比较拟合指标 CFI	>0.9	0.982

2. 假设检验

本研究组织支持感对心理安全感的解释力（R^2）为 0.201，表明本研究模型的解释力可以接受。组织支持感、心理安全感对敬业度的解释力（R^2）为 0.517，显示本研究模型的解释能力佳，结果见表 5-15。

（1）研究假设 1：组织支持感对敬业度的标准化回归系数 $\beta = 0.656$，$p<0.001$，故本研究假设 1 成立：组织支持感对敬业度有显著正向影响。

（2）研究假设 2：组织支持感对心理安全感的标准化回归系数 $\beta = 0.448$，$p<0.001$，故本研究假设 2 成立：组织支持感对心理安全感有显著正向影响。

（3）研究假设 3：心理安全感对敬业度的标准化回归系数 $\beta = 0.122$，$p<0.001$，故本研究假设 3 成立：心理安全感对敬业度有显著正向影响。

表 5-15 组织支持感、心理安全感和敬业度回归分析

DV	IV	非标准化系数	β	S.E.	z 值	p	R^2
心理安全感	组织支持感	0.503	0.448	0.031	16.329	***	0.201
敬业度	组织支持感	1.030	0.656	0.045	23.096	***	0.517
—	心理安全感	0.170	0.122	0.033	5.162	***	—

注　*** $p<0.001$。

3. 中介作用

本研究采用 Bias-Corrected Bootstrap 和 Percentile Bootstrap 程序对中介效应进行检验。本研究中间接效应 95% 的置信区间不包含 0，Bias-corrected [0.034, 0.081]，Percentile [0.032, 0.080]，表明中介效应成立。直接效应 95% 的置信区间也不包含 0，Bias-corrected [0.605, 0.703]，Percentile [0.605, 0.703]，说明心理安全感在组织支持感与敬业度之间起到部分中介作用，见表 5-16。因此，假设 4 成立，组织支持感不仅直接显著影响交流轮岗教师敬业度，而且通过心理安全感对交流轮岗教师敬业度产生间接效应。

表 5-16 中介效应分析

效应	系数乘积			自助 5000 次 95%置信区间					
				偏差校正			百分位数		
	效应值	SE	Z	下限	上限	p	下限	上限	p
间接	0.055	0.012	4.583	0.034	0.081	0.000	0.032	0.080	0.000
直接	0.656	0.025	26.240	0.605	0.703	0.000	0.605	0.703	0.000

五、讨论和建议

(一) 讨论

本研究以山西省 117 个县 1263 名交流轮岗教师为研究对象，利用问卷调查对组织支持感、工作敬业度和心理安全感三者之间的关系进行了结构方程模型检验，得出以下主要结论：组织支持感与心理安全感对交流轮岗教师敬业度有显著积极影响；组织支持感对交流轮岗教师心理安全感有显著积极影响。心理安全感在组织支持感与交流轮岗教师工作敬业度的关系中起部分中介作用。

1. 组织支持感显著积极影响交流轮岗教师的敬业度

研究表明交流轮岗教师在一个新的环境里，学校支持性的管理风格及同事间合作互信的人际关系，有助于提升中小学教师的敬业度，该研究验证了赵强（2016）提出的中小学教师感知到学校对自己的价值重视及关心自己的幸福时候，很可能基于社会交换的原则，对教育教学工作更加充满热情，投入更多的时间和精力等观点。交流轮岗教师组织支持感的高低，反映了所交流的学校对交流轮岗教师的支持程度，且组织支持感正向预测敬业度，说明组织支持感较高的交流轮岗教师，其工作的热情和积极性能够被充分调动起来，会更加坚定自己在交流学校的奋斗信念，从而对学校的教育教学工作产生更高的敬业度。

2. 心理安全感显著积极影响交流轮岗教师的敬业度

交流轮岗教师本身属于学校的外来人员，在短时间内较难融入学校的人际交往中，加上工作压力大，很容易造成心理安全感不足。Rabiul 等（2021）

研究表明心理安全感会对员工组织敬业度和工作敬业度产生积极的影响。说明如果交流轮岗教师拥有较高的心理安全感，更加有信心和希望应对复杂的学校工作环境，在所在交流学校的教育教学中表现出更高的工作积极性，有较高的工作敬业度。这和王慧卿（2016）等对护士的研究结果一致，当护士心理产生不安全感，感知到其工作及职业发展存在危险，自己无力应对这些风险时，易丧失对组织的安全和信任感、产生消极情绪，不能全身心地投入工作角色中。

3. 交流轮岗教师的组织支持感通过心理安全感间接影响其敬业度

研究表明，组织支持感影响交流轮岗教师的工作敬业度可以通过两条路径实现。一条是组织支持感对交流轮岗教师的直接路径；另一条是组织支持感通过增加交流轮岗教师的心理安全感从而提升其工作敬业度的间接路径。其中直接效应和间接效应分别为 0.656 和 0.055，这一研究结果揭示了心理安全感在组织支持感与敬业度之间的作用机理。首先，组织支持感对心理安全感有正向的预测作用，当交流轮岗教师感受到组织较高的制度保障、制度支持，领导对任务完成的支持和关系支持，同事的工作和生活支持时，心理安全感就会提升，从而愿意为工作投入更多的时间、精力和自己的知识，而不必担心自己的职业生涯会受到不利的影响。其次，心理安全感对敬业度具有正向预测作用，心理安全感水平较高的交流轮岗教师，他们对自己的工作充满自信，认为自己有能力做好教育教学工作，即使从一个优质的学校交流到了薄弱学校，工作条件差、负担重，心理安全感水平较高的交流轮岗教师相对于心理安全感水平较低的教师更能感知到自身价值，更能在工作中表现出积极性，有较高的敬业度。本研究的结果揭示心理安全感在组织支持感和敬业度之间起部分中介作用，这表明学校作为组织影响交流轮岗教师敬业度的过程机制是复杂的，有待我们在今后的研究中继续深入探究。

（二）建议

通过本文的研究，表明组织支持感、心理安全感和敬业度之间具有密切的相关关系，且组织支持感能够通过心理安全感的中介作用对交流轮岗教师敬业度产生影响。因此，学校想要提高交流轮岗教师的敬业度，就要尽可能让交流轮岗教师感知到更多的组织支持，感知到心理安全，进而改善其工作的态度和行为，从而提高交流轮岗教师的敬业度。

1. 加强学校的组织支持以提升交流轮岗教师的敬业度

交流轮岗教师的工作敬业度直接影响着教育教学质量和教育的公平，在教育管理研究和实践中一直受到重视。本研究发现学校中组织支持可以提升交流轮岗教师的工作敬业度，验证了他们工作的短期效果评价目标特点，他们在工作中需要付出大量的情绪劳动，更需要来自组织的支持和关怀。首先，为交流轮岗教师提供工作方面的支持。交流学校要创设支持性的工作氛围和环境，重视交流轮岗教师的需求，鼓励交流轮岗教师对所交流学校的发展战略以及教育教学改革提出不同的意见和建议，积极采取措施满足交流轮岗教师合理需求。与此同时，交流学校要重视交流轮岗教师的专业发展，为其专业发展提供平台和机会。其次，关心交流轮岗教师切身利益。作为学校要在情感上给予交流轮岗教师更多的关怀，激发他们工作的积极性，切实了解他们在生活中的真实诉求，能够针对性地提供衣食住行以及孩子教育等方面的帮助，让交流轮岗教师从内心感到有所依靠，感受到组织的支持，从而提升他们的敬业度。最后，肯定交流轮岗教师的价值成就。完善交流轮岗教师的评价机制，流入学校与原学校之间加强沟通与交流，在职称评定、评优等方面，给予交流轮岗教师平等的机会，不断完善评价机制，做到全面、科学、合理且公正，为他们解除后顾之忧，不会因为交流而失去晋升机会。

2. 提升交流轮岗教师的心理安全感以提高其敬业度

研究结果显示，组织支持感并不仅对交流轮岗教师敬业度产生直接影响，还会通过心理安全感间接影响敬业度，因此，要重视心理安全感的桥梁作用，促进交流轮岗教师全身心投入工作的积极状态。心理安全感是一种对工作环境的体验，这种环境能有效降低甚至消除组织中个体风险的感知。研究表明越是不确定的环境，越是需要心理安全。当交流轮岗教师具有很高的心理安全感时，他们就能更开放、更专注，愿意参与讨论交流学校的各项事务，得出有价值的共识和行动方案，才能最大限度地发挥自己的专长。第一，从学校层面，营造增强心理安全感的工作环境。管理者应当公正对待交流轮岗教师，为其提供安全的工作环境，并保持充分的信任和支持，使其对组织产生深刻的心理认同。交流轮岗教师不论是从优质学校流向薄弱学校还是从薄弱学校流向优质学校，他们都需要一个心理安全的工作环境，来最大化发挥自己的优势服务学校，为交流轮岗教师提供心理安全感，就是激励他们突破自己的"舒适区"，在压力和动力水平较高的情况下，和所交流学校的教师打成一片，相互学习和协作，从而在工作中表现出高敬业度。第二，从个人层面，交流轮岗教师提升自身职业认同感，交流轮岗教师要认识到自身工作的价值和意义，在心理安全感比较高的团队里，大家能"一起做更好的事""做更有意义的事"，这是其敬业度提高的动力源泉，也是其对教育教学工作全身心投入的重要条件。Seung-Hyun 等（2021）的研究表明，意义感对员工敬业度有积极影响，当交流轮岗教师认识到自己所从事工作的责任和价值时，才能体会到工作的意义，并产生身份认同感，意义感越强，对交流轮岗教师身份越认同，敬业度也会越高。

第六章　乡村教师补充机制的典型案例

乡村教师补充机制选取山东、河北、山西、湖北、陕西和四川六个省进行个案研究，旨在通过对不同省份的乡村教师补充机制进行比较研究，发现各地在实践中的经验和问题，从而为制定更加科学、合理的政策提供参考。同时这种比较研究也有助于发现各地之间的差异和共性，为全国范围内的乡村教育改革提供借鉴和启示。

第一节　东部地区乡村教师补充机制实践个案

山东和河北是中国东部两个重要的省份，这两个省份都拥有丰富的乡村地区。然而，由于各种原因乡村地区的教育资源相对匮乏，教师队伍也存在一定的缺口。为了解决这一问题，两省分别制定了相应的政策和措施，以补充乡村教师队伍。

在山东省，政府高度重视乡村教育的发展，实施了系列政策来支持乡村教师的培训和补充。例如，山东省制定了乡村教师支持计划，为有意愿到乡村任教的教师提供一定的生活补贴和住房保障。河北省同样重视乡村教育的发展，采取了一系列措施来补充乡村教师队伍。首先，河北省加大了对乡村教师的招聘力度，通过公开招聘、定向招聘等方式，吸引更多的优秀教师到乡村任教。其次，河北省实施了乡村教师支持计划，为乡村教师提供一定的生活补贴和住房保障。此外，河北省还加强了对乡村教师的培训力度，通过定期举办培训班提高乡村教师的教育教学水平。

一、山东省乡村教师补充机制实践案例

（一）山东省关于乡村教师补充的政策文件

2015年6月，为深入推进全面建成小康社会、全面深化改革、全面依法治国、全面从严治党"四个全面"战略布局，切实加强"老少边穷"等边远贫困地区乡村教师队伍建设，明显缩小城乡师资水平差距，让每个乡村孩子都能接受公平、有质量的教育，国务院办公厅制订乡村教师支持计划，推动我国乡村教育的发展。山东省积极采取行动，在乡村教师队伍建设方面进行了多方面改革，制定了相应的政策文件，以保障乡村教师队伍合理配置和建设。

1. 2016年山东省《乡村教师支持计划（2015—2020年）》实施办法

为加强乡村教师队伍建设，办好人民满意的教育，进一步落实国务院办公厅关于印发乡村教师支持计划（2015—2020年），山东省教育厅发布了具体的计划落实办法，提出把发展乡村教育和教师队伍建设摆在优先发展的战略地位。在健全完善乡村教师补充机制方面，提出从加强和规范教职工编制管理、完善教师招聘方式，实施短缺学科教师补充计划以及开展大学生乡村学校支教的方式落实乡村教师的补充，解决乡村教师不足和流失的问题。在加强编制管理方面，要求编制管理要向乡村学校倾斜，落实农村学校机动编制政策，机动编制全部用于补充乡村学校急需的学科教师。中小学满编超编的县（市、区），由机构编制部门根据乡村学校实际需要，在事业单位编制总量内，利用中小学教师临时周转编制专户，对确需补充专任教师的满编超编乡村学校予以补充。针对短缺学科教师问题，实施短缺学科教师补充计划，要求自2016年起，用2年时间补齐乡村学校短缺学科教师。同时，从2016年春季开学起，每学期安排1万名师范生到乡村学校进行实习支教，其中，安排在财政困难县7000名，由省财政按照每人每月400元的标准发放生活补贴。其他县（市、区）接收实习支教人员所需费用按照每人每月不低于400元的标准纳入市县财政预算。继续做好"三支一扶"支教工作。❶

---

❶ 山东省人民政府办公厅. 山东省《乡村教师支持计划（2015—2020年）》实施办法的通知［EB/OL］.［2016-01-01］.

2. 关于进一步加强中小学教师队伍建设有关问题的意见

为进一步加强中小学教师队伍建设，切实解决乡村教师不足的问题，山东省政府发布中小学教师队伍建设的意见，提出建立县域内中小学教职工编制总量控制、动态调整机制，每3年核定一次教职工编制总量，在县域事业编制总量内调剂部分事业编制用于补充中小学教师；进一步落实以县为主的农村义务教育学校管理体制，中小学教职工人员经费仍由乡镇承担的，2016年6月底前上调到县级承担，保证了乡村教师工资待遇的稳定性；实施农村学校特级教师岗位计划，以农村义务教育学区为单位，每个学区设立1个特级教师岗位，实行任期制，并将农村学校特级教师岗位聘用教师纳入省级教师培训计划；健全完善中小学教师专业技术岗位管理制度，提高中小学高级和中级教师岗位设置比例，县级教育行政部门在分配专业技术中高级岗位时，要向农村学校、薄弱学校倾斜；切实解决短缺学科教师问题，要求县级教育行政部门要会同机构编制、人力资源社会保障部门按照国家课程改革和开齐开足课程的需要，全面梳理分析短缺学科教师队伍现状，综合考虑教职工编制、自然减员情况，科学制订短缺学科教师补充计划，用2年时间切实解决学科教师短缺问题，同时拓宽短缺学科教师解决渠道，中小学新增教学辅助和工勤人员一般应通过政府购买服务方式解决，空出的编制主要用于补充教师；加强农村学校英语、音乐、美术、体育、科学、信息技术、综合实践、心理健康等紧缺薄弱学科教师培训，对学科富余教师进行转学科教学能力培训，对年富力强、学有余力的教师开展多学科教学能力培训，强化学区内教师资源统筹配置，学区内教师统一安排使用，实行短缺学科教师走教，实现学区优质师资共享。❶

3. 2020年山东省关于推进乡村教育振兴的实施意见

加快推进乡村教育振兴，服务、支撑和引领全省乡村振兴战略，实现教育水平优质的"五优"目标，山东省政府提出在乡村教育重点任务中，实施乡村教师配备工程。加大乡村教师补充力度，到2022年补足配齐音乐、体

---

❶ 山东省人民政府办公厅. 关于进一步加强中小学教师队伍建设有关问题的意见 [EB/OL]. [2016-04-15].

育、美术、信息技术等短缺学科教师。鼓励通过教师走教的方式，保证小规模学校开足开齐课程。完善公费师范生政策，选拔优秀人才到乡村学校任教。加大城乡师资统筹配置力度，鼓励支持城区优秀教师到乡村学校任教。新入职教师优先安排到乡村学校任教，优先保障偏远乡村学校师资需求，各地要以县（市、区）为单位确定新入职教师服务乡村学校的范围和年限。要为寄宿制学校配备必要的宿管、食堂、安保、卫生等服务保障人员。各级机构编制部门按规定保障乡镇中心幼儿园、符合规定的公办中小学附属幼儿园纳入机构编制管理，按标准核定人员编制，现有编制总量确实无法满足的市、县（市、区），可探索对乡镇中心幼儿园实行人员控制总量备案管理，参照公办幼儿园编制标准确定人员控制总量，及时为乡镇中心幼儿园补充教师。❶

4. 2021年山东省十四五教育事业发展规划

根据《中国教育现代化2035》和《山东省国民经济和社会发展第十四个五年规划和2035年远景目标纲要》，山东省政府制订了"十四五"教育事业发展规划，加强教师队伍建设，着力提高教师质量，提出要深化教师管理综合改革，建立中小学教职工编制统筹配置调整机制，提升统筹层级，完善周转编制专户政策，提高学科教师补充的针对性，逐步解决教师结构性、阶段性、区域性短缺问题。❷

（二）山东省乡村教师补充的主要措施及成效

1. 山东省各地市大力实施乡村教师补充计划

各地市先后制定了详细的乡村教师补充计划实施细则，对本地区乡村教师的合理补充制定了具体措施。如寿光市坚持新招聘教师优先安排农村，近五年招聘的教师55%安置到农村学校。同时，每年招聘10~20名"三支一扶"支教教师全部服务农村学校，外地调入寿光教师均安排到农村任教5年以上，全面补充农村师资。

2. 创新教师编制改革，通过多种措施补充农村缺编教师

山东省各地市通过核增编制、其他事业编制的调剂使用以及教师编制临

---

❶ 山东省人民政府办公厅. 山东省关于推进乡村教育振兴的实施意见［EB/OL］.［2019-12-31］.
❷ 山东省人民政府办公厅. 山东省十四五规划教育事业发展规划［EB/OL］.［2021-10-22］.

时周转户等一系列改革的推进,最大限度地缓解了教师紧缺问题。如菏泽市自2016年始,连续三年教师招聘计划在4000人以上。滨州市在现有编制不足的情况下,实行政府购买服务方式招聘中小学教师,近三年来全市共招聘347人。很多地市改进招聘方式,选拔优秀师资。滨州市对国家免费师范生和山东省师范类高校学生从业技能大赛一、二等奖获得者,采取免笔试、由面试与考察相结合的方式招聘。通过多方面的编制改革,补足农村教师编制不足,改变教师缺乏的现状。

3. 改革乡村教师招聘制度,探索符合当地实际的教师补充机制

如青岛市探索形成"1+N"的招聘新模式。"1"即事业单位统一的公开招聘,是教师补充的基本方式;"N"是其他教师补充方式,主要包括五种:学校自主引进高层次人才、学校自主选聘紧缺专业人才、学校自主招聘免费师范毕业生、职业学校自主聘用高水平兼职教师、学校自主招聘师范院校高技能毕业生。通过多元教师补充机制,进行教师"聘用制"改革。

4. 创新乡村教师培训模式,提升乡村教师专业发展水平

乡村教师质量是影响乡村教育质量的关键因素,如何提高教师质量,提升乡村教师的专业发展水平是乡村教师队伍建设的核心。在教师培训方面,山东省完善省、市、县三级骨干教师培养培训体系,创新教师培训模式,按照农村教师的实际需求改进培训内容和方式,加强教学实践指导培训,提高教师培训的针对性和实践性。积极协调有关部门出台政策,按每年不少于当地教职工工资总额的3%,各中小学校按不少于学校年度公用经费总额10%的比例,提取教师培训经费,重点向农村教师倾斜。如寿光市强化农村校园数字化、智慧化建设,为农村学校配备触控一体机,为农村教师成长创造有利条件。按"需建必建"原则建设"云端学校",开设名师云课堂,通过名师在线直播、观摩、互动交流等方式,对乡村教师进行个性化支持,提升教师专业素养。

5. 山东省乡村教师补充实施成效

通过近十年的乡村教师补充制度的实施,山东省乡村教师队伍呈现新气象。近5000名新一批省属公费师范毕业生充实到乡村学校,1.4万名师范生到乡村学校实习支教，乡村优秀青年教师奖励计划人选达到 1077 名，为乡村教育振兴注入青春活力。3 万名教师参加义务教育学校教师学历提升计划，800 名城区教师到乡村开展为期 1 年的支教活动，与当地教师形成教学团队，带动受援学校教学水平和育人管理能力整体提升。❶

乡村教师地位待遇持续提高。各级党委、政府坚持将教师队伍建设作为教育投入重点予以优先保障，足额保障教师工资待遇。2022 年度全省 136 个县（市、区）均实现义务教育教师平均工资收入水平不低于当地公务员平均工资收入水平的目标。乡村教师享受乡镇工作人员补贴政策、艰苦偏远乡村教师生活补助政策全面落实。

2023 年 8 月 3 日，教育部印发《关于开展国家基础教育教师队伍建设改革试点的通知》，决定在上海市、山东省、青海省等省、市、县共 10 个地区开展国家基础教育教师队伍建设改革试点。8 月 13 日，中共山东省委教育工作领导小组印发《山东省国家基础教育教师队伍建设改革试点实施方案》，以推进教师队伍建设全链条协同创新为目标，以推进教师培养发展、师德师风、综合管理、待遇保障等综合改革为着力点，系统谋划了 7 个方面 24 项改革举措，全面启动为期三年的基础教育强师建设改革。

二、河北省乡村教师补充实践案例

为贯彻落实国家和河北省关于加强教师队伍建设的部署要求，解决当前乡村教师职业吸引力不强、补充渠道不畅、优质资源配置不足、结构不尽合理、整体素质不高等突出问题，河北省通过多种渠道拓宽乡村教师的补充途径，逐步实现"下得去、留得住、教得好"乡村教师队伍建设。

（一）河北省乡村教师补充的具体措施

1. 建立省级监督指导，市、县（市、区）向组织招聘的乡村教师公开招聘补充机制

河北省为了稳存量、拓增量，加大教师招聘补充力度，落实强师措施，

---

❶ 山东省教育厅教师工作处. 山东省教师队伍建设改革开创新局面 [N]. 山东教育报，2023-9-11.

严格规范乡村教师招聘标准条件、笔试面试内容、招聘程序和聘后教师管理，确保为乡村学校持续输送大批优秀高等学校毕业生。如衡水市建立以县为主的乡村教师公开招聘机制。教师公开招聘办法、考试科目和内容要符合教育教学规律和教师职业特点，突出教师职业道德和专业素养。要严格执行教师资格准入制度，严把教师入口关，确保为乡村学校补充合格的教师。邯郸市丛台区建立在市级监督指导下，区组织招聘的乡村教师公开招聘补充机制，新招聘的教师在乡村学校的任教时间原则上不少于6年，新录用到边远地区乡村学校的大中专毕业生，仍实行一年的试用期，试用期工资可直接按试用期满后工资确定。❶

2. 各级政府积极探索实施地方"特岗教师计划"

石家庄市按照"按需设岗、定岗服务"的原则，积极探索实施"特岗教师计划"，执行国家特岗教师工资补助标准。"特岗教师计划"首先在6个山区县（元氏、赞皇、井陉、平山、行唐、灵寿县）试行，由设岗县按照岗位需求提出计划，采用公开招聘方式招录，招聘工作由市、县教育行政部门共同组织实施，所需资金由市财政与县财政按1∶1分担。服务期满特岗教师按照优先入编原则由设岗县统一解决编制。❷保定市积极争取"特岗教师计划"招聘名额，特岗教师全部安排到乡村学校任教，实施特岗计划的县，采取切实措施确保三年服务期满，考核合格且愿意留任的特岗教师全部入编，落实工作岗位，做好人事、工资关系等接转工作。

3. 建立健全高等学校毕业生学费代偿制度，鼓励毕业生到乡村任教

自2016年起，河北省对享受城乡低保政策家庭的省属高校应届毕业生，自愿到艰苦边远地区基层单位就业、服务期在3年（含36个月）及以上、服务期内考评合格的，对其在校学习期间的学费或国家助学贷款本金实行代偿，对于代偿资金，省属高校毕业生所需资金由省级财政承担。如衡水市积极落实国家和省免费师范毕业生就业政策，县级教育部门为免费师范毕业生

---

❶ 邯郸市丛台区人民政府网. 丛台区乡村教师支持计划（2016—2020年）实施办法［EB/OL］.［2016-11-10］.

❷ 石家庄市人民政府网. 石家庄市乡村教师支持计划（2016—2020年）实施办法［EB/OL］.［2016-01-15］.

提供岗位，编制、人社和财政部门根据相关规定及时为其办理编制、人事和工资等手续。

4. 探索卓越中小学乡村教师的培养途径

河北省初步建成政府统筹培养需求、高等学校实施教育工作、中小学校参与指导实习生的教师培养机制。如河北民族师范学院积极探索构建"三教合一"开放融合培养模式，搭建了与地方政府、中小学三位一体的"U-G-S"协同育人平台，与秦皇岛海港区、承德市直及12个县区教育行政部门签署合作协议，联合117所创新试验基地校、实习基地校，协同培养师范生（乡村中小学覆盖接近90%），打造承德全域基础教育协同发展共同体。2016年衡水市人民政府印发《关于衡水市乡村教师支持计划（2016—2020年）实施办法的通知》和《关于衡水市市属高校小学全科师范生公费培养实施办法（试行）的通知》，衡水市改革师范院校教师培养模式，构建专业化的教师培养机构，从2021年起，衡水市开展市属师范院校小学全科公费师范生培养工作。

5. 实施优秀退休教师乡村支教讲学计划

为了进一步加强农村教师队伍建设，充分利用退休教师优势资源，调动优秀退休教师继续投身教育的积极性，提高农村教育质量，教育部、财政部印发《银龄讲学计划实施方案》，2018—2020年计划招募10000名退休教师到农村义务教育阶段学校支教讲学。每年选聘一定数量的退休特级教师、高级教师到乡村学校支教。中央财政和省级财政比照"三区"人才支持计划教师专项计划给予经费补助。2021年河北计划招募银龄教师为265人，2022年招募205人，2023年招募300人。讲学教师服务期间人事关系、现享受的退休待遇不变。按月发放工作经费。对于讲学期间表现优秀的，在评优表彰等方面优先考虑，实施范围主要是脱贫地区（原国家确定的集中连片特困地区县、国家扶贫开发工作重点县、省级扶贫开发工作重点县、深度贫困县）、欠发达的民族县、革命老区县、重点向国家乡村振兴重点帮扶县等深度贫困地区倾斜。

6. 推动城镇优秀教师向乡村学校流动

按照《河北省教育厅等五部门关于推进县域内义务教育学校教师校长交

流工作的指导意见（试行）》要求，切实推进教师校长交流改革，到2017年全省全面推开实施。到2020年实现县域内教师校长交流的制度化、常态化。加强县域内义务教育教师的统筹管理，在试点基础上推进"县管校聘"管理改革，为教师交流轮岗提供制度保障。❶

（二）河北省乡村教师补充实施成效

1. 创新用好公费师范生政策，助推乡村教育振兴

公费师范生培养政策主要有4个特点，一是培养种类更丰富。石家庄市依据国家和省相关政策，在全省率先将农村幼儿教育、特殊教育纳入定向培养范围内，培养种类丰富。二是培养对象更稳定。公费师范生的生源为具有培养县户籍且成绩优秀的应届高考生，毕业后会充实生源县乡镇（农村）小学和幼儿园，实现"定得准、招得优、学得专、回得去、留得住、教得好"的本土化、优质化目标。三是培养经费有保障。公费师范生的培养经费由培养县政府与委培院校协商解决，在读期间为公费师范生们免除学费、学杂费，并给予部分生活补助，充分缓解其经济压力。四是培养院校有动力。委托培养院校为市属院校，不仅有利于提高石家庄市市属院校的知名度，同时还为其补充了优质学生资源，提高就业率，深受培养院校欢迎。石家庄市人社局为打破这种困境，创新使用国家关于"鼓励地方政府为乡村学校培养一专多能教师"的相关政策，按照"全科培养、免费教育、定向就业"培养模式，委托石家庄学院、河北正定师范高等专科学校为石家庄市县域小学、幼儿园及特教学校定向培养小学全科、幼儿教育和特殊教育公费师范生。政策实施以来共有11个县补充了349名乡村教师。

2. 名师带动，助力乡村教师专业成长

定州市教育系统充分发挥特级教师、学科名师等专业人才的示范、引领和带动作用，通过课题引领、教研下沉、名师带动、招补倾斜4个专项行动，促进优质教育人才向乡村学校流动，推动城乡教育一体化优质均衡发展。5年来，该市依托名师工程，培训乡村教师2万余人次，参与走教支教、结

---

❶ 河北省人民政府网. 河北省乡村教师支持计划（2015—2020年）实施办法 [EB/OL]. [2015-11-13].

对交流的学科名师、骨干教师等达 1289 人次。以师徒结对的方式，量身定制培养计划，定期开展乡村教师培训、教学实践指导、教改项目研究等活动。5 年来，共评选定州学科名师 650 名，建设名师工作室 16 个，开展乡村教师专项培训、教学指导等活动 900 余场次。

3. 乡村教师工资待遇标准提高，乡村教师队伍稳定发展

为进一步加强乡村教师队伍建设，提高农村教育质量，承德市在集中连片特殊困难县实施乡村教师生活补助政策，平均补助标准为每人每月 400 元，每年按在岗 10 个工作月补助，各县区将根据自身情况制订补助政策和标准，该市共有 19100 名乡村教师享受政府政策，共补助 5750 万元。

4. 职称和聘任政策向乡村教师倾斜，保障乡村教师权益

根据河北省有关精神，廊坊市 2019 年开始，使用新的中小学分层次评审条件，向长期坚守乡村学校的教师实行职称评审、聘用两个方面的政策倾斜，努力保障乡村教师权益，提高乡村教师职业幸福指数。职称聘用方面，对在乡村学校任教累计满 25 年且仍在乡村学校任教的教师，可不受岗位结构比例限制，直接聘用到与其现有职称相对应的岗位。通过落实以上政策，廊坊市乡村学校、薄弱学校和特教教师、优质教师补充渠道得到扩充，资源配置得到改善，教育教学能力水平稳步提升，各方面合理待遇依法得到较好保障，职业吸引力明显增强，逐步形成"下得去、留得住、教得好"的局面。❶

第二节　中部地区乡村教师补充机制实践个案

山西和湖北是中国中部两个重要的省份，这两个省份都拥有丰富的乡村地区。然而，由于各种原因教师队伍也存在一定的缺口。为了解决这一问题，两省分别制定了相应的政策和措施，以补充乡村教师队伍。山西省乡村教师补充机制，根据山西省人民政府办公厅发布的《关于深化新时代乡村教师队伍建设的实施意见》，山西省要健全乡村教师补充机制，足额均衡配备乡村学校教师。各地要按照"总量平衡、退一补一"原则，于 2018 年底前建立

---

❶ 环京津新闻网. 廊坊：加强乡村教师队伍建设，保障乡村教师权益［J/OL］.［2023-01-16］.

年度教师补充机制,及时招聘、调整和补充乡村学校教师,满足乡村学校教育教学需要。湖北省乡村教师补充机制,根据湖北省人民政府的政策文件,湖北省要健全乡村教师补充机制,探索建立省级政府统筹规划、统一选拔的乡村教师补充机制,采取"国标省考县管、校用"的教师准入和管理制度,农村义务教育阶段新进教师由省招统派,经费省级负担、各县(市、区)负责管理与使用。同时,湖北省还将加强乡村教师培训,提高其业务素质和综合素质。

一、山西省乡村教师补充机制案例

（一）山西省关于乡村教师补充机制的主要政策

1. 2015 年山西省乡村教师支持计划实施办法

提出健全乡村教师补充机制,足额均衡配备乡村学校教师。一是各地要按照"总量平衡、退一补一"原则,于 2018 年底前建立年度教师补充机制,及时招聘、调整和补充乡村学校教师,满足乡村学校教育教学需要。严禁"有编不补"、长期使用临聘人员,对长期有编不补的县要严肃问责。二是乡村中小学校不得使用代课教师。鼓励各地采取学费补偿、助学贷款代偿等办法,对招聘到乡村特别是偏远地区任教的高校毕业生按服务年限实行学费补偿和助学贷款代偿。三是继续实施农村义务教育阶段学校特设岗位计划,用于补充贫困县乡村教师,重点补充音体美和信息技术、外语学科教师。四是继续做好每年 500 名省级免费师范生培养工作,积极引导省级免费师范生面向生源地农村学校就业。五是建立新聘教师乡村学校任教制度,城镇学校新招聘教师到乡村学校任教一般不少于 2 年。六是各地要采取有效措施组织城镇退休的特级教师、高级教师到乡村学校支教讲学。引导和鼓励高等院校、科研机构和社会团体组织专家学者开展志愿者乡村支教活动。通过以上措施真正实现乡村教师队伍的稳定和完善。

2. 关于《山西省乡村教师发展计划(2017—2020 年)》意见

为贯彻落实《山西省人民政府办公厅关于印发山西省乡村教师支持计划实施办法的通知》《山西省人民政府关于统筹推进县域内城乡义务教育一体

化改革发展的实施意见》，提升乡村教师能力素质，加强乡村教师队伍建设，缩小城乡师资水平差距，制定本计划。计划指出，把培训乡村教师作为提升乡村教师队伍建设、乡村学校健康发展、推进城乡义务教育一体化改革发展、促进教育公平的重要手段，带动和促进乡村教师队伍整体水平提高。计划通过"乡村教师走出来、名优教师走下去、网络空间联起来"等方式加大乡村教师培训力度，改革完善培训模式。第一，构建乡村教师能力素质提升长效工作机制，引领乡村教师专业发展。通过引进并整合高等学校、教师进修学校和中小学校优质教育资源，实现乡村教师参训的多层次和全覆盖。第二，打造乡村教师专业发展支持服务体系，保障教师全员全时参训。要依托教师进修学校或优质中小学校建立1个以上乡村教师培训基地，组建本地及外地优秀专家组成的乡村教师送教团队，逐年制定切合本地基础教育实际的培训内容，注重发挥本土优质教育资源在乡村教师培训中的辐射和引领作用，带动提升本地区乡村教师整体素质水平。第三，丰富培训内容，规范乡村教师教育教学行为。要加强师德师风培训，把师德教育作为乡村教师培训的首要内容，推动师德教育进教材、进课堂。第四，创新教师培训研修方式，提高乡村教师培训的实效性和针对性。在乡村教师培训过程中，要采取跟岗研修、网络研修、送教下乡、专家指导、校本研修等多种研修，保证乡村教师培训的质量和效果。要积极建立网络研修互动空间，由培训基地教师和导师团队在线实时与参训学员互动交流，教学指导，促进乡村教师专业成长与发展。第五，培养一批"一专高能、多专多能"的乡村教师。在"国培计划"中设置乡村学校兼科教师培训项目，努力为各地培养一批能够承担多门学科教学任务的教师。❶

3. 关于全面深化新时代教师队伍建设改革的实施意见

意见指出，实施乡村教师培养计划，适应加强农村寄宿制学校和小规模学校发展要求，制定支持地方政府与相关院校定向培养乡村教师政策，引导各地采取定向招生、定向培养、定期服务等方式与省内外高等师范院校联合培养"一专多能"和紧缺学科教师。扩大省级公费师范生招生规模，2020年

---

❶ 山西省教育厅.《山西省乡村教师发展计划（2017—2020年）》[EB/OL].[2017-07-03].

起,太原师范学院、忻州师范学院开始招收公费师范生。❶ 同时,规范和创新中小学编制管理,制定乡村学校和小规模学校编制核定办法,县级党委政府可通过统筹县域事业编制设立编制"周转池"予以解决,通过政府购买服务等方式依法依规聘用学科教师。为推动城乡义务教育一体化发展,深入推进县域内义务教育学校教师、校长交流轮岗,切实解决教师结构性超、缺编问题,推动优秀教师、校长向乡村学校、薄弱学校流动。实行学区(乡镇)内短缺学科教师走教制度,县级人民政府根据实际制定走教教师补助政策。实施银龄讲学计划,鼓励乐于奉献、身体健康的退休优秀教师到乡村和基层学校支教讲学。

乡村教师待遇方面,着力提高乡村教师待遇,深入实施乡村教师支持计划,关心乡村教师生活,全面落实集中连片特困县乡村教师生活补助、乡村教师乡镇工作补贴和绩效工资倾斜等政策,全面落实集中连片特困地区乡村教师生活补助政策,依据学校艰苦边远程度实行差别化补助,鼓励有条件的地方提高补助标准,努力惠及更多乡村教师。依托山西省教育基金会等社会公益组织,设立山西省乡村教师关爱基金,资助因特殊情况导致生活特别困难的乡村教师。加强乡村教师周转宿舍建设,按规定将符合条件的教师纳入当地经济适用房、公共租赁房等住房保障范围,鼓励地方出台乡村教师在城区购房优惠政策。推动地方政府为乡村教师解决网络、电脑、电视、用餐、洗浴等相应设施,关心乡村教师工作生活,巩固乡村教师队伍。培训进修、职称评聘、表彰奖励等向乡村青年教师倾斜。❷

(二) 山西省乡村教师补充的实践措施

1. 名师领航工程

为努力造就一批新时代下得去、留得住、教得好的乡村骨干教师,进而发挥他们的示范引领作用,带动乡村教师队伍提升整体素质,推进乡村教育事业持续健康发展,教育部教师工作司实施名师领航工程,将入选的乡村优

---

❶ 山西省人民政府网.中共山西省委山西省人民政府关于全面深化新时代教师队伍建设改革的实施意见 [EB/OL]. [2019-08-05].

❷ 山西省教育厅.《山西省乡村教师发展计划(2017—2020年)》[EB/OL]. [2017-07-03].

秀青年教师分批纳入名师工作室进行培养，或采取其他培训方式开展能力建设。山西省各市、县教育局将入选的乡村优秀青年教师纳入本地骨干教师、名师等培养序列予以支持和培训，符合条件的纳入省中小学教学能手、骨干教师、学科带头人进行培养。

除每人奖励1万元外，山西省鼓励社会力量对入选的乡村优秀青年教师，采取多种形式予以资助支持，促进他们专业发展。在地方教育行政部门的支持、培养基地的指导下，参训教师校长通过建立名师名校长工作室、与薄弱学校结对帮扶、巡回讲学、名师名校长论坛、成果展示等形式，宣传推广自己的教育思想，引领其他学校教师校长开展理论和实践研修，提升办学理念能力，在示范引领过程中进一步检验、丰富、提升教育思想，推动乡村教师的专业能力的提升。

2. 国培计划下的送教下乡

所谓"国培计划"，即中小学教师国家级培训计划，是为了进一步加强中小学特别是农村中小学教师培训，促进基础教育改革发展。"国培计划"包括"中小学教师示范性培训项目"和"中西部农村骨干教师培训项目"两项内容。其中示范性项目主要包括中小学骨干教师研修、中小学教师远程培训、班主任教师培训、紧缺薄弱学科教师培训、培训团队研修等五类项目。目前"国培计划"置换脱产研修项目是教师培训工作的一次重大变革，项目实施不但为农村中小学培训了一批教育教学的示范引领"种子"，也有力促进了高校师范生培养制度的改革和创新，成为我国中小学教师职前培养、职后培训一体化制度创新的一次积极探索。2015年起，山西省教育厅依托国培计划，开展乡村中小学教师培训项目和山西省乡村幼儿教师培训项目。这一项目在地方教师进修学校指导下，组织教学名师和骨干教师组成送教下乡的专家团队，在各地区的农村幼儿园和小学开展幼儿、小学语文、小学英语、小学科学、小学体育、初中体育、初中政治、初中生物、初中语文、初中物理、初中英语、初中历史等学科的"送教下乡"活动。在送教下乡活动中，专家团队通过深入学校现场，以课堂观察、师生访谈等方式进行诊断，查找基层学校教师课堂教学存在的突出问题。针对问题，选择契合主题的课例，采取说课、上课、评课、专题讲座等多种方式提供示范教学，提出教师研修任务。国培计划下的送教下乡活动开展了多年，为山西省的乡村幼儿教师和乡村中小学教师的专业发展和教学能力的提升起到了重要作用。培养了一大批农村教育骨干教师，提高了农村教育质量。

3. 建立教师编制周转池，优化乡村教师资源配置

编制周转池，是指以市、县和使用编制较多系统为单位，探索将编制"所有权"与"使用权"分离，在不调整各单位原有编制数的情况下，把长期闲置不能发挥使用效益的闲置空余编制集中起来，建立周转池，向急需行业或阶段性工作岗位定向定量投放的制度。2017 年，山西省为进一步规范和创新中小学编制管理，制定乡村学校和小规模学校编制核定办法，核定编制难以满足教学需要的，县级党委政府可通过统筹县域事业编制设立编制"周转池"予以解决，通过政府购买服务等方式依法依规聘用学科教师。

4. 设立山西省乡村教师关爱基金

提高乡村教师待遇，全面落实集中连片特困县乡村教师生活补助、乡村教师乡镇工作补贴和绩效工资倾斜等政策，鼓励有条件的地方提高补助标准。2018 年，山西省依托山西省教育基金会等社会公益组织，设立山西省乡村教师关爱基金，资助因特殊情况导致生活特别困难的乡村教师。按规定将符合条件的教师纳入当地经济适用房、公共租赁房等住房保障范围，鼓励地方出台乡村教师在城区购房优惠政策。

5. "特岗计划"补充乡村教师

推动城乡义务教育一体化发展，推动优秀教师、校长向乡村学校、薄弱学校流动。启动"山西省农村义务教育学校教师特岗计划"，每年为艰苦偏远山区农村义务教育学校和教学点招聘补充 1000 名优秀教师，确保乡村教师队伍质量和常态补充。该计划服务期 3 年，每年省财政安排工资性经费 9480 万元，3 年期满考核合格后入编。

6. 实行学区（乡镇）内短缺学科教师走教制度

县级人民政府根据实际制定走教教师补充政策。为了促进农村义务教育的均衡发展，缓解农村地区义务教育阶段学校师资力量区域性缺乏问题，

"走教制"作为一种教学形式被提出来,并在农村地区的义务教育阶段学校逐步推行。如晋城市泽州县八公镇陈沟教学区在教师走校方面有一定经验。该教学区一是全面贯彻落实新课程标准,强力推进义务教育均衡发展,充分发挥相应学科现有专职教师的作用,试行体育、音乐、美术等学科教师"走教";二是实行双重管理,对"走教"教师实行学区和受教学校双重管理,按照全天全员签到制定要求,"走教"教师先到学区签到,然后到学校上课,受教学校对"专教"教师任课情况进行记录,并及时向学区教研室反馈,学区教研室定期或不定期对"走教"教师的课堂教学、集体备课、作业批改等情况进行检查。三是实行专职聘用,通过召开"走教"讨论会、自愿报名等程序,选用了3名"走教"教师为专职教师,教学范围涉及7所小学及教学点,通过"走教"教师大力推进教育均衡,努力提高教育教学质量。同时,他们还要求"走教"教师到各受教学校任教,并参加受教学校的集体备课、教研、批改作业等教学活动,受教课程由学区教研室集中安排,每周五天,校校必到。四是严格"走教"教师绩效考核,学区教研室具体负责对"走教"教师的考核和管理,考核每学期进行一次,对踏实敬业,工作积极,成绩突出的:"走教"教师在评先、评优、晋职和晋级等方面予以倾斜。五是加强"走教"过程督导,每学期进行一次评估,每学年进行一次总评。这一举措缓解了当地农村小学师资紧张,专业教师匮乏的现状,促进了当地乡村教育协调发展。❶

二、湖北省乡村教师补充机制案例

(一)湖北省关于乡村教师补充机制的主要政策

2012年起,湖北省开始实施省级统筹的农村义务教育学校教师补充机制,通过补充机制稳定和发展乡村教师队伍。该机制以国家规定的教师考试标准、全省统考、县聘校用的方式,实行"全省统招统派、经费省级负担、县级教育行政部门管理、乡村学校使用"的教师补充省级统筹方式。截止

---

❶ 山西晋城泽州县巴公镇陈沟学区推行教师"走教"制度[J/OL].[2015-04-23].

2015年，湖北省共招录了3.1万余名乡村教师，极大缓解了当时乡村学校教师紧缺、年龄和学科结构性矛盾突出等问题。根据《国务院办公厅关于印发乡村教师支持计划（2015—2020年）的通知》要求，湖北省制定并印发了多部文件，指导和促进本省乡村教师队伍的建设和发展。

1. 2015年湖北省《关于加强乡村教师队伍建设的实施办法》

乡村教师培养方面，办法指出要改革师范教育培养模式，加大专业经费支持力度，省教育行政部门将省属高校师范类专业生均经费拨款系数从1.0调整为2.0；建立师范生全学段学习实践制度，推动师范院校与地方政府、中小学校共建教师专业发展中心，形成乡村教师专业发展支持服务体系；建立新入职非师范专业教师岗位专业技能集中培训制度，探索建立全科教师培养模式，鼓励地方政府与师范院校根据当地乡村教育实际加强本土化培养，重点为村小学和教学点培养全科教师。

乡村教师招聘方面，《实施办法》要求完善省级统筹的乡村义务教育学校教师补充机制，各地乡村义务教育学校新进教师，落实"国标、省考、县管、校用"制度，按照"总量平衡、退一补一"原则，实行招聘计划省级统筹。

乡村教师培训方面，政府统筹规划和支持教师全员培训，地方政府要履行实施主体责任，保障乡村教师培训经费投入。通过实施"国培计划"和省级培训统筹力度，整合"乡村紧缺学科教师培训""名师送教下乡""乡村教师访名校""优秀教师出国（境）培训"等项目，着力支持乡村教师提升学科教学能力，培养教学名师。加强县级教师培训团队建设，为乡村教师区域内培训、校本研修等打造培训者队伍。

总体来看，《实施办法》从职前培养到职后培训制定了一系列计划。从改革师范教育的入口把好关，同时对已入职的乡村教师，通过实施"乡村紧缺学科教师培训""名师送教下乡""优秀教师出国（境）培训"等具体项目，切实提升乡村教师的教学能力。

2. 2022年湖北省《关于全面深化新时代教师队伍建设改革的实施意见》

根据《中共中央、国务院关于全面深化新时代教师队伍建设改革的意见》和全国教育大会精神,针对湖北省教师队伍现状,制定改革的意见。意见中提出实施教师教育振兴行动计划,支持市(州)与高等学校定向培养农村中小学教师和乡镇公办幼儿园教师,落实普通高等学校毕业生到县以下学校任教学费补偿制度,根据省分类的贫困山区县、江汉平原及城郊县两类进行差异化补偿,所需资金由各地统筹,省级财政按比例予以补助。教师培训方面,省级中小学教师培训项目重点支持乡村学校、贫困地区和紧缺薄弱学科教师培训。在健全城乡统一的中小学教师补充机制方面,各地根据学校建设、生源变化、教师编制和教育事业发展需要,充分考虑新型城镇化、全面二孩政策及高考改革等带来的新情况,按照"缺额全补"的原则足额补充中小学教师,注重补齐体育、美育、劳动教育课程教师。建立省级中小学教师统一招聘考务平台,各地招聘农村义务教育学校教师由省级统一组织,招聘其他中小学校教师可结合实际自愿参加。参加统一招聘的,由各地申报招聘计划,省人社、教育部门统一组织笔试,县级教育部门组织面试。❶

(二) 湖北省乡村教师补充的实践措施

1. 建立了符合乡村教师职业特点的职称评价体系

2020年,湖北省人社厅、省教育厅联合印发《关于开展乡村教师专业技术职务任职资格定向申报评审工作的通知》,制定出台《湖北省乡村教师专业技术职务任职资格申报评审条件(试行)》,明确从2021年起在全省实行乡村教师职称"定向评审、定向使用"改革。这一改革对激励乡村教师职业发展,提高乡村教师业务能力和教书育人水平,吸引和鼓励优秀教师扎根基层,加强乡村教师队伍建设,提高乡村教师地位,促进乡村教育事业发展具有十分重要的意义。近年来,全省有8500余名农村教师通过绿色通道实现了职称晋升。

2. 重视乡村教师的规模化培训,提高乡村教师质量

统筹实施"国培计划"和省级中小学教师培训,中央和省财政每年投入约1.3亿元,形成乡村教师普惠培训、骨干教师提升培训、优秀教师研修培训的

---

❶ 湖北省政府网. 湖北省政府《关于全面深化新时代教师队伍建设改革的实施意见》[EB/OL].
[2022-03-31].

培训体系。湖北省近3年培训中小学教师约36万人次,其中乡村教师占比约70%。大别山、武陵山、三峡库区等山区,基本实现乡村教师全员轮训。

3. 县管校聘促进城乡教师一体化配置

湖北省从2014年开始推进"县管校聘",2015年1月印发《进一步加强县域内义务教育学校校长教师交流轮岗的实施意见》,2019年全省全面实施"县管校聘"管理改革。落实县域内中小学教师统筹管理权,在编制、人社、财政部门控制总量基础上,由教育部门根据发展需要统筹调配学校间编制、岗位、人员。2020年以来,湖北省委一号文件明确要求全面推进"县管校聘"改革,省政府工作报告也作出部署安排。

4. 建立湖北省乡村教师关爱基金和湖北省乡村教师奖励基金

2016年,湖北省建立乡村教师关爱基金和乡村教师奖励基金,分别对大病、特困教师提供救助,对做出突出贡献的乡村教师给予奖励。建立奖扶机制,鼓励全省乡村教师长期从事乡村教育工作,专心钻研教育教学业务,着力培育一批爱岗敬业的乡村优秀教师和优秀教育工作者。办法规定,教师本人患重大疾病,医疗费用经济医疗保险、城乡居民大病保险报销和城乡医疗救助(含重特大疾病医疗救助)后,个人负担费用在5万元以上的全省县以下乡镇和村庄学校正式在编的特困教师都可申报乡村教师关爱基金的资助。关爱基金和奖扶基金的建立,对于稳定乡村教师队伍起着重要的作用。

第三节 西部地区乡村教师补充机制实践个案

陕西和四川是中国西部两个重要的省份,这两个省份分别制定了相应的政策和措施,以补充乡村教师队伍。陕西省乡村教师补充机制,根据陕西省人民政府的政策文件,乡村中小学教职工编制按照城市标准统一核定,其中村小学、教学点编制按照生师比和班师比相结合的方式核定。县级教育部门在核定的编制总额内,按照班额、生源等情况统筹分配各校教职工编制,并报同级机构编制部门和财政部门备案。通过调剂编制、加强人员配备等方式进一步向人口稀少的教学点、村小学倾斜,重点解决教师全覆盖问题,确保乡村学校开足开齐国家规定课程。四川省乡村教师补充机制，根据四川省教育厅的政策文件，四川省将采取多种方式，拓展乡村教师补充渠道，提高乡村教师生活待遇，加强乡村学校教师编制管理，完善乡村教师职务（职称）评聘办法，促进城镇教师向乡村学校流动，提升乡村教师专业水平，增强乡村教师职业荣誉感，落实各级政府主体责任等 9 个方面，以加强四川省乡村教师队伍建设。具体来说，四川省将采取直接考核、争取扩大"特岗计划"教师招聘规模、加大省属免费师范生定向培养力度、通过政府购买服务或按《劳动合同法》招用补充、完善普通高校毕业生乡村学校任教到岗学费奖补机制等措施，补充乡村教师等相关人员。

一、陕西省乡村教师补充机制实践案例

（一）陕西省关于乡村教师补充机制的主要政策

1. 2015 年陕西省政府办公厅《陕西省乡村教师支持计划（2015—2020 年）实施办法》

办法明确将乡村教师队伍建设纳入全省教师队伍建设体系，要拓展乡村教师补充渠道，积极争取中央特岗教师计划，适当扩大乡村教师招聘规模，优化乡村教师性别结构，各市、县（区）政府要加大对乡村教师队伍建设的财政支持。鼓励优秀高校毕业生到乡村学校任教，扎实落实高校毕业生到乡村学校任教一定期限享受学费补偿和国家助学贷款代偿政策。加强"一专多能"乡村教师的本土化培养，经地方免费师范生计划或乡村教师定向培养计划培养并取得教师资格证的毕业生，定向安排生源县乡村学校任教。鼓励城镇退休特级教师、高级教师、教学名师到乡村学校支教讲学。❶

2. 2016 年陕西省教育厅《关于做好陕西省乡村教师专业发展示范校和示范坊遴选与建设工作的通知》

为贯彻落实国务院《乡村教师支持计划（2015—2020 年）》和《教育部财政部关于改革实施中小学幼儿园教师国家级培训计划的通知》精神，全面

---

❶ 陕西省人民政府网. 陕西省乡村教师支持计划（2015—2020 年）实施办法 [EB/OL]. [2016-03-03].

提升乡村学校校本研修质量和乡村教师工作坊研修水平,陕西省教育厅决定在全省国培计划项目区县组织开展乡村教师专业发展示范校和示范坊建设与评选,并制定了乡村教师专业发展示范校建设方案和乡村教师专业发展示范坊建设方案。建设方案要求在项目区县启动实施"乡村教师专业发展示范校建设计划",为持续推进乡村教师队伍建设、整体提升乡村学校校本研修质量提供示范引领。

3. 2017年陕西省教育厅等部门《关于进一步落实好连片特困地区乡村教师生活补助政策的实施意见》

为有效增强乡村教师岗位吸引力,2017年陕西省启动实施了国家集中连片特困地区乡村教师生活补助政策。实施范围为43个国家集中连片特困县所属义务教育阶段公办学校在编在岗的乡(镇)、村和教学点教师。国家集中连片特困县区乡村教师生活补助政策,按照"省级统筹推动,市县自主实施,争取中央奖补"的原则实施。平均补助标准每人每月400元,一年12个月。所需资金由市、县自主落实,省级统筹中央奖补资金按照50%的比例予以补助。

4. 2021年陕西省教育厅等部门《关于进一步完善乡村教师生活补助政策的通知》

进一步加强乡村教师队伍建设,陕西省自2021年秋季学期起进一步完善乡村教师生活补助政策,补助范围主要是在56个脱贫县(区)继续实施生活补助政策基础上,将其余县(市、区)全部纳入义务教育阶段乡村教师生活补助政策实施范围,实施对象为义务教育阶段公办学校在编在岗的乡(镇)、村和教学点教师(含特岗教师)。乡村教师生活补助政策按照"省级统筹推动、市县自主实施"的原则组织实施,市、县两级政府是落实政策的责任主体。平均补助标准每人每月不低于400元、一年按12个月计算。所需资金由市县财政承担,省级财政通过转移支付分类给予奖补支持。

5. 2022年陕西省教育厅等六部门《关于加强新时代乡村教师队伍建设的通知》

为推动教育部、中组部等六部门《关于加强新时代乡村教师队伍建设的意见》的落实,助力乡村振兴战略,切实加强新时代乡村教师队伍建设,陕西省教育厅等六部门下发通知,加强乡村教师队伍建设。从强化师德师风建设,增进教育情怀,提高教师培养质量、培养乡村骨干教师队伍和加强乡村教师培训等五个方面,重点推进乡村教师专业发展。在乡村教师配置保障机制方面,通知要求要创新挖潜编制配备,规范优化编制配置,深入推进"县管校聘"制度、加强教师交流轮岗、完善乡村教师待遇保障机制,职称评聘倾斜乡村,通过一系列制度保障乡村教师队伍的建设和发展。

6. 2022 年陕西省实施"中西部欠发达地区优秀农村教师定向培养计划"

为贯彻落实习近平总书记关于加强中西部欠发达地区教师定向培养重要指示精神,造就一批有理想信念、有道德情操、有扎实学识、有仁爱之心的"四有"好老师,落实新时代强师计划,建设高质量中小学教师队伍,推动巩固拓展教育脱贫攻坚同乡村振兴有效衔接,陕西省实施"中西部欠发达地区优秀农村教师定向培养计划"。从 2021 年起,每年招收"优师计划国家专项"师范生 80~200 人,"优师计划地方专项"师范生 600~800 人,采取定向方式由部属师范大学与地方师范院校面向全省 56 个脱贫县(原集中连片特困县、国家扶贫开发工作重点县)培养本科层次"优师计划"师范生,学生在校期间免除学费、住宿费,并补助生活费,毕业后须按定向就业协议约定,到脱贫县(区)中小学(含幼儿园,下同)履约任教 6 年,从源头上改善脱贫县中小学教师队伍质量,培养造就大批优秀教师。❶

(二)陕西省乡村教师补充的实践措施及成效

1. 陕西省"国培计划"助力乡村教师发展

"国培计划"是"中小学教师国家级培训计划"的简称,由教育部、财政部于 2010 年全面实施,对于推进义务教育均衡发展,促进基础教育改革,提高教育质量具有重要意义。自 2010 年起,"国培计划"在陕西省累计投入专项经费达 8.258 亿元,"国培计划"参训受惠教师超过 90 万人次。陕西省"国培计划"培训聚焦乡村教师,按照"分类规划、整县推进、周期支持、

---

❶ 陕西省教育厅,等. 陕西省教育厅等八部门关于印发《陕西省实施"中西部欠发达地区优秀农村教师定向培养计划"工作方案》的通知 [EB/OL]. [2022-07-06].

倾斜乡村"的原则，面向全省分三批遴选出77个区县作为项目区县，每个项目区县给予两年一轮的"国培计划"支持，重点培育县级教师培训团队，提升区域教师队伍建设"造血"功能。

"国培计划"实施以来，针对贫困项目区县普遍存在的教师培训学习机会不多、教育发展系统规划不足等问题，省教育厅组织培训专家进行了专题研究，诊断把脉、科学规划，采取"规划指导、整县覆盖、统筹实施"的策略，加大高等学校、县级教师发展机构、区县优质中小学幼儿园、优质远程培训机构"四位一体"教师专业发展支持服务体系建设。省教育厅结合"国培计划"项目有关要求和全省教育扶贫工作实际，结合高校"双百工程"，对贫困县区采取高校重点对接、机构联合帮扶的形式，为24个贫困县区乡村教师安排了省内11家重点高等院校和3家全国知名远程培训机构，在贫困县区的教师培训团队建设、薄弱环节提升等方面，进行全方位打造。2015年至2018年的"国培计划"，陕西下移培训重心，聚焦乡村教师，采取短期集中、送教下乡、网络研修、名校访学、校本研修等方式，对乡村教师进行专业化培训。2019年至今的"国培计划"，陕西省采取集中培训、在线培训、精准帮扶、名校访学、导师带教、送教下乡等方式，聚焦参训教师专业发展与核心能力素养，强化立德树人根本任务，突出师德师风培养培育。2020年"国培计划"项目实施过程中，陕西省借鉴先进经验，通过名师名校长工作室、学科带头人工作坊、教学能手工作站等骨干体系力量，加大对贫困地区乡村寄宿制学校支持力度，加强贫困地区小规模学校整体教育帮扶，用教育扶贫守护农村发展希望。经过近十年"国培项目"的实践探索，陕西省教师培训工作取得长足进步，培育了一系列根植乡村教师专业发展的示范区、示范校和学科专业示范坊，有效推动了全省乡村教师专业发展。"国培计划"的实施，有力促进了全省参训的80多万农村骨干教师教学能力和专业水平的提升，特别是"国培计划"重心下移到乡村学校后，加深了广大乡村教师对新的教育理念和教学内容的理解，以及对新的教学方法和教学手段的运用，进一步增强了他们教书育人的责任感和使命感，为他们在乡村教育第一线改进教育方法、提升教学质量奠定了基础，进一步促进了陕西省城乡教育均衡

发展。❶

2. 骨干教师引领，提高乡村教师的教学能力

2013年，陕西省出台《关于加强中小学教师队伍骨干体系建设的意见》，实施"骨干带动"工程，强化骨干引领，开展"三级三类"骨干教师和"三级两类"骨干校园长体系建设。截至2022年底，全省累计培养省级教学能手8526人、学科带头人1646人、教学名师374人；省级骨干教师1.26万人次，市级骨干教师2.36万人次，县级骨干教师5.36万人次。在省级教学名师、学科带头人遴选中向乡村一线倾斜，规定名师工作室、学科带头人工作坊核心成员中乡村教师占一定比例。骨干教师通过"名师大篷车"送教下乡，精准帮扶200多所薄弱学校和1000多名教师，切实带动提高了薄弱学校教师整体教育教学水平。

3. 构建城乡教师帮扶机制，促进乡村教师专业发展

开展省市级"城乡教师学习共同体——名师引领行动"，以"名师引领行动"为载体，搭建教师发展平台，开展城乡学校、教师定向帮扶和培训。每年培训教师近3万人，年投入经费近1300万元。如咸阳市532所学校开展城区优质学校与乡村薄弱学校结对帮扶活动。榆林市利用陕西教育扶智平台建设"三个课堂"，大力开展城乡学校网络结对帮扶工作。安康市2021年遴选170名个人和团队、2022年组建24个骨干团队定点帮扶乡村学校，结合乡村振兴战略和县域义务教育优质均衡创建工作，持续加大教育集团化办学改革力度。商洛市推行联片教研、城乡学校对口帮扶、教研员质量责任区制度、名师帮扶责任区制度。宝鸡市建设"宝鸡市城乡教育联盟"，推进县区、学校全要素全过程合作，全市组建跨市区义务教育结对帮扶校、县区间和县区内联盟校274个，助力乡村义务教育学校优质发展。各学校也通过多种形式参与到帮扶活动中，学校发展共同体的建设为乡村学校提供了发展支持。

4. "县管校聘"管理改革，实现城乡教师配置一体化

推动"县管校聘"管理改革，通过交流轮岗、支教、走教不断盘活乡村教师师资。2022年，全省交流轮岗教师15946人，从城镇学校到农村学校交

---

❶ 国培十年铸一剑 三秦教育谱新篇——陕西"国培计划"十年发展综述[J/OL].[2020-09-04].

流教师 9859 人，其中名师、高级教师等 5428 人次，占交流轮岗教师总数的 34%。杨陵区成立体音美教学中心，将全区体音美教师集中管理，采用走教、支教等方式，打通使用，资源共享，有力促进了乡村体音美学科教学工作。2021 年开始，陕西省落实教育部等九部门联合推出的中西部欠发达地区优秀教师定向培养计划（"优师计划"），在人才培养中引导学生做新时代文明乡风的塑造者，培养优秀教师服务乡村，从源头上改善乡村教师结构。

经过乡村教师补充政策的不断落地，陕西全省乡村教师的数量得到有效补充，乡村学校生师比基本合理。2021 年全省乡村生师比：镇区为 12.1∶1，乡村为 15.5∶1；初中生师比：镇区为 12.5∶1，乡村为 10.8∶1；小学生师比，镇区为 16.3∶1，乡村为 9.7∶1，81.7% 的乡村中小学校长认为学校现有的教师（含走教支教、购买服务等）基本满足或完全满足开满课程、开足课时的教育教学需要。

二、四川省乡村教师补充机制实践案例

（一）四川省关于乡村教师补充机制的主要政策

1. 2015 年四川省《乡村教师支持计划实施办法（2015—2020 年）》

实施办法明确指出了乡村教师补充的五个主要措施，第一，扩大省属免费师范生定向培养力度，采取直接考核、争取扩大"特岗计划"教师招聘规模、通过政府购买服务或按《劳动合同法》招用补充、完善普通高校毕业生乡村学校任教到岗学费奖补机制等措施，补充乡村教师等相关人员，自 2016 年起，省属免费师范生年度招录培养名额从 2000 名增加至 3000 名，重点为乡村中小学校定向培养"一专多能"的教师。第二，将全省集中连片特殊困难地区和国家扶贫开发工作重点县农村教师生活补助政策实施范围扩大至"四大片区"贫困县，最低补助标准为每人每月 400 元，所需经费由省、市、县三级财政共同承担，省财政按每人每月 220 元给予定额补助。第三，推进义务教育教师"县管校聘"管理体制改革，由县级教育行政主管部门根据学校需要统筹实施派遣任教。落实中小学校长教师交流轮岗制度，通过定期交流、跨校竞聘、学区一体化管理、集团化办学、学校联盟、名校办分校、对

口支援、名优教师送教、乡镇中心学校教师走教等多种途径和方式，引导优秀校长和骨干教师向乡村学校流动。凡在城镇中小学校任教满9年的教师，应向乡村和薄弱学校流动。第四，实施好"三区支教"计划，选派城镇学校有经验的管理人员和骨干教师到贫困地区、民族地区、革命老区的乡村学校支教讲学，帮助转变教育理念、更新教育教学手段、提高教育教学质量。第五，发挥"国培计划"和"省培计划"示范引领作用，分类分层实施乡村教师校长素质能力提升培训。[1]

2. 2016年四川省"十三五"脱贫攻坚规划

规划强调拓展乡村教师补充渠道，通过扩大农村义务教育阶段特设岗位的计划规模，扩大省属免费师范生计划培养规模并优化调整培养方案，切实加强本土化培养，采取多种方式培养"一专多能"乡村教师。建立"四大片区"农村中小学校直接考核招聘本科及以上学历教师制度。推动城镇优秀教师向乡村学校流动。推进义务教育阶段教师队伍"县管校聘"管理体制改革，全面实施城乡教师、校长交流（轮岗），推动优秀教师持续向乡村流动。

3. 2018年中共四川省委、四川省人民政府《关于全面深化新时代教师队伍建设改革的实施意见》

在乡村教师补充方面，实施意见指出实行义务教育教师"县管校聘"，县级教育行政部门在核定的岗位总量内，将教职工岗位设置到校并统筹管理教师，切实加强县域内教师的考核评价、岗位竞聘、交流轮岗等工作。深入推进县域内义务教育学校教师、校长交流轮岗，实行教师聘期制、校长任期制管理，严格聘期和任期考核，推动城镇优秀教师、校长向乡村学校、薄弱学校流动。实行学区（乡镇）内走教制度，当地政府可根据实际情况给予相应补贴。实施好省级师范生公费定向培养计划和"特岗计划"，根据国家统一部署适时提高特岗教师工资性补助标准。鼓励优秀特岗教师攻读教育硕士。实施银龄讲学计划，鼓励支持乐于奉献、身体健康的退休优秀教师到乡村和

---

[1] 四川省人民政府网．四川省《乡村教师支持计划实施办法（2015—2020年）》[EB/OL]．[2016-01-13]．

基层学校支教讲学。❶

4. 2020 年《四川省深度贫困地区教育脱贫攻坚实施方案（2018—2020 年）》

本方案主要聚焦深度贫困地区教育扶贫，目标是用 3 年时间打好深度贫困地区教育脱贫攻坚战。关于加强乡村教师队伍建设方面，着重实施教师培养补充计划。第一，继续加大农村义务教育阶段学校教师特设岗位计划、四川省师范生公费定向培养计划等政策对深度贫困县的支持力度，到 2020 年，定向培养 2400 人，招录招聘教师 1 万人，使深度贫困地区教师总量达 7 万人。第二，推进实施城乡教师、校长交流（轮岗）管理，每年交流轮岗人数不低于应交流轮岗人数的 10%，推动优秀教师县域内均衡配置。加大"三区"人才支持计划教师专项计划倾斜力度，优先向深度贫困县选派急需的支教教师。第三，实施教师素质能力提升计划，加大"国培计划"、省级教师培训项目对深度贫困县的倾斜力度，鼓励教师开展学历继续教育能力提升，提高教师整体素质和能力水平。第四，实施农村教师待遇保障计划，深入实施乡村教师生活补助政策，确保乡村教师生活补助标准每月不低于 400 元。指导各地落实义务教育学校教师绩效工资制度，在基础性绩效工资中设立农村学校教师补贴项目，落实乡村教师乡镇工作补贴、艰苦边远地区津贴和高海拔折算工龄补贴等政策，保障乡村教师应享尽享。教师支教经历视同城镇教师到农村教育工作经历，在评优表彰方面予以倾斜，在职务（职称）评聘时同等条件下优先考虑。❷

（二）四川省乡村教师补充的实践措施及成效

1. 实行学区（乡镇）内走教制度，实现教师均衡配置

为推进义务教育均衡发展，切实缩小城乡、区域、校际差距，促进教育公平，四川省各地区多措并举开展紧缺学科教师和优秀教师走教工作。第一，加强制度保障，各地区制定相应文件，对教师走教等工作进行部署安排，要

---

❶ 四川省人民政府网. 中共四川省委、四川省人民政府《关于全面深化新时代教师队伍建设改革的实施意见》[EB/OL]. [2018-09-08].

❷ 四川省教育厅, 等. 四川省深度贫困地区教育脱贫攻坚实施方案（2018—2020 年）[EB/OL]. [2018-07-09].

求城区学校和优质学校利用师资优势，组织优秀教师、骨干教师到薄弱学校、结对学校开展多种形式的指导、支教、走教活动，提高薄弱学校教师专业素养和教育教学质量。第二，加强走教教师队伍建设，将名教师、骨干教师、音体美等紧缺学科教师纳入"走教"教师队伍，各校定期选派走教教师到薄弱学校任教。县教育局加强"走教"教师的培训与管理。每个教育学区的紧缺学科教师，由学区教育工作督导室统筹安排，在全学区实行走教，弥补师资不足。第三，构建多层次"走教"体系，统筹开展学区之间、学校之间、完小村小之间、民办教育与公办教育之间"走教"工作，双方学校签署长期合作协议，"走教"教师参与到薄弱学校的管理、教育教学、教师发展、校园文化、社团建设等，整体提升薄弱学校的办学水平。积极推进县域内、学区内教师跨校走教，对参与跨校走教的教师在绩效工资、评优选先、年度考核中予以倾斜激励。"走教"工作的开展，弥补了部分学校优质师资的不足，保证了学科课时的开齐开足，促进全县教育质量的整体提升，进一步促进了县级教育的均衡发展，保障了教育公平。

2. 实施银龄讲学计划，发挥引领示范作用

从 2010 年启动了"常青树——名优退休教师下乡兴教计划"，通过聘请一批名优退休教师赴农村中小学支教走教，带动农村中小学教师队伍专业发展，提升农村教育教学质量。"常青树计划"的服务范围为成都市三圈层中小学义务教育阶段学校。成都市教育局通过该计划建立教师资源储备库，统筹调配区域内优质教师、学科紧缺教师以及社会优质师资。根据教育部、财政部此前印发的《银龄讲学计划实施方案》，2018 年起四川省启动银龄讲学计划，将面向社会公开招募优秀退休校长、教研员、特级教师、高级教师等到农村义务教育学校讲学，发挥引领示范作用，促进城乡义务教育均衡发展。

3. 音体美学科教师实行特殊化聘用和管理，实现乡村学校学科教师均衡配置

根据《中共四川省委办公厅四川省人民政府办公厅关于激励引导教育卫生人才服务基层的意见》规定，乡镇义务教育学校和幼儿园补充音体美教师，按照专业对口的原则，对大专以上学历人员可采取直接考核方式招聘；

县级中小学和幼儿园补充音体美教师，对大学本科及以上学历人员可采取直接考核的方式招聘，从而保障了乡村学校开足、开齐相关课程。同时，在管理中，对音体美教师实行单独标准进行考核评定。

4. 实行乡村教师荣誉制度，增强乡村教师的荣誉感

四川省在完善乡村教师补充机制的同时，通过实行乡村教师荣誉制度，增强教师的荣誉感，提高乡村教师服务乡村教育的责任感，一定程度上稳定了乡村教师的队伍。如 2015 年起，南充市某县对在乡村任教 30 年以上的教师进行了表彰，给长期在乡村学校任教的教师发放荣誉证书。同时，将乡村教师荣誉制度与物质经济奖励挂钩，不仅给从教 30 年的教师发放证书，而且凡在农村从教 30 年，符合评职称基本条件且表现突出的，可以直接推荐评高级职称，从教满 10 年、20 年的，工资则不受职称限制，直接享受该职称最高档工资档位。❶ 这一改革措施极大地提高了乡村教师在乡村学校工作的积极性，同时也能够吸引更多有志于乡村教育的师范生下到乡村学校，扎根乡村教育，为乡村教育的发展做出贡献。

---

❶ 付卫东，彭士洁《乡村教师支持计划》执行情况的调查与分析———以四川省 X 县和 Y 县为例 教师教育论坛，2018，31（3）：11-19.

第七章 优化乡村教师补充机制的策略与建议

为提升乡村教育质量,解决乡村教育中师资短缺问题,已有不少优化策略与建议。例如:制定加强乡村教师队伍建设的专项政策与措施,包括"特岗计划""公费师范生计划""交流轮岗"等。国家在政策保障、财政支持等方方面面都在倾斜乡村教育,推进乡村教师高效补充。也有一些建议着眼于乡村教师发展。例如,鼓励乡村教师积极参与培训、发乡村精品课程等等。这些策略和建议对乡村教师补充,以及乡村教师整体素质提升,促进乡村教育发展,发挥了一定的作用。在此基础上本书提出了一些新的乡村教师补充思路。

第一节 引进来:形成一支数量充沛的乡村教师队伍

2015年6月,我国发布了《乡村教师支持计划(2015—2020年)》,提出"必须把乡村教师队伍建设摆在优先发展的战略地位"。2018年,中共中央国务院印发了《关于全面深化新时代教师队伍建设改革的意见》,指出"兴国必先强师"。之后教育部等五部门联合印发了《教师教育振兴行动计划(2018—2020年)》,特别强调,要"为乡村学校培养'下得去、留得住、教得好、有发展'的合格教师"。可见,国家对于乡村教师的培养极为重视。但是,在这一系列政策文件出台之后,城乡教师队伍的整体差异仍然存在,乡村教师"下不去,留不住,教不好"的现象并未得到彻底改善。加快乡村教师的培养,尽快努力培养一批"下得去,留得住,教得好"的乡村教师,有助于数量充足,结构合理,素质优良的稳定的乡村小学教师队伍的形成,有助于乡村教育教学质量的提升。

一、重视源头培养，为乡村教师补充提供优质生源

　　乡村教育是乡村振兴的重要组成部分，乡村教育的发展要靠乡村教师。高质量的教师队伍培养需要依托高等师范院校来完成。高等师范院校在培养乡村小学教师方面，承担着重要的责任。高等师范院校应该开设针对乡村教师的相关专业方向，把培养乡村教师作为教师培养的一个重要方向，同时从培养目标、课程设置、培养内容等方面聚焦式发展。

　　首先，地方高师院校在制定明确的培养目标时，要以"为乡村服务，为乡村振兴战略服务"为重要前提，面向真实的"乡村社会"，将"乡村学校"作为明确定位，并对未来乡村教师进行"全科"培养。同时，花大力气帮助职前乡村教师坚定职业信念，树立崇高职业理想，提高其教育教学实践能力，从根本上切实解决乡村教师"下不去，留不住，教不好"的现实问题。

　　其次，地方高师院校要合理设计课程结构，在现有课程体系的基础上增加有关乡村教育的内容，将乡村典型特征、乡村优秀文化等知识纳入现有的课程体系，比如：可以开设"乡村教育概论""乡村文化""乡村儿童"等课程，使师范生更多地理解乡村现实，乡村教育和乡村儿童的特点，以便其在未来与乡村教育更好地契合，同时要特别注意避免用城市的经验和传统来开展乡村教育。乡村学校的教育实习与见习也是高师院校学生了解乡村教育实际情况的绝佳机会。高师院校可以与各级政府、教育行政部门和乡村小学积极沟通，为学生提供实地接触乡村小学的机会，为未来从事乡村小学教育教学工作做好准备。乡村学校一般而言规模比较小，教师"包班""复式教学"的情况较为多见，因此，要注意全科教师的培养，并加强音乐、体育、美术等课程的教学工作，在课程设置中，加入乡村学校"复式教学"的方法与策略，并对如何充分发挥小规模班级的教学优势给予相应指导。

　　最后，要特别注重培养师范生扎根乡村、服务乡村的坚定信念。职业信念，是指个体认为可以确信并愿意作为自身行动指南的认识或看法。目前，无论是"下不去"还是"留不住"的问题都与高师学生的职业理想与职业信

念息息相关。如果高师院校学生树立了服务乡村的坚定职业信念与崇高的职业理想，就能克服困难，扎根乡村教育，服务于乡村振兴。增强高师院校学生对乡村教师的职业认识，坚定其职业信念，是前提性措施。其一，必须让师范生了解教师职业，了解乡村社会，了解乡村文化，在此基础上激发其对乡村教师职业的向往以及对乡村教育事业的热爱。其二，高师院校要积极引导学生打破乡村教师水平低、层次低、没前途的刻板印象，强化家国情怀，使学生将个人职业理想、专业发展与国家乡村振兴战略发展目标结合起来，以服务乡村，扎根乡村作为自己的职业理想，具备坚定的职业信念，并为发展乡村小学教育事业不懈奋斗。

乡村振兴需要乡村教育做出巨大贡献。努力培养扎根乡村的高质量的乡村教师，对于推进乡村振兴战略具有举足轻重的意义，也是解决乡村教师补充难题的前提性工作。地方高师院校需要行动起来，不断提高自己为地方服务的能力，主动肩负起培养"下得去、留得住、教得好"的乡村教师的历史重任，为把我国建设成为"教育强国"而不懈努力。

二、积极推行"县管校聘"，增"流动"之效强乡村之师

2014年，《关于推进县（区）域内义务教育学校校长教师交流轮岗的意见》颁布，明确提出"推进'县管校聘'管理改革"。"县管校聘"作为"教师管理制度"出现，要求义务教育阶段教师实施"县""校"共管。2020年，《中共中央国务院关于抓好"三农"领域重点工作确保如期实现全面小康的意见》颁布，再次提出要"全面推行义务教育阶段教师'县管校聘'"。县管校聘，为乡村教师补充提供了良好的政策氛围，能够有利于县域师资的合理分配与调用，打破优质师资固化，实现县域师资均衡，这在一定程度上有利于乡村教师量与质上的双重补充。

"县管校聘"制度正好为通过统一调配实现乡村教师补充。本质上，"县管校聘"是指县域行政机构掌握教师资源的主动配置权力，进而实现县域教师资源的合理分配、科学配置。即县级教育行政机构要按照县域内各级各类学校教育发展的实际情况和标准要求，将县域内的教师资源通过一定的形式

和机制进行调配。这就意味着县域教育行政机构能够在充分调研各校实际的情况下调配教师资源,完善师资配置。在师资的初级分配上,乡村学校因其实际情况会被"照顾",县级教育行政部门会综合考虑学科、年龄、性别、能力等因素进行科学配置,首先解决师资短缺的问题。同时,"县管校聘"的制度,还能以其"流动性"实现教师资源的"优质互动",即由于县管校聘的"县域"调控性,一方面,能够实现教师的定期交流,让乡村教师"流动"起来,形成"师资活水"。另一方面,能够实现教师的实时性交流,按照乡村学校需求的变化而补偿性地流动,确保师资补充的有效性。

"县管校聘"制度之下,为确保流动之效,应该形成良好的聘任制度,既是提供一种评价机制,维护和规范教师流动中的权力与义务,也是为形成一种动态机制,最优化教师流动的工作效率。聘任要签订聘任合同,时间以3~5年为宜。时间太短会让教师觉得聘任只是形式,失去聘任制的相关约束作用。时间太长,也会因为监管不力等造成制度流于形式。3~5年,不仅能够确保教师的"流动",有利于教师规划自我发展路线,也能确保学校根据自身需求定期调整"流动"情况。同时,在这种"流动性"的补充机制中,应做好校本培训。由于"流动性"补充的特征,教师的校本认知较差,为提高教师的适应性以及学校教育的发展性,校本培训是一种最为有效的方法。首先,在内容选择上要从学校实际出发,根据学校实际情况对教师进行培训,让教师了解学校,认可学校,能够为学校发展提供自身力量。其次,在形式上要灵活多样,由于县域内各学校之间有一定的差异性,所以要采用多样的培训方式,让教师在研究、分析、研讨等各种形式中尽快且深入地了解"流入校"。总之,要充分利用政策优势,为乡村教师配置合理之师,强化教师的培训,提高流动教师的学校认可度,培养教师成为"多面师",为乡村教育贡献力量。

三、"定向培养"倾斜农村,为乡村补充稳定之师

乡村教师补充应该聚焦两个方面:数量补充和质量提升。重视高师院校师范生的培养是在解决乡村教师质量弱的问题,多渠道引进是在解决乡村教

师数量少的问题。但两种策略只是聚焦了乡村教师补充的一方面。高师院校培养的学生进入乡村教育的可能微乎其微，引进的教师对乡村教育缺乏炙热的情感。为提高乡村教师补充的有效性，应将"定向培养"与乡村教师补充有机结合，鼓励地方政府与高等院校借助定向的方式培养具有乡土情怀和乡土特质的师范生，为乡村提供优质教师资源。

引进难，是乡村教师补充的首要困境；留任难，是乡村教师补充的最大困境；引进并留下的教师缺少乡村化与本土性，是乡村教育高质量发展的核心问题。本土化定向培养，成为解决这三个问题的有效措施。本土化定向培养，是根据乡村教育的实际，充分利用地方高校资源，培养具有乡村教育情怀、具备适应乡村教育实情的乡村教师的一种培养方式，包含定向招生、定向培养、定向分配三个环节。定向招生，应该以本地生源为主，招收愿意回到本地工作的学生，对乡土文化有直接经验，又极具乡土情怀的学生，同时通过"协议"的契约机制对定向招生进行约束，确保生源最终的任教去向符合定向初衷。定向培养，是指给予乡村教育，培养熟悉乡村、认可乡村、适应乡村的乡村教师，增强非理性因素的价值导向与行为引领，应该在精准定位的基础上设计适应乡村定向教师培养的课程体系。要打破城乡培养同质化，凸显乡村特色，将乡村典型特征、乡村优秀文化等知识纳入现有的课程体系，比如：可以开设"乡村教育概论""乡村文化""乡村儿童"等课程，使师范生更多地理解乡村现实，乡村教育和乡村儿童的特点，以便其在未来与乡村教育更好地契合，同时要特别注意避免用城市的经验和传统来开展乡村教师教育，为教师教育课程注入乡土文化内涵，增进未来教师对乡村需求和发展现状的了解，提升未来教师从事乡村教育教学工作的能力。如重庆师范大学以乡村为根基，在课程中融入乡村元素，在教师教育模块课程中开设了小学生心理辅导、农村留守儿童问题研究、乡村小学校本课程开发、乡村教师职业生涯规划与专业发展等富有乡村特色的课程❶。忻州师范学院也根据乡村生活实际，增加了乡村文化、烹饪等实用课程。这些课程的开设，为未来

---

❶ 路晨. 师范专业认证背景下小学全科教师人才培养方案的改革实践——以重庆师范大学为例 [J]. 天津市教科院学报, 2021 (1): 69-74.

乡村小学教师融入乡村教育奠定了良好的基础，也为其他院校面向乡村教师的课程设置提供了借鉴。与此同时，也要加强实习见习的乡土性，即为学生提供实地接触乡村小学的机会，为未来从事乡村小学教育教学工作做好准备。南京晓庄学院采取了"U-G-S"范式合作培养乡村小学教师，加强学生对乡村教育的认识与理解；肇庆学院构建了高水平的"U-G-S-T"的协同育人体系，形成了有影响的"肇庆模式"。这些做法都为未来乡村教师接触真实的乡村教育提供了宝贵的机会，也为乡村小学教师的培养探索出了新路径。定向分配，是终极解决"从哪里来到哪里去"的问题，确保招收的定向生源回到本地乡村学校工作，以"协议"为准绳，对定向分配进行约束，确保培养的教师能够顺利补充进乡村。这种定向招生与分配，能够解决乡村学生学习经费紧张的问题，也能够解决工作难的现实难题，更能解决乡村教师引进难的教育问题，有利于向乡村源源不断地补充能够长期扎根乡土的稳定师资。

四、引入"代课教师转正"机制，实现乡村教师"在地化"补充

受人口变动等各种因素的影响，教师供需矛盾仍然非常突出。为了缓解教师资源紧缺，许多地区和学校采用政府直接购买服务、劳务派遣、学校自聘等各种形式引入了大量代课教师。代课教师，是灵活应对乡村教师不足的有效措施，也是乡村学校惯用的解决师资缺乏的方法。由于程序不规范、管理不健全，代课教师虽解决了乡村学校师资短缺的基本问题，但也带来不少问题：待遇不高导致工作积极性差，也就直接导致稳定性不强。也有研究表明，代课教师群体在教学方面表现出了良好的整体风貌。"意愿强、态度好、水平高、稳定性强"的整体特征使其表现出很高的岗位胜任度。❶ 代课教师，通常都是本地能够胜任教育教学的师范毕业生或有教师资格的人。这就意味着代课教师具有较好的乡土性，也具备进入教师行业的基本条件，更容易扎根相对偏僻的乡村教育。引入"代课教师转正"机制，是有效补充乡村教师队伍的合理之举。

---

❶ 汪曦. 农村教师补充政策有效性研究 [D]. 武汉：华中师范大学, 2015.

实现"代课教师转正",前提是确保代课教师队伍的高质量。这就需要提高准入门槛,设置以学历、教师资格证、学习背景等为条件的聘用规则,保证聘用质量,同时实行代课教师规范管理,进行定期考核,阶段性测评。安雪慧等认为,规范代课教师管理制度是保证代课教师质量的重要基础,其内容包括实施灵活的动态管理机制,建立代课教师人才备用库,合理稳妥地清退不合格代课教师以及建立灵活的代课教师聘用制度等❶。其次,做好"转正"考核与准入制度,对合适人选进行多方位考核与评价,在正常招聘条件下予以一定程度的"照顾",但这个"照顾"要适当、有规范、且不能影响教育教学质量,做到公平与效率兼顾。最后,"转正"后的要特别重视对其的职业培训与发展,提升"代课"教师的职业技能水平和业务素质,开展针对其发展与成长的培训与进修,促进教师专业成长,使其尽快成为合格且优秀的乡村教师。

第二节 培养好:打造一支质量过硬的乡村教师队伍

乡村义务教育的高质量发展,需要建设一支稳定的、高质量的乡村教师队伍,"引进来"是一种直接手段。但由于各种主客观原因,"引进来"也会面临困境。例如,教师编制短缺导致无法引进;城乡差异影响引进情况;乡村小规模学校的不断增多导致编制不缺但教师队伍出现结构性短缺;教师职业发展理想的不易实现导致引进受到阻滞等。要想从根本上解决乡村教师不足的问题,提升现有教师队伍的素质素养,是一种内源性策略。优质的教师资源会在很大程度上弥补数量不足之缺陷。

一、"攻心"为上,提升现有乡村教师队伍的留任意愿与能力

俗话说,身在曹营心在汉。如果乡村教师不能全身心地投入乡村教育,

---

❶ 安雪慧,丁维莉. 代课教师:合理存在还是应该清退——兼论代课教师规范管理制度 [J]. 教育研究, 2011 (7): 75-77.

形成一支高质量的乡村教师队伍就是无稽之谈。近年来，农村教师的隐性流失现象普遍存在，严重制约了农村教育质量的提高。农村教师隐性流失，是指在农村教师人事隶属关系不发生变化的条件下，即农村教师本人还继续留在学校内，但对教育教学的兴奋点（或兴趣点）开始（或已经）全部（或部分）弱化或从教育教学工作中转移至其他地方，或从事着与教育教学无关或关系不大的工作，或在教育教学工作中得过且过、无意进取等现象。农村教师隐性流失是教师工作效力的流失，它以隐蔽的形式存在，不宜被觉察。农村教师的隐性流失主要表现在工作压力感倍增、工作积极性不高、学习动力不足等等。与城市教师相比，乡村教师工作、生活所处的环境比较艰苦、任教科目多、工作量大且任务重，享受的薪资待遇比较低，缺乏来自社会的尊重和关爱，这影响了乡村教师的工作热情，加上他们对自己从事乡村教育工作的重要价值缺乏充分的认识和认同，使得乡村教师的工作满意度、职业认同感以及忠诚度都处于较低的水平。❶

有研究表明：工作满意度显著正向影响乡村教师敬业度❷；心理安全感显著积极影响交流轮岗教师的敬业度❸。教师的压力感、满意度、敬业度、幸福感等与教师的主观体验、感受能力、心理状态密切相关。同样的工作现状，不同的教师感受不同。因此，只有不断提升教师自身的心理素质，提高适应力，才能减少不良情绪，缓解工作压力，获得幸福体验，提高敬业度。

因此，关心每一位乡村教师，维护每一位乡村教师的心理健康，积极开展各种各样形式的教师心理健康培训讲座，帮助教师树立正确的心理健康观，掌握正确的心理健康调适的技能，以提高教师自身的心理维护能力，增强教师的职业幸福感体验能力。同时，将人性化管理延伸到教师的个人生活领域，关心他们的生活现状，工作状态，增强教师对乡村尤其是乡村学校的归属感，进而提升乡村教师的敬业度。乡村教师的敬业度越高，在工作中投入的时间

---

❶ 赵明仁，谢爱磊. 国际视野中乡村教师队伍高质量发展的策略与启示 [J]. 中国教育学刊，2021 (10)：8-14.

❷ 樊香兰，申国昌，蔚佼秧. 付出—回报失衡对乡村教师敬业度的影响 [J]. 教育科学研究，2022 (12)：70-75.

❸ 蔚佼秧，樊香兰. 组织支持感对交流轮岗教师敬业度的影响研究——心理安全感的中介作用 [J]. 教育理论与实践，2022，42 (28)：38-43.

和精力就会越多，责任心就会越高，从而促进乡村教师队伍的高质量发展。

二、"内生"为主，提升乡村教师个体的学习力

教师个体学习力指教师获取信息、改造自我、创新教学工作并改变自身生存状态的能力，包括学习动力、学习毅力和学习能力。学习动力体现了学习的目标；学习毅力反映了学习者的意志力；学习能力则源于学习者掌握的知识及其在实践中的应用。❶ 教师只有同时具备了上述三要素，才能具备真正的学习力。首先，学习目标是学习的出发点也是学习的归宿。教师的学习目标越明确、越切合自己的实际情况，其努力越能够获得成功。作为学习力方向性要素的目标，决定个体学习行为的方向，影响学习力的指向和质量。当中小学教师确立了努力的学习目标后，就具备了"应学"的动力。其次，教师学习意志力是教师自觉克服困难、努力实现预定学习目标的一种意志品质，是人的一种"心理忍耐力"，是教师完成学习、工作和事业的"持久力"。当学习意志力与教师的期望、目标结合起来后，会发挥巨大的作用，是学习力结构中最活跃的要素。意志力要素是教师个体学习力中最基础的要素，为其他两项要素提供支持。当教师学习的意志很坚定时，就有了"能学"的可能性。最后，学习能力就是教师从学习中获得知识的能力，主要指教师学习和掌握新知识、新信息、新技术和新方法的能力。学习能力是学习力中的核心要素，是学习力强弱的直接表现。当中小学教师具备了丰富的理论和实践经验时，他们就具有了"能学"的力量。只有将学习目标、学习意志力、学习能力三者集于一身，中小学教师才真正地拥有学习力。

提升乡村教师的学习力，是培养一支质量过硬的乡村教师队伍的内源性策略。这是因为，首先，21世纪是人类进入知识经济社会的关键时期，由于知识爆炸、信息激增，知识的更新周期加快，人类学习已从个体的学习演化为组织的学习、社会的学习。乡村教师只有不断学习，补充自己的知识力量，革新自我，不断提升自己的学习力、竞争力和创新力，才能持续学习、不断

---

❶ 黄鹤飞.学习力：逆境创业的秘密[M].北京：世界知识出版社，2004：15-16.

创新，才能在教学上有所作为。其次，新课改的不断深入，对教师提出了更高的要求，教师必须加强学习，通过学习不断更新观念和知识，提升自身能力，掌握现代教育技术，学会运用各种新的教育思想、资源、手段和方法，"做一辈子教师"，必须"一辈子学做教师"，教师要牢固树立终身学习的理念。再次，从联合国教科文组织的《学会生存——教育世界的今天和明天》报告开始，终身学习思潮风靡全球，"教育"到"学习"的转向表明了教师教育观念由外引（培训）变为内发（学习），教育主体由教到学，教师角色从传道授业解惑者变为多重角色（引导者、学习者、研究者等），这其中最重要的是观念以及主体（学习主体）的变化，教师必须持续不断地学习，才能适应新形势，仅仅依靠师范教育和师资培训的再教育，教师素质难有质的飞跃，因为这些只是教师的"他主"发展，而教师的"自主"发展在教师素质提高过程中所起到的作用更为重要。最后，教师的专业发展强调教师是持续发展的专业人员，要求教师成为学习者、研究者和合作者并凸显教师发展的自主性，只有不断提高教师的专业水平，才能使教学工作成为受人尊敬的一种职业，才能不断地为学生提供有意义的学习经验，从而促进学生的健康发展。

教师学习力是教师学习的动力、毅力和能力的综合体现，教师学习力的强弱是内外因影响的结果。因此，要提升乡村教师学习力，一方面需要增强教师自身学习能力，另一方面需要完善促进教师学习的外部激励和保障机制。首先，要增强学习动力。乡村教师要结合本校实际，结合自身职业生涯发展阶段实际，制订切实可行、科学合理、富有感召力、具有挑战性、可行性和持久性的学习目标，这样才会对自身学习产生指导、激励、约束和规范作用。其次，要提升学习的意志品质。陶行知先生曾明确指出，学习光靠智力不行，有了学习的热情还不够，还得有坚持到底的意志，才能克服困难，使学习取得成功。在学习过程中，一个人的抗诱惑力强弱也是影响学习效果的重要因素。因此，乡村教师要加强学习意志品质的锻炼。教师要树立终身学习的理念，要克服"久入芝兰之室，不闻其香"的惰性。再次，要提高学习能力。学习能力是教师生存和发展的先决条件。当今社会是学习型社会，教师应当成为学习型教师,生命不息,学习不止。教师应通过提升学习能力,不断突破专业发展阶段,从而保持持续发展的态势。教师要运用科学的方法把书"读进去",通过时,教师还要从书本中"走出来",学以致用,以用促学,以学促用。最后,营造良好学习氛围。良好的学习氛围可以促进教师学习力的提升,学校管理者要千方百计地为教师学习提供一个良好的学习环境,保障教师在一个崇尚学习、支持学习、有利学习的合理的、人性化的制度体系下高效率地学习。

三、"助力"为基,形成满足乡村教师发展的服务型培训机制

教师培训是卓越教师专业成长的关键环节。随着教师教育一体化、大学化、标准化、终身化理念的确立,面向卓越教师培养的教育改革逐渐展开。在我国,教师培训对教师专业成长的影响具有时间长、程度深、范围广、作用大的特点和优势。因此,顺应教育形势,深入推进教师培训机制创新,是事关我国教师发展的大局和大计。

服务取向的教师培训机制是乡村教师培养的主要方向。从教师培训体制的取向划分有:计划取向、市场取向、服务取向。从建国后直到20世纪末期,我国教师培训的主要任务是教师学历补偿,是国家整体规划的教师培训机制。计划型教师培训体制的调控性最强,对我国教师培训体制改革影响时间最长。1999年,全国第三次教育工作会议明确提出了教师培训体制改革的方向性建议,即"完善以现有的师范院校为主体,其他高等学校共同参与、培养培训相衔接的开放的教师教育体系",标志着教师培训进入开放化、多元化的新时期,我国教师培训体制被迫带上了市场化的色彩。市场取向的教师培训体制在我国起步较晚,改革经验最为匮乏,发展较为稚嫩。我国只是引入了市场化机制,而并没有将教师培训视为或做成一种"地地道道"的"服务型商品"。无论是计划型教师培训体制还是市场型教师培训体制,都是对教师培训资源与教师培训需求之间的一种配置形式。计划型教师培训机制是一种强制性机制,是将培训"下达"给教师。市场型教师培训机制是一种

商品性机制，是将培训"推销"给教师。服务型教师培训体制绝非一种简单的培训事务、培训工作、培训任务，而是能够深层次地满足一线教师的培训需求，让培训服务沉入教师的教育生活世界中去，实实在在地解决教师教学专业提升中面临的种种瓶颈问题。所以，教师培训必须从教师的教育难题、工作需求中找到培训服务的生长点，并为这些难题的解决、需求的满足创造条件。这就是理想的服务型教师培训体制，它理应成为我国未来教师培训体制改革的主流与方向。

构建个性化、高效能、现代化的服务型乡村教师培训新体制，首先，需要建立教学名师与教学专家协同的教师培训资源形成机制。优质教师培训资源匮乏是我国服务型乡村教师培训体制建设中的最大短板，针对这一问题，优化优质培训教师培训资源的形成机制至关重要。一定数量的教师培训资源是满足乡村教师培训需求的基础条件，一定数量的优质教师培训资源是充分满足乡村教师培训要求、助推教育质量大幅度提升的核心条件。可以说，有无优质教师培训资源是检验我国乡村教师培训服务体系、服务能力的关键。优质的教师培训资源一定是优秀专家、优秀一线教师协力打造的结果，一定是先进理念、先进经验、先进管理的复合体。优质教师培训资源培育就是把这些优秀专家与优秀教师协同起来，形成教师资源研发团队，共同探究中小学对优质教师培训资源的需求状况与组织形态，构建教师培训资源协同创新体，并从乡村教师的教情与需要出发，研发出专门针对乡村教师、专门针对农村教育、专门针对乡村教育问题的特效教师培训资源。在这一团队内部开展理论与经验、研究与实践、专家与教师的多维互动交流与协同创新，在优质培训资源问题上形成共识、凝聚焦点、拓宽视野，加速优质教师培训资源的形成。这一协同创新机制的搭建与建设必定成为服务型教师培训机制建设的亮点与支撑点。其次，需要加强对优质、有效、特色乡村教师培训服务的鉴别机制。优质教师培训资源是优秀乡村教师培训服务的首要构成元素，但仅仅具备了这些优质教育资源，优秀乡村教师培训服务不会立刻形成，它还需要在一定鉴别机制的辅助下使之得到社会层面的认可。这就需要社会化的教师培训服务鉴别机制的参与与确认。建立优质、有效、特色乡村教师培训服务的鉴别机制，是国家、社会树立优质教师培训服务的社会化标准的需要，是引导乡村教师培训服务建设方向的有力途径。国家认定哪些教师培训服务是优质服务，哪些服务是劣质服务，就会以树立标杆的形式表明国家、社会的基本价值立场。目前，我国需要的乡村教师培训服务是质量优良、效力明显与特色鲜明的培训服务，是能够助推乡村教师专业持续、快速、健康、终身发展的培训服务，是精心、细心、贴心、耐心地解决教师工作中面临的实际问题的培训服务。这种教师培训服务与乡村教师工作需要之间是无缝式链接的，是能够适应并引领乡村教师专业发展方向的。为此，国家必须建立以培训研究专家与中小学一线骨干教师为主体的第三方评估机构，借助他们的"慧眼"与专业评估活动将这些教师培训服务从培训服务市场上"海选"出来，为它们顺利进入乡村教师培训课程提供顺畅通道。再次，需要强化乡村教师作为教师培训服务消费主体的地位。教师培训的生命在于乡村教师的需要、认可与欣赏，在于这种服务给他们专业发展带来的促进力、影响力与牵引力。应该说，"创办一种广大乡村教师满意的教师培训，为乡村教师提供最为贴心、专业、优质的培训服务，是服务型教师培训体制创新的归结点。"客观地讲，最好的教师培训只有乡村教师自身清楚，任何其他外围教师培训者、培训专家、培训机构只是"旁观者"，他们对教师培训服务的探索与打造只是"摸着石头过河"的过程，这种培训服务能否与乡村教师期待的培训服务吻合，的确需要一个磨合、尝试的过程。换言之，在教师培训服务项目研发中，教师培训机构与专家都只是教师专业发展的促进者、辅助者，最优教师培训服务的研发还必须"从群众中来，到群众中去"，还必须耐心聆听乡村教师的建议、心声与呼声。因此，最好的教师培训服务必须"贴地行进"，必须深入、细致地洞察乡村教师的培训需求与工作困惑，尽可能从教师面临的问题与发展中"生长"出教师培训服务，全面服务于乡村教师专业品性的形成与提升。所谓"专业品性"，就是"在某类具体情境里某种教师行为的趋向，构成品行的行为可能是有意识的、有目的的，或者是习惯性和自动化的，出于自觉或自发的。乡村教师是教师培训服务的消费主体，是教师培训服务的最终服务对象，是教师培训服务品质的最权威认定专家。所以，能否满足与促进乡村教师的专业品性提升是教师教育服务体制构建的根本诉求。教师培训机构所能做的就是：在教师培训服务研发中落实他们的消费主体地位，在教师培训服务提供中尊重他们的服务对象地位，在教师培训服务质量评估中强化他们的评价主体服务。在教师培训服务形成、评估与供给全程中落实乡村教师的建议权、选择权、决定权是服务型教师培训体制构建中的基础工程。最后，需要形成劣质教师培训资源的淘汰机制。在教师培训服务发展中，由于各种原因，如培训思维陈旧、培训者知识结构老化、培训课程更新不及时、培训组织理念过时等，那些已经入市、入校的教师培训资源会老化、陈旧，慢慢与教师专业发展实际、需要之间日渐脱离，最终沦为劣质教师培训资源。在这种情况下，建立劣质教师培训资源的退出机制，为最新教师培训资源腾出空间，确保教师培训资源处在新陈代谢之中，这是确保服务型教师培训体制充满活力的现实需要。无疑，一种教师培训资源一旦进入教师培训市场，自然会产生一定程度的变革惰性，创新、更新、变革的热情会逐渐降低，最终沦落为教师培训的落伍者。在这种情况下，如若没有优胜劣汰机制，这种教师培训资源会成为阻滞教师专业发展的拖累与包袱，会影响整个教师培训服务体系的品质。借助劣质教师培训资源退出机制的搭建，让那些已经入市、入校的教师培训资源时刻保持一种危机感，给那些尚未入市、入校的教师培训资源以成功希望，促使所有教师培训服务资源都处在积极更新、持续变革中，让整个教师培训服务体系始终处在开放、吸纳与吞吐状态之中，这是服务型教师培训体制永葆青春的必然选择。也只有这样才能保证为乡村教师提供的培训服务才是最好的，才能助力乡村教师成为高质量的教育者。

四、"发展"为要，创设提升乡村教师能力的多样培训模式

2017年10月，习近平总书记在中国共产党第十九次代表大会上做出了乡村振兴战略的重要部署。乡村教育是乡村振兴的重要组成部分，乡村教育的发展要靠高质量的乡村教师，乡村教师的培养在乡村振兴战略下迎来了新

的挑战与机遇。加快乡村教师的培养，尽快努力培养一批"下得去，留得住，教得好"的乡村教师，有助于数量充足，结构合理，素质优良的比较稳定的乡村教师队伍的形成，有助于乡村教育教学质量的提升。

首先，可以建设大学教师与乡村教师的合作模式，形成地方院校与乡村教育协同发展的合力，激发乡村教师发展的自主需求，生成乡村教师发展的胜任需求，满足乡村教师发展的关系需要，激活乡村教师发展内驱力。建构以 U-S 合作为模式的大学教师和乡村教师的共生机制，以对话、协作、创生为方式的共生体意识树立，激发乡村教师发展自主需要；以双向指导的教师流动和互通需求的平台搭建为形式的共生发展机制建设，生成乡村教师发展的胜任需要；以人文关怀和共生性成长为出发点的形成性评价机制确立，满足乡村教师发展的关系需要。建设大学教师与乡村教师的合作模式，形成地方院校与乡村教育协同发展的合力，可以帮助我们激活乡村教师发展内驱力，促进乡村教师专业发展，提升乡村教育质量。

其次，可以建设"行—知一体"培训模式，解决好有效教师培训的关键点，即知与行的割裂。"知"与"行"是中国古代哲学领域探讨的一个重要话题，有着丰富深刻的内涵。"知"即认识，"行"即实践。❶ 乡村教师视域下，"知"是指乡村教师在专业自主发展过程中，通过接受培训所获得的系统理论知识体系、教学技能和方法，"行"是指乡村教师把培训中所获得的理念、知识体系运用到教育教学过程中的活动。建立"行—知一体"培训模式，需要在四个方面努力。一是精准选择培训内容，防止培训信息错位。教师培训内容要切合教师需求。教师工作复杂性和个性化的特点，决定了培训需求的多样化。教师培训机构要提前做好调查研究，给接受培训的教师提供精准化的培训内容；能满足教师真正的需要，能直击教师的兴趣点，这样才能够调动接受培训教师的积极性和求知欲。许多错位的培训内容并不是教师所需要的，而接受培训教师要用大量的认知资源整理这些材料，这个过程中会占用教师比较多的工作记忆容量，造成认知超负荷，导致教师培训学习的效果和效率降低。只有给教师提供精准适量的培训内容，教师才会积极主动

---

❶ 顾斌. 知与行：教师自主发展的二重维度研究 [J]. 中国成人教育，2013（2）：19-21.

参加培训，全身心沉浸于学习之中，才能为有效实现"知""行"跨越奠定认知基础。二是精熟学习培训内容，达到培训迁移。教师培训有迁移才有实效。对许多教师而言，要把培训中所获得的知识技能迁移到实际工作中并不容易。培训迁移不会自然而然发生，它是多种因素相互影响的结果。对接受培训的教师来说，精熟的内容对培训迁移产生促进作用。朱熹读书法之"熟读精思"就是强调经典论著要反复阅读，精熟于心，才能运用自如。他指出有些人读书"所以记不得，说不去，心下若存若亡，皆是不精不熟之患"。培训内容越是熟练，越是符合教师的实际需求和贴近教师的教学实践，教师就越容易接受和理解培训课程的内涵与实质，就越有可能将其所学的知识技能迁移到具体的教学中去，实现"知"到"行"有效跨越。[1] 这就要求承担培训工作的教育者不仅要把知识讲得清楚明白、原理分析得透彻，还要对知识运用的场景、合适的范围和使用的方法策略进行全面阐述，让接受培训的教师真正学到灵活运用知识和解决实际问题的途径。三是及时跟进培训，强化培训的有效性。教师培训是教师在短时间内集中获得大量的知识、技能、理念和方法，要内化为教师的实践性知识，需要一个消化、转化和应用的过程。作为教师培训机构或单位不仅要完成对教师培训的知识传授，还要制定相应的跟进计划，对接受过培训的教师及时跟进、持续指导，以此确保教师能够将"知"转化为"行"。四是建立训后激励机制，完善跟踪服务保障体系。教师培训获得的知识、技能和理念从"知"的层面转化为"行"的层面，促进中小学教师的专业发展，是一个连续的、动态的、长期的过程，不是一蹴而就的事情。培训学习活动结束后，并不意味着培训任务的完成。要把新的教育教学理念真正运用于教学实践，并持续不断促进教学能力的提升，需要有外部因素不断提供跟踪、指导和服务来进行强化。因此，通过建立培训后跟踪服务体系，保障培训的有效性，是培训工作的一个重要环节。具体做法是：教师在接受完培训返回学校的一段时间内，相关部门设计出一套行之有效的程序，检测教师是否能有效地把培训中所获得的"知"通过教学实践的"行"体现出来，如承担培训任务的机构后期跟进是否及时到位，教师

---

[1] 陈超. 基于培训迁移理论的教师培训实效性探析 [J]. 中小学教师培训, 2017 (3)：13-15.

所在学校、培训机构和教育行政主管部门对接受过培训教师的工作情况是否满意，相关部门是否能够保障培训工作信息反馈畅通等。

第三节　创条件：夯实补充之基，巧借共享之力

一、加快优质均衡，为乡村教师补充创造良好环境

义务教育优质均衡发展是促进教育公平、构建中国特色社会主义和谐社会和建立高质量教育体系的奠基工程，是办人民满意教育的重要举措。2021年年底，31个省（区、市）2895个县（市、区）全部实现了县域义务教育基本均衡发展，标志着我国义务教育的发展上了一个新台阶。2022年教育部工作要点提出要巩固发展更加公平且有质量的基础教育，大力推进义务教育优质均衡发展，进一步满足人民群众对优质教育的需求。推进城乡义务教育一体化发展，缩小城乡教育资源差距，城乡义务教育均衡发展，是实现乡村教师补充的基础性措施。

首先，在资源配置、政府保障等方面，不仅要做到均衡发展，更要在标准之上适当向乡村倾斜。例如，人工智能等新技术的推广向乡村倾斜，为乡村建设智能研修平台，建立智能同步课堂，建设乡村教育资源公共服务平台，等等。乡村资源的部分短缺可以依靠技术实现另一种形式的补充，因此，加强信息技术的补充与倾斜，能够为引入并留下乡村教师提供平台优势。又如，编制与职称资源向乡村倾斜。"铁饭碗"在当今社会依旧有着强大的吸引力，职业发展也是现代人不懈的追求。因此，向乡村倾斜编制与职称，对引入并留任乡村教师有极大的激励作用。具体而言，对长期在乡村从教的中小学教师，编制解决或职称评审放宽学历要求，提高教育教学实绩的评价权重，实行乡村教师分开评审，职称评聘时，允许乡村教师按照所教学科评聘职称，不受所学专业限制，适当提高中小学中高级岗位结构比例，向乡村教师倾斜，乡村学校中高级专业技术岗位设置比例不低于当地城镇同类学校标准，对长期在乡村学校任教的教师，职称评聘可按规定"定向评价、定向使用"，并

对中高级岗位实行总量控制、比例单列，可不受所在学校岗位结构比例限制，等等。再如，生活待遇、社会地位、荣誉制度等也要适当向乡村倾斜，满足乡村教师的荣誉感与幸福感。

其次，实施义务教育薄弱环节改善与能力提升工作，聚焦乡村振兴，补齐农村学校基本办学条件短板，完善教育配套设施，提升学校办学能力，为引进乡村教师提供良好的教学软、硬件。教师的主要工作是教学。教师在教学上获得的成就感会直接影响其对于工作环境的满意程度。因此，提升乡村学校的教学条件，实现学校教学信息化，保障充足的教学经费，拥有优质的教学基础设备，学校教育环境积极向上，课程开足开齐，教学秩序规范，等等，都有利于引入乡村教师。作为教师，能够有教书育人的优质环境，是这份职业最基本的诉求。

最后，关心乡村教师工作生活，优化人文环境。其一，优化乡村教师发展环境，在培训、职称评聘、表彰奖励等方面向乡村教师倾斜，实施多种形式的乡村教师成长项目，加快乡村教师成长步伐。其二，丰富精神文化生活，在保障教育教学的情况下，组织乡村教师参加乡村各种文化活动，主动融入当地生活，关心乡村教师生活问题，发挥工会、共青团、妇联等群众组织的作用，帮助他们幸福美满生活。其三，提升社会生活品质，提高工资水平，提供医疗资助，进行心理健康辅导，多形式多渠道多角度实施评奖评优，树立先进事迹与人物典型，提高乡村教师的社会地位。

二、充分利用信息化，以资源共享满足乡村教师补充之需

在党的二十大报告中，习近平总书记再次强调，要"坚持城乡融合发展，畅通城乡要素流动"，为乡村教师补充提供了一种可行性思路。随着大数据、人工智能、云计算、物联网等新兴技术的广泛应用，城乡教育统筹协调、融合共生成为可能。因此，在推进乡村教育高质量发展的过程中，应充分发挥信息化的共享作用，全面挖掘共享破解乡村教师补充难、优化师资布局、均衡城乡师资等方面的优势，推动形成以城带乡、共建共享的融合补充之路。

首先，利用教育信息化成果，直接引进"线上教师"，解决乡村教师结构性短缺的重要难题。所谓"线上教师"，一种是指利用线上资源，可以将相关数据库中的优质课实施共享，尤其是音乐、美术、英语等课程，这些课程的教师资源在乡村学校较为短缺。这在某种程度上，实现了相关教师的补充。相比于迫使农村学校中原本就不多的教师身兼数职、兼任多门课程而言，有效利用信息化资源实现"线上教师"补充，更有利于乡村教育发展。如果教师身兼数职、兼任多门，一来极其容易造成教师工作负担重，从而影响教育质量，二来所兼学科并非专业所长，会直接影响学生学习效果，进而影响教育质量。而且利用线上资源，能够实现专业的事情由专业人去做，学生学习效果更好，教育质量更好，还能在很大程度上减少在校教师的工作负担。因此，建立"云上学校"，整合各类数字化学习资源及优秀教师、音体美团体等智力资源，通过在线直播和远程辅导等方式为乡村中小学生提供优质教学服务和课后辅导服务，加快提升农村教育质量，缩小城乡教育差距。所谓"线上教师"，另一种是指在县域或城域或省域内实现教师资源共享，即利用互联网，为乡村学校聘请一批"线上教师"，利用互联网技术，实现线上教学。这种"线上教师"，一来解决了乡村教师短缺的问题，二来解决了任何在编教师无法长期"驻扎"乡村学校的问题，获得了乡村教师的"在线补充"。

其次，建立城乡教育资源的共享机制，可借助信息技术，开展课程转播、同步课堂、专递课堂等远程教学，实现城乡教师资源共享。县级教育行政部门要坚持城乡融合发展，统筹管理城乡教育资源，充分利用国家智慧教育公共服务平台，最大限度地发挥教育资源的利用效率，在乡村地区实施远程互动的交流模式，保证乡村学生能享受有质量的教育，助力乡村地区学校师生共享优质教育资源。由于经济文化等多种因素的影响，我国乡村薄弱学校仍然存在缺师少教、国家规定课程开不足或者开不好等诸多问题，利用信息技术手段进行网上专门开课，按照教学进度推送适切的优质教育资源等形式，让乡村学生接受异地互动教学，是解决上述问题的重要途径。以互联网和信息技术为强力支撑，在农村学校接播教室和城市学校主播教室之间所开展的"一校带多点、一校带多校"的网络互动教学模式。这种远程教育跨越了空间障碍，使农村学生经由异地互动教学而享有与城市学生相类似的优质教学资源。例如，河南省尉氏县水黄小学就定期邀请河南省音乐名师李黎进行线上音乐课的教学。此外，山东省青岛市、江西省吉州县、甘肃省渭源县等地区多所乡村学校也在实施"专递课堂"。可以说，教育资源共享机制暂时缓解了短时间内乡村学校教师（特别是美术、音乐、科学等学科教师）资源缺乏的现实问题，同时也直接提高了农村薄弱学校的课堂教学质量。因此，有必要提升乡村地区教师信息素养，构建以校为本、基于课堂、应用驱动、注重创新、精准测评的教师信息素养发展机制，推进信息技术与教育教学的深度融合。

最后，针对乡村教师发展困境，构建"互联网+"条件下的乡村教师专业能力提升路径、服务体系，提高教师信息化教学能力和信息素养。缺乏优质教师资源是乡村地区教师补充最为突出的问题之一，也是制约乡村教育质量提升的"瓶颈"。乡村学校教师数量有限，经常去外地参加专门培训不太符合实际，但不去参加培训，乡村教师的教育教学能力又不会平白无故地提升。在此背景下，以信息网络互动方式，推动优秀教师引领农村薄弱学校教师专业发展的实践活动，深化普及"三个课堂"应用，由学科教学名师联合若干名农村薄弱学校教师共同组建成网络研修共同体，运用教育云服务平台所提供的网络空间开展实施"名师课堂"，实现依托信息技术的"优质学校带薄弱学校、优秀教师带普通教师"模式制度化，能够有效解决上述问题。在互联网培训中，乡村教师可以随时与名师交流探讨，名师也可以利用网络直播互动教室对乡村教师进行指导与培训。为了保障"互联网+"培训的高效能实施，一方面要做好名师的遴选与储备，确保培训的高质量；另一方面要加强网络工作室的软硬件建设，优化网络服务。

在乡村振兴的时代背景下，加强乡村教育数字化融合创新发展，是弥合城乡教育"资源鸿沟"、提升乡村教育主体地位、促进教育公平的重要保障。无论是从国际上其他国家的数据情况，还是从我国的转型态势来看，数字化教育必备的网络连接、学习环境、数字资源和高素质师资队伍等方面均存在着分布不均衡的现象。为了改善这一状况，必须在农村优先普及智能学习终端、提供普惠优质教育资源服务。国家智慧教育公共服务平台的上线是继农村中小学现代化远程教育工程利用卫星传输优质教育资源后，又一次值得载入中国教育史册的城乡资源共享创举。通过这一平台，海量的优质教育资源得以从城市传送到广袤乡村，进入农村中小学，促进城乡优质教育资源共享，提高农村教育质量和育人成效。与之前不同的是，国家智慧教育公共服务平台丰富了资源呈现形式，将助力基于平台资源的教与学成为新常态，加快推动义务教育优质均衡发展和城乡一体化。数字化被认为是保持并激发乡村教育发展充足活力的基础，并为乡村教育振兴带来新的发展机遇。同时，乡村教育的数字化发展，还存在一些制约乡村教师高质量发展的瓶颈与障碍亟待解决：一是针对农村教育数字基础设施建设薄弱问题，应推动农村地区数字校园、数字化社区等教育环境建设，持续改善农村地区网络教育环境，巩固学校联网攻坚行动成果，加快学校网络提速扩容。二是针对乡村教师素养与技能提升问题，应充分考虑乡村新的数字化现象，构建乡村教师数字素养框架、测评标准，开展相关数字技能培训，改善数字生活参与的广度和深度。三是针对数字资源覆盖不均的问题，应完善国家数字教育资源公共服务体系，助力脱贫地区共享优质教育资源，不断扩大优质教育资源覆盖面等。

参考文献

[1] 卢冬君. 基于组织行为学理论的中小学教师敬业度分析 [J]. 教育研究与实验, 2015 (3): 73-76.

[2] 格伦. 艾略特, 黛布拉. 科里. 员工敬业度 [M]. 魏计美, 译. 北京: 清华大学出版社, 2020: 87.

[3] 赵明仁, 谢爱磊. 国际视野中乡村教师队伍高质量发展的策略与启示 [J]. 中国教育学刊, 2021 (10): 8-14.

[4] 周大众. 农村中小学教师敬业水平的影响因素及提升策略 [J]. 教育参考, 2017 (6): 65-69.

[5] Kahn W A. Psychological conditions of personal engagement and disengagement at work [J]. Academy of management journal, 1990, 33 (4): 692-724.

[6] 杨宝忠. 小学教师敬业度影响因素实证研究 [J]. 心理与行为研究, 2015, 13 (3): 341-346.

[7] 王钢, 白维, 吴国来. 乡村教师付出-回报失衡对离职意向的影响: 有调节的中介模型 [J]. 心理与行为研究, 2021, 19 (1): 118-124.

[8] Siegrist J. Adverse health effects of high-effort/low-reward conditions [J]. Journal of occupational health psychology, 1996, 1 (1): 27.

[9] 樊香兰, 蔚佼秧. 付出-回报失衡对特岗教师留任意愿的影响研究 [J]. 教育理论与实践, 2020, 41 (34): 48-53.

[10] 周文霞. 中国人力资源职业发展状况调查报告 [M]. 北京: 中国人民大学出版社, 2020: 102.

[11] Harter J K, Schmidt F L, Hayes T L. Business-unit-level relationship be-

tween employee satisfaction, employee engagement, and business outcomes: a meta-analysis [J]. Journal of applied psychology, 2002, 87 (2): 268-279.

[12] 黄威, 包特力根白乙. 新生代知识型企业员工工作满意度与敬业度关系研究 [J]. 商业现代化, 2016 (9): 84-86.

[13] 马珺怡. 幼儿教师组织公平感与工作投入的关系: 工作满意度的中介作用 [D]. 郑州: 河南大学, 2019.

[14] Li J, Loerbroks A, Shang L, et al. Validation of a shortmeasure of effort-reward imbalance in the workplace: evidence from China [J]. Journal of occupational health, 2012, 54 (6): 427-433.

[15] 李恺, 万芳坤. 乡村振兴背景下乡村教师工作满意度研究——基于心理契约的视角 [J]. 华中农业大学学报（社会科学版）, 2019 (4): 123-135.

[16] Schaufeli W B, Bakker A B, Salanova M. The measurement of work engagement with a short questionnaire: A cross-national study [J]. Educational and psychological measurement, 2006, 66 (4): 701-716.

[17] 杜屏, 刘斌. 乡村教师多劳多得吗？——乡村教师的工作时间与工资的关系探究 [J]. 教师教育研究, 2020, 32 (3): 98-106.

[18] 庞丽娟, 金志峰, 杨小敏. 新时期乡村教师队伍建设政策研究 [J]. 中国行政管理, 2017 (5): 109-113.

[19] 哈佛商业评论著. 提高员工敬业度其实很简单 [M]. 杭州: 浙江出版集团数字传媒有限公司, 2018: 2.

[20] 孙桂林. 社会支持对幼儿园教师工作投入的影响研究 [J]. 教育科学研究, 2020 (7): 92-96.

[21] 郑新蓉, 杜亮, 周序, 等. "农村义务教育阶段学校特设岗位计划"政策调研报告 [J]. 中国教师, 2012 (7): 9-13.

[22] Tett R.P., Meyer J.P. Job satisfaction, organizationalcommitment, turn-

over intention, and turnover: Path analyses based on meta-analytic findings [J]. Personnel Psychology, 1993, 46: 259-293.

[23] 杨睿. 员工-组织关系建设的组织策略及其对工作投入和留任意愿的影响机制 [D]. 杭州: 浙江大学, 2018 (6).

[24] 李志辉, 王纬虹. 乡村教师离职意向影响因素实证研究——基于重庆市 2505 名乡村教师调查数据的分析 [J]. 教师研究, 2018 (6): 58-66.

[25] 唐一鹏, 王恒. 何以留住乡村教师 [J]. 教育研究, 2019 (4): 134-143.

[26] Jonge J, Bosma H, Peter R, et al. Job strain, effort-reward imbalance and employ well-being: a large-scale cross-sectional study. Social Science&Medicine, 2000, 50 (9): 1317-1327.

[27] 穆洪华, 胡咏梅, 刘红云. 中学教师工作满意度及其影响因素研究 [J]. 教育学报, 2016 (6): 71-80.

[28] 申奥蕾. 基层公务员付出——回报失衡与工作满意度的关系: 职业认同的调节作用 [D]. 保定: 河北大学, 2019 (5).

[29] 邢俊利. 西藏寄宿制学校教师工作满意度、离职意向及其关系 [J]. 教育发展研究, 2019 (2): 44-50.

[30] 傅福英, 周晓倩. 农村小学英语教师职业认同、工作满意度与离职意向的现状及其关系 [J]. 赣南师范大学学报, 2019, 40 (5): 50-54.

[31] 李维, 许佳宾. 县域义务教育教师主观地位认同与转岗意向关系: 工作满意度的中介作用 [J]. 现代教育管理, 2018 (2): 83-88.

[32] 皮丹丹, 汪瑛, 张健人. 新生代中学教师工作价值观、工作满意度与离职倾向的关系 [J]. 中国临床心理学杂志, 2018 (2): 371-374.

[33] Li J, Loerbroks A, Shang L, et al. Validation of a short measure of effort-reward imbalance in the workplace: evidence from China [J]. Journal of occupational health, 2012, 54 (6): 427-433.

[34] 李恺, 万芳坤. 乡村振兴背景下乡村教师工作满意度研究——基于心理契约的角度 [J]. 华中农业大学学报 (社会科学版), 2019 (4):

124-137.

［35］Mak Brenda L, Sockel Hy. A confirmatory factor analysis of IS employee motivation and retention ［J］. Information & management, 2001, 38（5）: 265-76.

［36］Hair J F, Black W C, Babin B J, et al. Multivariate data analysis: A Global Perspective.7th ed. ［M］. Upper Saddle River: Prentice Hal, 2010.

［37］魏淑华 宋广文. 教师职业认同与离职意向: 工作满意度的中介作用 ［J］. 心理学新探, 2012（6）: 564-569.

［38］郭立场. 让教师成为社会上最受尊重的职业 ［N］. 中国教育报第二版, 2018-09-05.

［39］中华人民共和国教育部. 对十三届全国人大二次会议第4771号建议的答复 ［EB/OL］. 中华人民共和国教育部门户网站, 2019-10-25.

［40］杜屏, 谢瑶. 中小学教师薪酬满意度影响因素实证研究——基于公平理论的视角 ［J］. 华中师范大学学报（人文社会科学版）, 2018, 57（2）: 168-177.

［41］樊香兰, 蔚佼秧. 付出—回报失衡对特岗教师留任意愿的影响研究——工作满意度的中介作用 ［J］. 教育理论与实践, 2021, 41（34）: 48-53.

［42］Schaufeli Wilmar B, Bakker Arnold B. Job demands, job resources, and their relationship with burnout and engagement: A multi-sample study ［J］. Journal of Organizational Behavior: The International Journal of Industrial, Occupational and Organizational Psychology and Behavior, 2004, 25（3）: 293-315.

［43］Eisenberger Robert, Huntington Robin, Hutchison Steven, et al. Perceived organizational support ［J］. Journal of Applied psychology, 1986, 71（3）: 500.

［44］McMillan Rita Clay. Customer satisfaction and organizational support for service providers [M]. University of Florida, 1997.

[45] Canboy Başak, Tillou Caroline, Barzantny Cordula, et al. The impact of perceived organizational support on work meaningfulness, engagement, and perceived stress in France [J]. European Management Journal, 2021.

[46] 李仲秋. 组织支持感与员工敬业度的关系研究 [D]. 成都：西南财经大学, 2013.

[47] Kahn William A. Psychological conditions of personal engagement and disengagement at work [J]. Academy of management journal, 1990, 33 (4): 692-724.

[48] May Douglas R, Gilson Richard L, Harter Lynn M. The psychological conditions of meaningfulness, safety and availability and the engagement of the human spirit at work [J]. Journal of occupational and organizational psychology, 2004, 77 (1): 11-37.

[49] Xu Dingxin, Zhang Na, Bu Xing, et al. The effect of perceived organizational support on the work engagement of Chinese nurses during the COVID-19: the mediating role of psychological safety [J]. Psychology, Health & Medicine, 2021: 1-7.

[50] O'donovan Róisín, Mcauliffe Eilish. A systematic review of factors that enable psychological safety in healthcare teams [J]. International Journal for Quality in Health Care, 2020, 32 (4): 240-250.

[51] Maslach Christina, Goldberg Julie. Prevention of burnout: New perspectives [J]. Applied and preventive psychology, 1998, 7 (1): 63-74.

[52] Schaufeli Wilmar B, Bakker Arnold B, Salanova Marisa. The measurement of work engagement with a short questionnaire a cross-national study [J]. Educational and psychological measurement, 2006, 66 (4): 701-716.

[53] Al-Hakim Latif, Sevdalis Nick. A novel conceptual approach to lean: value, psychological conditions for engagement with work and perceived organi-

zational support in hospital care [J]. International Journal for Quality in Health Care, 2021, 33 (4).

[54] 张燕, 解蕴慧, 王泸. 组织公平感与员工工作行为: 心理安全感的中介作用 [J]. 北京大学学报（自然科学版）, 2015, 51 (1): 180-186.

[55] 冯卫东. 聘任制背景下高校教师工作不安全感与敬业度和工作绩效关系研究 [D]. 成都: 西南财经大学, 2014.

[56] 景梦雅, 李小依, 郝雪云, 等. 护士心理安全感在组织支持感与敬业度的中介作用 [J]. 护理学杂志, 2019, 34 (19): 60-63.

[57] 宝贡敏, 刘枭. 感知组织支持的多维度构思模型研究 [J]. 科研管理, 2011, 32 (2): 160-168.

[58] Higgins Monica, Ishimaru Ann, Holcombe Rebecca, et al. Examining organizational learning in schools: The role of psychological safety, experimentation, and leadership that reinforces learning [J]. Journal of Educational Change, 2012, 13 (1): 67-94.

[59] 陈耘, 赵富强, 肖洁, 等. AHRP 对员工创造力的影响研究——工作繁荣与心理安全感的作用 [J]. 科研管理, 2021, 42 (9): 193-200.

[60] Schaufeli Wilmar B, Bakker Arnold B. Utrecht work engagement scale: Preliminary manual [J]. Occupational Health Psychology Unit, Utrecht University, Utrecht, 2003.

[61] 杨宝忠. 小学教师敬业度影响因素实证研究 [J]. 心理与行为研究, 2015, 13 (3): 341-346.

[62] 赵强. 中小学教师的组织支持感、组织自尊与工作敬业度的关系研究 [J]. 教师教育学报, 2016, 3 (5): 38-44.

[63] Rabiul Md Karim, Mohamed Ahmad Edwin, Patwary Ataul Karim, et al. Linking human resources practices to employee engagement in the hospitality industry: the mediating influences of psychological safety, availability and meaningfulness [J]. European Journal of Management and Business E-

conomics, 2021.

[64] 王慧卿, 王舒扬, 刘东明. 不同用工形式护士工作不安全感与工作投入关系研究 [J]. 中国医院管理, 2016, 36 (3): 74-76.

[65] 李国强, 袁舒雯, 林耀. "县管校聘"跨校交流教师归属感问题研究 [J]. 教育发展研究, 2019, 39 (2): 78-84.

[66] 张建伟, 王光明. 教师交流轮岗政策实施研究——基于天津市16个区县的样本分析 [J]. 教育理论与实践, 2018, 38 (29): 32-35.

[67] Han Seung-Hyun, Sung Moonju, Suh Boyung. Linking meaningfulness to work outcomes through job characteristics and work engagement [J]. Human Resource Development International, 2021, 24 (1): 3-22.